선생님도 궁금해하는

한국사의
비밀
20가지

선생님도 궁금해하는

한국사의
비밀
20가지

초판 1쇄 인쇄 2016년 4월 22일
초판 1쇄 발행 2016년 4월 28일

지은이 김은석
펴낸이 김승희
펴낸곳 도서출판 살림터

기획 정광일
편집 조현주
북디자인 꼬리별

인쇄·제본 (주)현문
종이 월드페이퍼(주)

주소 서울시 영등포구 양평로21가길 19 선유도 우림라이온스밸리 1차 B동 512호
전화 02-3141-6553
팩스 02-3141-6555
출판등록 2008년 3월 18일 제313-1990-12호
이메일 gwang80@hanmail.net
블로그 http://blog.naver.com/dkffk1020

ISBN 979-11-5930-013-4 03910

선생님도 궁금해하는

한국사의
비밀
20가지

김은석 지음

살림터

　현재 한국사 교과서는 우리나라 사람들이 일반적으로 궁금해하는 주제에 대해서는 잘 다루지 않고 있습니다. 물론 교과서에는 많은 문제들이 등장하지만 흥미로운 주제는 별로 없는 것이죠. 그래서 저는 2011년 『선생님이 궁금해하는 한국 고대사의 비밀』을 출간하며 한국 고대사 속의 비밀들을 추적하는 과정에서 독자들이 한국사에 대한 관심과 흥미를 갖게 되기를 소망하였습니다. 그리고 고려사, 조선사에도 숨겨진 비밀들이 많기에 다시 집필을 시작하였습니다.

　그 결과물인 이 책은 『선생님이 궁금해하는 한국 고대사의 비밀』의 속편의 성격을 띠고 있습니다. 많은 사람들이 광개토대왕의 영토 확장 과정에서 중요한 비밀을 숨기고 있는 덕흥리 고분의 주인공이 누구인가를 궁금해하지만 한국사 교과서에서는 다루지 않습니다. 평강공주와 결혼한 바보 온달이 유목 민족인 투바족 출신일 가능성에 대해서도 무관심합니다.

　또한 한국사 교과서는 최초의 진골 출신 왕인 김춘추의 아버지가 용춘인지 용수인지가 왜 불명확한지에도 무관심합니다. 김유신의 여동생 문희와 김춘추의 러브 스토리는 너무나도 유명합니다. 그런데

『화랑세기』를 분석해보면 이 사랑 이야기는 선덕여왕이 개입된 '승만 황후 아들 사망 사건'과 연결되어 있음을 알 수 있습니다. 여진족이 세운 금나라의 역사를 다룬 사료들에는 그 시조가 신라인 또는 고려인으로 기록되어 있습니다. 그리고 그 시조는 놀랍게도 왕건에게 쫓겨난 궁예와 연결되어 있습니다. 이 책은 이렇게 흥미로운 역사적 사실들을 분석해보고자 합니다.

역사학자가 역사적 사실을 연구하는 과정은 형사가 범죄 증거를 찾아내는 수사 과정과 비슷합니다. 증거를 찾아내고 추리 과정을 통해 진실을 알아내는 것이죠. 백제대향로는 발굴 조사 결과 급하게 땅속에 숨겨진 것으로 밝혀졌습니다. 백제대향로가 제작된 이유를 추적함으로써 이 사건이 무왕의 익산 천도와 관련되었음을 알 수 있습니다. 고려를 세운 왕건의 직계 조상은 할아버지 작제건과 아버지 용건만이 알려졌을 뿐 증조할아버지로 알려진 '당나라 귀인'이 누구인지는 『고려사』「고려세계」조차도 논란을 소개하고 있을 뿐입니다. 그러나 『고려사』「고려세계」를 분석해보면 '당나라 귀인'의 주인공은 놀랍게도 이슬람 상인일 가능성이 보입니다.

또한 일본 오키나와에서 발견된 기와에 새겨진 한 문장과 관련 사료들을 분석하여 삼별초의 일부가 제주도에서 떠나 유구국에 정착했을 가능성을 추적합니다. 이순신 장군이 노량대첩을 이끌다 전사한 것은 명백한 사실입니다. 그러나 그 죽음에 대해 자살설, 은둔설이 오랫동안 제기되었습니다. 심지어 최근에는 암살설도 주장되고 있습니다. 이에 대해서는 『조선왕조실록』 등 관련 사료들을 통해 분석하여 이순신 장군 죽음의 진실과 의미를 살펴볼 수 있습니다.

이 책에서는 드라마나 영화를 통해 대중의 관심을 받은 역사적 사실들을 추적합니다. 드라마 「공주의 남자」에 소개된 세조의 숨겨진 공주와 김종서의 숨겨진 아들의 사랑 이야기가 사실일 수도 있음을 『금계필담』 등 관련 사료를 통해 분석했습니다. 그리고 드라마 「별에서 온 그대」 속 외계인이 타고 온 UFO가 광해군 때 나타났을 가능성을 『조선왕조실록』 속 미확인미행물체들에 대한 기록을 분석하여 살펴보기도 합니다. 영화 「사도」 속 사도세자의 광기 어린 모습과 살인 행위들을 관련 사료를 통해 분석하고, 정조가 아버지의 죄를 숨기기 위해 어떻게 증거를 인멸했는지를 밝혀봅니다.

이와 같이 재미있고 흥미로운 주제들을 다루고, 여러 사료들을 분석하는 추리 과정을 통해 우리 역사에 대한 관심과 호기심을 일깨우는 것은 매우 중요한 일입니다. 이것이 이 책을 집필한 이유이기도 합니다. 한국사 교과서에서 다루고 있지 않지만 한국인으로서 반드시 알아야 할 20가지의 주제들을 살펴볼 기회를 이 책이 제공할 것입니다. 끝으로 이 책이 출판될 수 있도록 많은 도움을 주시고, 애를 쓰신 도서출판 살림터 여러분께 깊은 감사의 말씀을 전합니다.

2016년 4월

김은석

차례

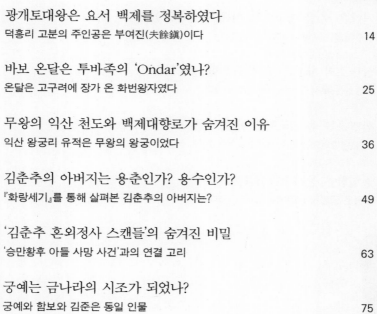

머리말 5

I. 고대사의 비밀

광개토대왕은 요서 백제를 정복하였다
덕흥리 고분의 주인공은 부여진(夫餘鎭)이다
14

바보 온달은 투바족의 'Ondar'였나?
온달은 고구려에 장가 온 화번왕자였다
25

무왕의 익산 천도와 백제대향로가 숨겨진 이유
익산 왕궁리 유적은 무왕의 왕궁이었다
36

김춘추의 아버지는 용춘인가? 용수인가?
『화랑세기』를 통해 살펴본 김춘추의 아버지는?
49

'김춘추 혼외정사 스캔들'의 숨겨진 비밀
'승만황후 아들 사망 사건'과의 연결 고리
63

궁예는 금나라의 시조가 되었나?
궁예와 함보와 김준은 동일 인물
75

II. 고려사의 비밀

왕건 가문은 이슬람 상인 출신이었다
'건(建)' 자 붙은 이름의 비밀   90

거란은 80만 대군으로 쳐들어오지 않았다
귀주대첩은 수공(水攻)이 아니었다   107

삼별초의 항쟁은 누구를 위한 것이었을까?
삼별초는 무신정권의 사병 집단이었다   123

삼별초는 유구국으로 이동하였나?
'계유년고려와장조(癸酉年高麗瓦匠造)'의 비밀   138

공민왕은 동성애자였을까?
우왕은 공민왕의 마복자(摩腹子)였다   152

Ⅲ. 조선사의 비밀

세조와 김종서는 정말 사돈지간이었을까?
공주의 남자는 김종서의 아들 김승유였다   168

이순신 장군 자살설의 역사적 의미
백성을 버린 임금 선조에 대한 비판   183

이순신은 손문욱에게 암살당하였나?
선조는 이순신의 죽음을 확인하고 싶어 했다   200

민중의 희망이 된 허준의 성공 스토리
현실에 저항하는 사람이 되라   216

광해군 때 강원도에 UFO가 나타났을까?
태종, 세종, 중종, 숙종 때의 미확인비행물체들   225

『홍길동전』 율도국의 모델은 유구국이었다
홍길동의 모델은 유구국의 상파지였다   245

『심청전』 심청이의 모델은 기황후였을까?
심청이의 모델은 효종의 수양딸 의순공주였다   265

조선시대에도 인터넷이 있었다
조선시대의 장시는 민중들의 네트워크였다   277

영조는 왜 사도세자를 죽여야 했을까?
정조는 왜 『승정원일기』의 열람을 제한했을까?   289

I.
고대사의 비밀

광개토대왕은 요서 백제를 정복하였다
덕흥리 고분의 주인공은 부여진(夫餘鎭)이다

덕흥리 고분의 주인공은 유주자사 진(鎭)

1976년 평남 덕흥리에서 고분이 발견되었습니다. 이른바 '덕흥리 고분'입니다. 이 고분 안에는 주인공의 묘지명이 묵서로 남겨져 있었으며, 또한 무덤의 주인공과 그 수하들의 모습이 벽화로 발견되어 지금까지도 동아시아 역사학계에 큰 논란을 일으키고 있습니다. 먼저 묘지명의 내용을 봅시다.

덕흥리 고분(북한 평남 덕흥리 소재),
무덤의 주인공인 유주자사 진(鎭)과 그 수하들의 모습이 벽화로 남아 있습니다.

덕흥리 고분 묘지명

□□군(郡) 신도현(信都縣) 도향 중감리 사람이며 석가문불(釋迦文佛)의 제자인 □□씨(氏) 진(鎭)은 역임한 관직이 건위장군, 국소대형, 좌장군, 용양장군, 요동태수, 사지절, 동이교위, 유주자사(幽州刺史)였던 진(鎭)은 77세로 죽어, 영락(永樂) 18년 무신년 초하루가 신유일인 12월 25일 을유일에 (무덤을) 완성해서 영구(시신)를 옮겼다.

이 묘지명은 무덤 주인공인 진(鎭)의 고향, 관직, 사망 연도 등을 기록하고 있습니다. 먼저 진이 사망한 영락 18년은 408년이고, 77세에 사망했으므로 진의 출생 연도는 332년입니다. 그리고 진의 관직 중 가장

덕흥리 고분 벽화

중요한 것이 '유주자사'입니다. 묘지명보다 더 중요한 것이 주인공의 생전 모습을 그려놓은 벽화입니다.

벽화 사진의 오른쪽 인물이 유주자사 진(鎭)입니다. 왼쪽에 선 여러 수하들의 하례를 받고 있는 장면이죠. 그런데 이 수하들이 유주의 각 지방 태수들입니다. 벽화에 함께 기록된 태수들은 다음과 같습니다.

연군태수, 범양태수, 어양태수, 상곡태수, 광령태수, 대군태수, 북평태수, 요서태수, 창려태수, 요동태수, 현도태수, 낙랑태수, 대방태수(글자가 안 보이지만 대방태수로 추정함).

유주자사 진 아래 13군 태수들의 통치 지역에 대해서는 여러 주장들이 있지만, 대개 현재 중국 베이징 근처의 하북성 일대로 추정하고 있습니다. 즉 요동반도 동쪽의 요서 지방까지 고구려가 통치했다고 볼 수 있는 증거입니다. 그렇다면 유주자사 진은 정말 고구려 사람이었을까요? 진의 고향이 만약 고구려 지역이라면 진은 분명 고구려 사람일 것입니다. 그래서 이를 뒷받침하는 증거로 제시되는 기록이 『고려사』 지리지의 "가주(嘉州)는 본래 고구려의 신도군(信都郡)이다."라는 기사입니다. 가주는 현재 평북 박천 일대로 추정합니다.

그러나 이에 대해서는 『진서(晉書)』 지리지에 보이는 "기주(冀州) 안평국(安平國) 신도현(信都縣)"이라는 기록을 들어 신도현이 현재 중국 하북성의 안평(安平)이라고 하여 진이 중국인이며, 중국에서 유주자사를 역임했던 진이 고구려에 망명하여 죽자 무덤에 묘지명으로 기록한 것이라고 반박하는 견해도 있습니다.

요서 백제의 부여진, 고구려에 망명하다

과연 어느 쪽 주장이 옳은 것일까요? 이를 증명하기 위해서 진(鎭)의 이름을 다시 살펴봅시다.

□□씨(氏) 진(鎭)

위와 같이 진의 성씨는 두 글자로 추정됩니다. 그런데 당시 보통 중국인들의 성씨는 한 글자였습니다. 성씨가 두 글자인 경우는 북위를 세운 선비족 탁발씨나 전연, 후연을 세운 선비족 모용씨 등으로 유목민족들인 경우가 많습니다. 백제의 왕족 성씨인 부여씨나 사택지적, 흑치상지 등의 사택씨, 흑치씨 등 백제의 성씨에도 두 글자가 많죠. 그리고 『진서』 지리지의 신도현은 요서 지방에 포함됩니다. 즉 진은 두 글자의 성을 사용하며 요서 지방 출신이었다고 볼 수 있습니다.

여기서 진의 성씨를 부여씨라고 가정해봅시다. 즉 유주자사 '부여진(夫餘鎭)'입니다. 그런데 진의 출생 연도는 332년입니다. 그리고 이 시기 이전부터 요서 지방에 백제 왕족인 부여씨가 존재했다는 주장이 있습니다. 『선생님이 궁금해하는 한국 고대사의 비밀』에서 이 글과 관련된 내용을 일부 발췌하여 살펴보겠습니다.

백제의 지배층이 다른 나라에서 왔다면 그 나라는 분명히 부여입니다. 왕의 성씨가 부여씨라는 것이 그 증거입니다. 그렇다면 부여에서 백제로 왕족들이 이동한 것은 언제였을까요? 그 열쇠는 『진서』의 다음 기록에 있습니다.

부여는 무제 때 자주 와서 조공하였는데, 태강 6년(285)에 이르러 모용외가 쳐들어가 멸망시켰다. 부여 왕 의려는 자살하고, 그 자제는 옥저로 도망쳐 보전하였다. (중략) 다음해(286) 부여의 다음 왕 의라(依羅)가 하감에게 사신을 보내어 백성을 이끌고 옛 나라로 돌아가기를 청원하였다. 하감이 황제께 보고하고 독우, 가침을 보내어 병사들로 하여금 의라가 옛 나라로 돌아가는 것을 호송하도록 하였다. 모용외가 길목에서 이를 막자, 가침이 싸워 모용외가 크게 패하였다. 모용외가 무리를 이끌고 퇴각하니, 의라가 다시 나라를 얻었다. 이후 모용외가 자주 부여인들을 붙잡아 중국에 팔았다.

위 기록에 따르면 285년 전연 모용외의 침략으로 부여가 멸망하여 의려왕이 자살하고, 그 자제가 옥저로 도망하였습니다. 새로 부여 왕이 된 의라는 286년 진(晉)의 호동이교위 하감에게 부여의 옛 땅을 되찾을 수 있도록 도와달라고 합니다. 이에 하감은 군사를 보내 의라왕이 부여를 되찾을 수 있도록 도와줍니다. 그런데 이상한 것이 부여가 옛 땅을 되찾았음에도 전연의 모용외는 계속 부여를 침략하여 부여인들을 붙잡아다가 중국에 팔았다는 점입니다. 그런데 이 기록의 다음 상황으로 추정되는 내용이 『환단고기』에 다음과 같이 실려 있습니다.

모용외가 또다시 나라 사람들을 침략하였다. 이에 의라는 무리 수천을 거느리고 바다를 건너 마침내 왜인을 평정해서 왕이 되었다.

『진서』와 『환단고기』의 두 기록을 종합해보면 부여 왕 의라가 부여의 옛 땅을 되찾았지만 전연의 모용외가 계속 침략하여 부여인들을 붙잡아

가서 중국에 팔아먹는 일이 계속되자 의라는 자신의 무리들을 이끌고 바다를 건너 왜인을 평정해서 왕이 되었다고 해석됩니다. 여기서 떠오르는 것이 『수서』와 『북사』에 실린 "처음에 백가(百家)가 바다를 건너 백제라고 하였다."라는 기록입니다. 즉 『수서』와 『북사』의 백제에 대한 설명을 요약하면 다음과 같습니다. 구태가 대방의 옛 땅에 나라를 세웠고, 동이강국이 되었는데, 백가(百家)가 바다를 건넜기 때문에 백제라는 국호가 이루어진 것이라는 설명입니다. 부여 왕 의라가 바다를 건너 백제의 왕이 되었다는 것은 『주서』에 실린 백제 지배층의 왕호가 '어라하(於羅瑕)'라는 것도 설명해줍니다. 부여 왕의 이름 '의라(依羅)'와 백제의 왕호 '어라하'는 발음상으로 같은 말입니다. 즉 부여에서 바다를 건너 백제의 새로운 왕이 된 '의라'의 이름이 백제의 새로운 왕호 '어라하'가 되었던 것이죠.

그렇다면 의라왕은 백제의 어느 왕이었을까요? 앞에서 살펴본 것처럼 부여 왕 의라가 부여의 옛 땅을 되찾은 해는 286년입니다. 그런데 286년은 고이왕이 사망하고, 고이왕의 아들 책계왕이 왕위에 오른 해입니다. 『삼국사기』에는 책계왕에 대한 다음과 같은 기록이 있습니다.

책계왕(혹은 청계라고도 한다)은 고이왕의 아들이다. 체격이 장대하고 의지와 기품이 걸출하였다. 고이왕이 붕어하자 그가 왕위에 올랐다. 왕이 장정을 징발하여 위례성을 보수하였다. 고구려가 대방을 치자 대방은 우리에게 구원을 요청하였다. 이에 앞서 왕이 대방왕의 딸 보과를 부인으로 맞이하였기 때문에 왕이 "대방은 우리와 장인과 사위 관계의 나라이니 그들의 요청을 들어주어야 한다."라고 말하고, 마침내 군사를 출동시켜 구원하였다. (중략) 2년 봄 정월, 왕이 동명왕의 사당에 배알

하였다.

　이 기록에 따르면 책계왕은 대방왕의 딸을 부인으로 삼았습니다. 이
것은 구태가 대방의 옛 땅에 나라를 세우고, 요동 태수 공손도의 딸과
결혼하였다는 기록들과 비슷한 내용입니다. 즉 구태가 책계왕으로, 요동
태수가 대방왕으로 바뀌었을 뿐입니다. 또한 대방과 백제가 장인과 사
위 관계의 나라라는 명분으로 백제가 대방을 도와 구원하였다는 점 역
시 구태가 대방의 옛 땅에 나라를 세웠다는 점과 유사합니다. 정리하면
다음과 같습니다. 286년 부여 왕 의라는 자신의 세력들과 함께 바다를
건너 백제 고이왕을 몰아내고 왕위에 올라 책계왕이 됩니다. 책계왕은
즉위하자마자 자신의 근거지로 위례성을 삼고 보수합니다. 즉위 다음 해
에는 동명왕의 사당에 제사를 올립니다. 여기서 동명왕은 부여의 시조
인 동명입니다. 즉 부여를 본국으로 하는 새로운 왕족들이 나타났음을
강조한 것이죠. 또한 고구려가 대방을 공격하였고, 백제가 대방을 구원
하였다는 것은 백제와 대방이 한 나라였음을 보여줍니다. 즉 대방의 옛
땅이란 것은 책계왕의 본국이었던 부여의 옛 땅인 것이죠.

　　　　　　　　　_『선생님이 궁금해하는 한국 고대사의 비밀』에서 발췌

　다시 말해 요서 지방의 백제 왕족 부여씨는 바다를 건너 286년 한
성 백제의 정권을 잡게 되었다는 것입니다. 이후 자연스럽게 백제의
영토에는 요서 지방이 포함되었습니다. 그리고 332년 요서 백제에서
태어난 부여진은 광개토대왕이 즉위한 392년 환갑의 나이로 고구려에
망명한 것으로 보입니다. 392년에 무슨 일이 일어난 것일까요?

관미성은 요서 백제의 요새였다

　겨울 10월, 백제의 관미성을 공격하여 점령하였다. 그 성은 사면이 절벽이고, 바다로 감싸여 있었다. 왕이 일곱 방면으로 군사를 나누어 공격한 지 20일 만에 점령하였다.

　이것은 『삼국사기』 광개토대왕조에 기록된 392년 10월의 광개토대왕의 정복 활동입니다. 사면이 절벽이고 바다로 둘러싸인 관미성은 백제의 중요한 영토였던 곳으로 보입니다. 성 하나를 점령하는 데 20일이나 걸릴 정도였죠. 광개토대왕의 정복 활동 중 이처럼 자세하게 기록된 것은 관미성이 유일합니다. 과연 관미성은 어디였을까요?

　관미성의 위치에 대해서는 지금까지 다양한 주장이 제기되었습니다. 강화도, 황해도 장산곶, 연천 전곡, 파주 오두산성 등이 관미성의 위치로 주장되고 있지만 모두 확실하지는 않습니다. 그런데 역사학자 윤여동에 따르면 관미성은 비사성이라고 합니다. 먼저 『삼국사기』의 기록을 봅시다.

　장량은 수군을 거느리고 동래로부터 바다를 지나 비사성을 습격하였다. 성은 사면이 절벽으로 되어 있고, 다만 서문으로만 오를 수 있었다.

　이 기록의 장량은 당 태종이 보낸 장군으로 645년 4월 수군을 이끌고 바다를 건너 요동반도 끝에 위치한 비사성을 공격했다는 것입니다. 비사성은 현재 중국 랴오닝 성 다롄 시에 있는 대흑산산성으로 추정됩니다. 사진에서처럼 대흑산산성은 험한 산 위에 성을 쌓아 만들었으

대흑산산성(현재 중국 랴오닝 성 다롄 시 소재),
비사성으로 비정되고 있으며, 관미성의 지형과 비슷합니다.

며 유일한 출입구는 서쪽 계곡의 입구인 서문(西門)뿐입니다. 다롄 시는 요동반도의 끝부분에 있는 항구 도시로 바다로 둘러싸여 있습니다. 관미성의 지형과 매우 유사하죠. 또한 645년 4월 공격이 시작되어 5월 함락되었다는『삼국사기』의 기록으로 보아 함락에 약 한 달이 걸릴 정도로 난공불락의 요새였습니다. 게다가 관미성이 대흑산산성이라는 사실을 추정할 수 있는 기록이 또 하나 있습니다.

9월, 북쪽으로 거란을 공격하여 남녀 500명을 생포하고, 또한 본국에서 거란으로 도망갔던 백성 1만 명을 달래어 데리고 돌아왔다.

이것은『삼국사기』광개토대왕조의 392년 9월의 기록으로 광개토대왕이 거란을 공격한 내용입니다. 이어서 10월에 관미성을 공략한 내용이 나오죠. 특히 관미성을 함락시키기 위해 20일이나 걸릴 정도로 전력을 다했다는 것은 고구려의 정예군이 총동원되었음을 보여줍니다. 그런데 한 달 사이에 북쪽의 거란을 공격하고, 남쪽의 관미성을 공격했다는 것은 거의 불가능한 일입니다. 만약 이것이 사실이라면 정예

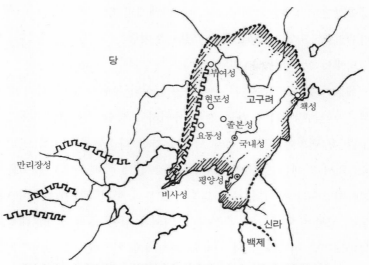

관미성(지도의 비사성으로 비정됩니다) 현재 랴오닝 성 다롄 시 대흑산산성

군을 둘로 나누어 정반대 방향으로 공략했다는 것인데, 이는 상상하기도 어려운 일입니다. 그러나 관미성이 요동반도의 대흑산산성이라면 거란 공략 후 같은 북쪽 방향으로 관미성 공략이 가능할 수 있습니다.

광개토대왕은 요서 백제를 점령하였다

덕흥리 고분은 영락 18년, 즉 408년에 만들어졌습니다. 무덤의 주인공이 요서 백제에서 망명한 '부여진'이라고 가정해봅시다. '부여진'은 요서 백제의 지배자, 즉 유주자사였습니다. 392년 요동반도 끝에 바다로 둘러싸이고 사면이 절벽인 천혜의 요새 관미성이 고구려의 손에 들어갔습니다. 이를 바탕으로 요서 백제의 영토는 고구려의 영토로 바뀌었죠. 요서 백제의 지배자였던 부여진은 고구려에 항복한 후 고구려에서 살게 되었습니다.

세월이 흘러 77세가 된 부여진은 자신의 무덤을 남쪽 백제 땅에 가까운 평남 덕흥리에 만들 것을 유언하고 숨을 거두었습니다. 그리고 무덤 속 벽화에는 부여진의 생전에 가장 화려했던 시기를 그려 넣었죠. 요서 백제를 호령하던 유주자사로서 13군 태수들의 하례를 받던 모습이었습니다. 이와 같이 덕흥리 고분의 주인공이 부여진이라면 덕흥리 고분은 역사의 비밀을 푸는 열쇠가 됩니다. 즉 광개토대왕이 요동반도뿐만 아니라 요서 백제의 영토까지 차지했음을 보여주는 증거가 되기 때문이죠.

바보 온달은 투바족의 'Ondar'였나?

온달은 고구려에 장가 온 화번왕자였다

온달은 다문화 가정의 자녀였나?

바보 온달과 평강공주의 사랑 이야기는 우리나라 사람이라면 모두가 알고 있습니다. 바보라고 불린 온달이 평강공주와 결혼하여 고구려 최고의 장군이 되고 영웅이 되었지만, 전쟁터에서 죽음을 맞이하는 비극으로 끝이 나는 슬픈 사랑 이야기입니다. 그런데 바보 온달이 사실은 소그디아(현재 우즈베키스탄 사마르칸트를 중심지로 5세기에서 8세기 사이에 번성한 국가) 왕족 출신이었다는 주장이 2011년 제기되었습니다. 당시 연세대학교 역사문화학과 지배선 교수는 『구당서』강국전에 "한대(漢代) 강거(康居)라는 지역에 월씨(月氏)라는 나라가 있었는데, 이 나라에서 나온 온씨(溫氏) 성을 가진 사람이 강국(康國)의 왕이 됐다."라는 기록을 근거로 온달은 강국, 즉 소그디아의 왕족 출신인 아버지와 고구려인 어머니 사이에서 태어난 다문화 가정의 자녀였다고 주장했습니다.

다시 말하면 온달의 성을 온씨라고 볼 때 소그디아(강국)의 왕족 성씨 역시 온씨이므로 온달의 아버지는 소그디아의 왕족으로 고구려

온달 장군 동상과 평강공주 그림(충북 단양 소재),
온달 동굴, 온달 산성 인근에 온달 공원이 조성되어 있습니다.

에 와서 고구려 여인과 결혼하여 온달을 낳았을 것이라는 추론입니다. 지배선 교수는 온달이 바보로 불린 이유를 다음과 같이 설명합니다. 『삼국사기』 온달전의 "온달의 얼굴이 명청해 웃음거리가 됐다. …… 다 떨어진 옷과 해진 신으로 다녔다."라는 기록을 근거로, 현재 다문화 가정 출신 자녀들과 비슷한 어려움을 겪었음을 묘사한 것이라는 주장이죠. 즉 온달이 바보로 불린 이유가 고구려인들과 외모가 달랐던 다문화 가정 출신이었기 때문이라는 설명입니다.

이러한 주장의 가장 큰 문제점은 너무나 비현실적인 온달과 평강공주의 결혼입니다. 기존의 일반적인 입장은 『삼국사기』의 온달과 평강공주의 결혼 기록을 그대로 믿으며, 결혼이 실제 사실이라면 적어도 온달은 귀족이었을 것이라고 보았습니다. 즉 평민 출신으로 무공을 세

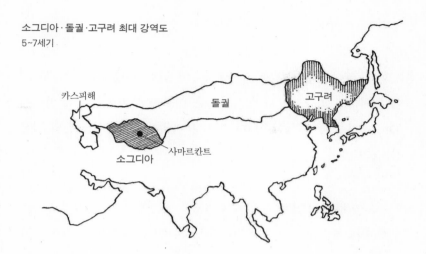

소그디아·돌궐·고구려 최대 강역도
5~7세기

카스피해

돌궐

고구려

소그디아

사마르칸트

워 귀족으로 성장한 신흥 무인 세력과 왕권의 결합이 온달과 평강공
주의 결혼이라는 주장입니다. 그런데 온달이 다문화 가정의 자녀였고,
옷차림이 남루할 정도로 가난한 집안이었다면 아무리 소그디아 왕족
출신이라고 하더라도 고구려 왕실과의 결혼은 불가능했을 것입니다.
그렇다면 온달이 다른 나라에서 온 사람이라는 것은 전혀 근거 없는
주장일까요? 또 다른 주장이 있습니다.

아프라시압 궁전 벽화 「사신도」(현재 우즈베키스탄 사마르칸트 소재)
벽화 오른쪽에 깃털이 달린 모자(조우관)를 쓴 고구려 사신으로 추정되는 두 사람이 보입니다.

온달은 투바족 출신이었나?

현재 러시아에는 투바 자치공화국이 있습니다. 몽골 서북부 지역에 위치하고 있죠. 이 나라 사람들은 대부분 투바족인데, 투바족에는 'Ondar'라는 성씨가 있습니다. 먼저 투바족에 대한 『신당서』의 기록을 살펴봅시다.

도파(都播)는 또한 도파(都波)라고도 했는데, 그 땅은 북쪽으로 소해(小海)에 닿고, 서쪽으로 견곤(堅昆) 남쪽으로 회흘에 [접했으며] 세 부락으로 나뉘어 모두 스스로를 통제했다. 그 습속에는 세시가 없었다. 풀을 엮어 집을 지었고, 가축을 기르지도 않고 농사를 지을 줄도 몰랐으며, 땅에는 백합초가 많아 그 뿌리를 잘라 음식으로 삼았고, 물고기·새·짐승을 잡아먹었다. 담비 털과 사슴 가죽을 입었는데, 가난한 사람은 새털을 이어 옷을 지었다.

기록에 나오는 도파(都播)는 고대 투르크어인 '투바(Tuba)'를 부르

온달 장군 동상(충북 단양 소재)

는 한자 이름으로 독파석(禿巴昔), 도파(都波), 독팔(禿八)이라고도 표기됩니다. 위 기록처럼 투바족은 돌궐 계통의 유목 민족으로 주로 사냥을 하며 먹고살았던 것으로 보입니다. 그리고 사냥은 활, 창, 칼 등으로 하는 것이므로 다른 민족, 국가와의 전쟁에 그대로 적용된다면 강력한 군대가 될 수 있었을 것입니다. 그렇다면 바보 온달이 투바족의 'Ondar'일 가능성을 알아보기 위해 먼저 『삼국사기』 온달열전을 봅시다.

온달은 고구려 평강왕(평원왕) 때 사람이다. 얼굴은 울퉁불퉁 우습게 생겼지만 마음씨는 아름다웠다. 집이 가난하여 항상 밥을 구걸하여 어머니를 봉양하였고, 다 떨어진 옷과 신을 한 채 시정을 오가니 사람들이 그를 가리켜 바보 온달이라고 했다.

기록에 따르면 온달이 바보라고 불리는 이유는 외모입니다. 얼굴이 보통 고구려 사람들과는 달랐으며, "다 떨어진 옷과 신을 한 채" 거리를 다녔기 때문이죠. 투바족은 현재 몽골족과 외모가 비슷했으며, 당시 사냥을 하여 얻은 '담비 털과 사슴 가죽'을 입었기 때문에 고구려 사람들에게는 이렇게 보였을 것입니다. 특히 온달이 투바족이었다면 고구려 말을 잘 못했을 것입니다. 그래서 고구려 말을 못 알아듣는 온달에게 사람들은 '바보'라고 놀려댔던 것이죠.

온달은 화번왕자였나

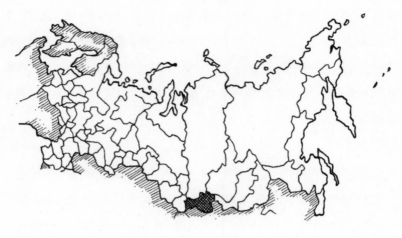

투바 공화국

여기서 가설을 세워봅시다. 6세기 중엽 'Ondar'이 이끄는 투바족 부대가 고구려에 들어와 살게 됩니다. 그리고 고구려 평원왕의 딸인 평강공주와 결혼을 했습니다. 그렇다면 평민 출신 귀족도 아닌 이민족과의 결혼을 어떻게 이해해야 할까요? 중국의 한족 왕조들은 이민족들을 회유하기 위해 황실이나 귀족 가문의 여인들을 이민족 왕이나 부족장에게 시집보내는 경우가 많았습니다. 그리고 이 여인들을 '화번공주'라고 합니다. 여기서 『삼국사기』 온달열전의 기록을 다시 봅시다.

이때 후주(북주)의 무제가 군사를 일으켜 요동으로 쳐들어오므로 왕은 군사를 거느리고 나가 배산 들판에서 적을 맞아 싸웠다. 온달은 선봉이 되어 적 수십 명을 베어 죽이니, 모든 군사들은 이러한 이긴 틈을 타서 달려들어 힘써 적을 무찔러 크게 승리하였다. 전공을 의논할 때 온달을 제일로 내세우지 않는 사람이 없었으므로 왕은 크게 기뻐하며 말하기를 "이 사람은 곧 나의 사위다." 하고, 마침내는 예를 갖추어 그를 맞아들이고 버슬을 주어 대형을 삼았다.

온달은 고구려와 북주의 전쟁에서 큰 공을 세운 뒤에야 평원왕의 사위로 인정받게 됩니다. 원래 이야기처럼 부모님의 허락도 없이 결혼을 먼저 했다는 것은 현대 사회에서도 용납되기 어려운 일입니다. 다시 말하면 기록에서처럼 온달이 전쟁에서 큰 공을 세운 이후에 평강공주와 결혼했을 가능성이 큰 것이죠. 만약 온달이 투바족 'Ondar'이었고, 자신이 이끄는 투바족 부대와 함께 고구려를 도와 북주를 무찌르는 데 큰 공을 세웠다면 평원왕은 온달을 고구려의 군사력으로 이용하고자 했을 가능성이 있습니다. 즉 중국 한족 왕조들이 이민족들을 회유하기 위해 화번공주를 보낸 것처럼 평강공주를 온달에게 시집보내서 온달을 오히려 화번왕자로, 즉 고구려 왕의 부마로 만들었던 것입니다.

투바 공화국 국장(한 나라를 상징하는 공식적인 표장)
말 타고 다니던 유목 민족의 모습을 보여줍니다.

온달 무덤은 히르기수르였다

양강왕(영양왕)이 즉위하자 온달은 아뢰기를, "신라가 우리 한수 이북의 땅을 잘라내어 자기들의 군현을 만들었으므로 백성들은 원통하고 한스럽게 여겨 언제나 부모의 나라를 잊어버리지 않고 있사오니, 원컨대 대왕은 저더러 어리석다 마시고 군사를 내주시면 한번 나아가 반드시 우리 땅을 되찾겠습니다."라고 하니 왕은 허락하였다. 온달은 "나는 계립현과 죽령의 서쪽 땅을 우리 땅으로 되찾지 못하면 돌아오지 않을 것이다."라고 맹세하고 군사를 거느리고 떠났다. 그러나 온달은 결국 신라군과 아단성 밑에서 싸우다가 날아온 화살에 맞아 전사하였다. 이에 그를 장사 지내려 하는데 관이 움직이지 않았다. 이때 공주가 와서 관을 어루만지며, "죽고 사는 것은 이미 결정이 났으니, 아! 돌아갑시다."라고 하자, 비로소 관이 움직여서 장사를 지냈다. 왕이 이 말을 듣고 애통해 하였다.

이것은 온달의 비극적 최후를 담은 『삼국사기』 온달열전의 마지막 기록입니다. 온달이 전사한 곳은 아단성(阿旦城)인데 이는 현재 충북 단양입니다. 이를 보여주는 『삼국사기』「지리지」의 기록을 봅시다.

지금의 영월군이다. 이 군에 속한 현은 셋이다. 자춘현은 원래 고구려의 을아단현(乙阿旦縣)이었던 것을 경덕왕이 개칭한 것이다. 지금의 영춘현이다.

여기에 나오는 자춘현은 현재 단양의 영춘면인데, 고구려 때 을아단

온달 무덤(왼쪽은 복원 전, 오른쪽은 복원 후), 충북 단양 소재

현이었다는 내용입니다. 즉 고구려에서는 현재 단양을 아단성이라고 칭했음을 알 수 있습니다. 실제로 단양에는 온달과 관련된 유적이 많이 남아 있습니다. 아단성으로 추정되는 온달 산성, 온달과 평강공주가 함께 머물렀다는 전설을 담고 있는 온달 동굴, 온달이 쉬어 갔다는 휴석동(休石洞), 온달이 자신의 군사들과 윷놀이를 했다는 윷판바위, 그리고 온달 무덤으로 알려진 돌무지가 있죠.

2001년 단양군 영춘면에서는 사진의 왼쪽과 같은 돌무지가 발견되었습니다. 돌들은 자연석이 아닌 다듬은 돌들이었고, 마을 사람들은 예전부터 온달 무덤 또는 장군총이라고 불러왔다고 합니다. 오른쪽 복원 사진처럼 돌무지는 길이 22미터, 높이 10미터 정도로 추정되었는데, 무덤이라는 것을 보여주는 증거인 유골이나 부장품은 출토되지 않았습니다. 현재로서는 무덤이 아니었을 가능성이 큰 것이죠.

앞에서 살펴본 것처럼 온달이 투바족 출신이었다면 온달 무덤은 '히르기수르'일 가능성이 있습니다. 이는 유목 민족들이 제사터로 만든 돌무지를 말합니다. 즉 온달이 이끄는 투바족 부대는 평강공주가 온달의 시신을 평양으로 모셔 간 후 온달의 명복을 빌며 단양에 거대한 돌무지를 쌓았던 것입니다. 자신들의 고향 땅에서 제사를 지내던

히르기수르, 유목 민족들이 제사터로 만든 돌무지

것처럼 '히르기수르'를 만들었던 것이죠.

온달의 관이 움직이지 않기에 평강공주가 위로하자 비로소 관이 움직였다는 내용 역시 당시 투바족 중심의 온달 부대의 분위기를 보여주는 기록으로 해석할 수 있습니다. 온달의 투바족 부대는 초원 지대를 무대로 활약하던 기병 중심 부대였을 것입니다. 그러나 온달의 투바족 부대는 단양을 지나 험한 소백산맥의 죽령을 넘어야 하는 무리한 작전을 벌이다 신라군에게 크게 패하였습니다. 심지어 지도자인 온달 장군마저 죽자 불만이 하늘을 찔렀고, 아단성에서 평양으로 귀환하지 않고 농성을 했던 게 아닌가 보입니다. 결국 평강공주가 투바족 부대를 설득하여 농성을 풀고 투바족 부대가 귀환했음을 '움직이지 않는 관'의 에피소드로 표현한 것으로 보입니다.

정리하면 다음과 같습니다. 투바족의 'Ondar'은 고구려가 북주와 전쟁을 할 때 투바족 부대를 이끌고 고구려를 도와 큰 공을 세웠으며, 고구려에 정착하여 평강공주와 결혼하여 고구려의 온달 장군이 되었습니다. 한동안 평야 지대를 무대로 활약하던 온달 장군과 투바족 부대는 험한 산맥을 넘어가는 무리한 전투 명령을 따르다가 신라군에게 대패를 당한 후 온달 장군이 전사하는 비극으로 끝이 난 것이죠. 그리고 이러한 비극의 배경에는 이민족 출신 전쟁 영웅이었던 투바족 'Ondar'을 '바보 온달'이라고 놀려대며 배척한 어리석음이 있었던 것입니다.

무왕의 익산 천도와 백제대향로가 숨겨진 이유
익산 왕궁리 유적은 무왕의 왕궁이었다

백제대향로는 왜 땅속에 숨겨졌을까?

1993년 발견된 백제대향로는 거의 원형 그대로 출토되었습니다. 그 이유는 물웅덩이의 바닥에 토기 조각들이 깔려 있었고, 백제대향로가 비단으로 추정되는 천에 싸인 채 다시 그 위에 기와 조각들이 여러 겹으로 덮여 있었기 때문입니다. 이것은 누군가가 백제대향로를 땅속에 급하게 숨겼을 가능성을 보여줍니다. 여기서 상상을 해봅시다. 어느 날 백제인 누군가는 전쟁, 정변 등이 일어나자 자신이 관리하던 백제

백제대향로(부여 박물관 소재)

백제대향로 출토 당시 사진

대향로를 급하게 숨겨야 했습니다. 먼저 땅을 깊이 파서 바닥에 토기 조각들을 잘게 부수어 깔았죠. 그 위에 백제대향로를 비단으로 감싸 숨기고, 다시 여러 개의 기와로 그 위를 덮어 일종의 보호 장치를 만들었습니다. 얼마 후에 다시 꺼내기 위해 임시방편으로 백제대향로를 숨긴 것입니다.

만약 이러한 상상이 맞는다면 언제, 누가 백제대향로를 숨겼던 것일까요? 이를 알아보려면 먼저 백제대향로가 어떤 의미를 갖는 물건인지 살펴봐야 합니다. 『삼국사기』 백제본기 무왕조의 기록을 봅시다.

35년(634) 봄 2월, 왕흥사(王興寺)가 완성되었다. 그 절은 강가에 있었는데, 채색이 웅장하고 화려하였다. 임금이 매번 배를 타고 절에 들어가서 행향하였다.

'행향'은 왕의 행렬 중 향을 피운 향로를 들고 왕이 탄 수레를 빙빙 돌며 세속을 깨끗하게 만들어주는 일종의 의식이었습니다. 이는 고구

쌍영총 벽화 중 행향하는 행렬도

려의 무덤 '쌍영총' 벽화에 남아 있는데, 백제의 '행향'도 이와 비슷했을 것으로 보입니다. 즉 향로는 왕의 권위를 상징하는 매우 중요한 의식용 도구였던 것이죠. 그렇다면 처음 백제대향로를 만들어 행향을 하며 왕권을 과시했던 백제의 왕은 누구였을까요? 이를 알 수 있는 유물이 백제대향로가 출토된 능산리 고분군 근처에서 발견되었습니다. 백제대향로가 발견된 곳과 약 30미터 떨어진 곳에서 1995년에 목탑의 흔적과 함께 우체통 모양의 사리감이 발견되었는데, 다음과 같은 명문이 새겨져 있었습니다.

창왕 13년 정해년 누이인 공주가 이 절을 짓고 공양하였다.

이 기록의 창왕은 위덕왕입니다. 위덕왕의 이름이 창이기 때문이죠. 또한 정해년은 567년입니다. 즉 567년이 위덕왕 13년이므로 위덕왕은 554년 즉위한 것이 됩니다. 실제로 『삼국사기』의 기록과 일치하죠. 그렇다면 이 절은 무슨 절이었을까요? 백제대향로와 사리감이 발견된 곳은 능산리 고분군 근처입니다. 능산리 고분군은 백제 왕들의 무덤이 모셔져 있는 곳입니다. 이 절은 왕들의 영혼을 모시기 위해 만들어진 능사(능을 지키는 절)였던 것이죠.

그렇다면 이 절은 왜 위덕왕 때 만들어졌을까요? 그 이유를 살펴보려면 성왕이 전사한 이야기를 먼저 해야 합니다. 성왕은 진흥왕과 힘을 합쳐 한강 유역을 되찾는 데 성공했습니다. 그러나 진흥왕의 배신으로 한강 유역을 신라에게 다시 빼앗긴 성왕은 복수를 위해 신라를 공격하다가 관산성 싸움 중 매복한 신라군에게 붙잡혀 목이 잘리는 비참한 최후를 당했습니다. 그런데 이때 관산성 싸움을 이끌던 사람이 바로 성왕의 아들이었던 '창'이었고, 성왕의 뒤를 이어 즉위하여 위덕왕이 되었습니다. 그래서 위덕왕은 아버지의 전사를 막지 못했다는 죄책감으로 한동안 정사를 돌보지 못했던 것으로 보입니다. 『일본서기』에는 흠명천황 15년(554)의 다음과 같은 기록이 있습니다.

신라는 명왕(성왕)의 머리를 남겨 매장하고 나머지 뼈는 예를 갖춰 백제에 보냈다. 지금 신라 왕이 명왕의 뼈를 북청 계단 아래에 묻었다. 이름하여 그 관청을 도당이라 한다.

이에 따르면 신라는 성왕의 머리를 잘라 신라의 도당이라는 관청의 계단 아래에 묻어놓고 나머지 뼈는 백제로 돌려보냈습니다. 즉 신라인들이 성왕의 몸만 백제로 보냈으며, 머리를 도당 계단 아래에 묻어서 그 위를 짓밟고 다니며 모욕했던 것입니다. 이러한 상황에 즉위한 위덕왕의 왕권은 매우 약화되어 불안정했음을 짐작할 수 있죠. 그래서 능산리 고분군에 모신 성왕의 영혼을 위로하기 위해 지은 것이 백제 대향로가 출토된 절이었습니다. 즉 위덕왕 때 능사에 향을 피우고 성

백제대향로 복원상(충남 부여 소재)

왕의 넋을 위로하려고 만든 향로가 백제대향로였던 것입니다.

다시 처음으로 돌아가서 백제대향로는 왜 급하게 땅속에 숨겨졌는지 살펴보겠습니다. 가장 일반적인 추정은 660년 백제가 나당연합군에 의해 멸망할 때 백제대향로를 임시방편으로 숨기고, 그 숨긴 사람이 죽거나 하여 1300여 년간 묻히게 되었다고 보는 것입니다. 이러한 추정의 가장 큰 문제점은 왜 백제대향로를 숨기려고 했는지 그 목적이 불분명하다는 것입니다. 신라나 당나라의 침략으로 백제가 멸망한다고 할 때 향로 하나 숨기는 게 무슨 의미가 있느냐는 것이죠.

639년 미륵사 완공과 함께 무왕은 익산으로 천도하였다

먼저 『삼국유사』의 기록을 통해 다른 가능성을 찾아봅니다.

이듬해 경신년(서기 600)에 승려 30명을 두고 그 당시 수도였던 사비성[지금의 부여(扶餘)이다]에 왕흥사(王興寺)를 창건하려고 하였는데

사비궁 복원 건물(충남 부여 소재)

겨우 터를 잡았을 때 세상을 떠나고 말았다. 그리하여 무왕(武王)이 왕위를 계승하여 아버지가 잡은 터에 아들이 절을 지었으니 수십 년 만에 이루어졌다. 그 절의 이름을 미륵사(彌勒寺)라고 하였다.

위 기록의 경신년은 법왕 2년입니다. 이때 왕흥사 터를 닦았으며, 무왕이 이를 계승하여 완성한 절이 바로 미륵사라는 것이죠. 즉『삼국유사』에서는 왕흥사가 곧 미륵사라고 기록한 것인데,『삼국사기』의 기록들을 보면 이것은 착각이었습니다.『삼국사기』백제본기 법왕조를 봅시다.

(법왕)2년, 봄 정월에 왕흥사를 창립하고 중 30명에게 도첩을 주었다.

법왕 2년은 600년입니다. 즉『삼국유사』의 기록에서 터만 닦았다고 한 왕흥사가 이미 창립되어 있었다는 것이죠. 이어서『삼국사기』백제본기 무왕조의 기록을 봅시다.

35년(634) 봄 2월, 왕흥사(王興寺)가 완성되었다. 그 절은 강가에 있었는데, 채색이 웅장하고 화려하였다. 임금이 매번 배를 타고 절에 들어가서 행향하였다.

이것은 무왕 35년, 즉 634년에 왕흥사가 준공되었다는 내용입니다. 그런데 『삼국유사』에는 『국사』(國史, 『삼국사기』를 뜻함)에서 말하는 왕흥사가 곧 미륵사라는 기록이 있죠. 그러나 미륵사지 석탑(서탑) 해체 과정에서 발견된 사리봉안기에 따르면 기해년, 즉 639년에 미륵사가 완공된 것으로 보입니다. 이것을 보여주는 또 하나의 증거는 『관세음응험기』입니다.

백제 무광왕(武廣王)께서 지모밀지(枳慕蜜地)로 천도하시어 새로이 정사를 경영하셨다. 정관 13년(639년) 기해년 겨울 11월, 하늘에서 크게 천둥과 함께 비가 내려 드디어 재해가 있었는데, 제석정사와 불당 칠급부도와 회랑과 승방이 일거에 모두 불타버렸다. 탑 아래의 초석 안에는 여러 칠보가 있고 또한 불사리와 채색한 수정병, 또 동으로 만든 판에 사경한 금강파야경과 그것을 담은 목칠함이 있었다. 초석을 들추어 열어보니, 모두 다 불타 없어지고, 오직 불사리병과 금강파야경의 목칠함만이 옛날과 같이 있었다. …… 다시 절을 지어 그 속에 봉안하도록 하였다.

먼저 『관세음응험기』에 대해 알아보면 다음과 같습니다. 이는 일본 교토 쇼오렌인(靑蓮院)이라는 절의 창고에서 발견된 중국 남북조 시대에 편찬된 불교 서적입니다. 그리고 위 기록의 무광왕은 무왕이며, 지모밀지는 익산의 옛 이름인 지마마지(只馬馬知)를 말하는 것으로 639년에 무왕이 익산으로 천도했다는 것을 보여줍니다. 다시 말해 639년 미륵사 완공과 함께 무왕은 익산으로 천도했음을 알 수 있습니다.

이 기록이 매우 정확하다는 것을 보여주는 증거는 『관세음응험기』가 발견되기 전인 1965년에 이미 나왔습니다. 왕궁리 5층 석탑 해체 작업 중에 사리병, 사리함, 금강반야경 등이 발견되었는데, 『관세음응험기』의 "채색한 수정병, 또 동으로 만든 판에 사경한 금강파야경과 그것을 담은 목칠함"이 석탑 안에 있다는 기록이 일치합니다.

왕궁리 5층 석탑 해체 중 발견된 사리병과 사리함

왕궁리 5층 석탑 해체 중 발견된 금강반야경

익산 왕궁리 유적은 무왕의 왕궁이었다

익산의 왕궁리 유적에서는 1980년대 이후 발굴 과정에서 대형 건물들, 공방, 화장실, 정원, 성곽 등의 유적이 발견되었습니다. 사실 '왕궁리'라는 지명부터 이곳에 '왕궁'이 있었음을 알려줍니다. 특히 '수부(首府)', '관궁사(官宮寺)'라는 글자가 새겨진 기와들이 왕궁리 유적에서 출토된 것은 이곳이 왕궁이었음을 보여줍니다. '수부'라는 글자가 새겨진 기와는 백제의 수도 사비성이었던 부여에서만 출토되었는데, 왕궁리 유적이 수도였던 때가 있었음을 보여주죠. 또한 '관궁사'는 '왕궁 안에 있는 절'이라는 뜻으로 왕궁리 5층 석탑이 이곳에 있었음을 알 수 있습니다.

또한 익산에는 무왕의 능이라고 알려진 대왕릉과 몇십 미터 근처에 떨어져 있는 선화공주의 무덤으로 알려진 소왕릉이 있습니다. 특히 대왕릉은 말통대왕릉이라고도 부르는데, '말통'은 무왕의 어렸을 때 이름이었던 서동(薯童), 즉 우리말로 '맛둥'과 같은 이름으로 볼 수 있습니다.

대왕릉(왼쪽)과 소왕릉(오른쪽)
전북 익산 소재. 대왕릉은 말통대왕릉이라고도 부르며 무왕의 능으로 추정됩니다.
소왕릉은 선화공주의 무덤으로 추정됩니다.

그런데 실제로 무왕이 익산으로 천도했다면 천도는 실패했던 것으로 보입니다. 639년 익산으로 천도한 직후인 641년 무왕이 사망했고, 태자였던 의자왕이 즉위했습니다. 과연 641년, 642년에 어떤 일이 있었던 것일까요? 이를 살펴보기 위해 『선생님이 궁금해하는 한국 고대사의 비밀』에서 이 글과 관련된 내용을 일부 발췌하여 살펴보겠습니다.

그렇다면 무왕의 후궁 선화공주는 정말 진평왕의 딸이었을까요? 서동 설화에서 선화공주를 기록한 『삼국유사』 이외에는 선화공주에 대한 기록은 전혀 없습니다. 선화공주가 진평왕의 공주였고, 무왕에게 시집갔다면 충분히 기록될 만한 일이었는데, 왜 기록되지 않았을까요? 이 문제의 열쇠는 바로 의자왕에 있습니다. 다음은 『삼국사기』의 기록입니다.

(무왕) 33년 봄 정월, 맏아들 의자를 태자로 책봉하였다.

즉 의자왕은 무왕 33년(632)에야 태자로 책봉되었습니다. 이것은 매우 중요한 힌트입니다. 의자왕은 맏아들이었습니다. 그런데도 무왕 33년에야 태자가 되었다는 것은 의자왕이 적자가 아니었음을 보여줍니다. 한마디로 후궁의 아들이었다는 뜻이죠. 의자왕이 후궁의 아들이었다면 의자왕은 선화공주의 아들이었음이 분명합니다. 이를 뒷받침하는 『일본서기』의 기록을 봅시다.

(황극천황 1년, 642년) 백제 조문사 등이 말하기를 지난해(641) 11월

대좌평 지적(智積)이 죽었고, (중략) 올해(642) 정월 백제 국왕의 모친
이 죽었고, 국왕의 동생인 왕자 교기와 국왕의 여동생 4명과 내좌평 기
미, 이름 높은 사람 40여 명이 섬으로 추방되었다.

　　이것은 641년과 642년, 즉 의자왕 1년과 2년의 상황을 보여주는 중
요한 기록입니다. 무왕이 죽고, 의자왕이 즉위한 641년 당시 총리 역
할을 하였던 지적(智積)이 죽었습니다. 지적은 바로 사택지적비의 주인
공 사택지적(砂宅智積)입니다. 그런데 사택지적비에 따르면 654년에도
사택지적은 살아 있었습니다. 아마도 사택지적이 죽었다고 『일본서기』
에 기록할 정도로 대숙청이 벌어진 것으로 추정됩니다. 미륵사지 석탑
(서탑) 해체 보수 과정에서 사리봉안기가 발견되기 전까지 『일본서기』
의 기록은 이해가 되지 않는 내용이었습니다. 그러나 무왕의 정식 왕후
가 사택 가문의 사람이었다는 것이 확인되면서 이 모든 것이 설명되는
것이죠. 즉 의자왕은 즉위하자마자 대좌평 사택지적을 비롯한 사택 가
문에 대한 숙청을 한 것으로 보입니다. 그리고 의자왕의 모후(좌평 사
택적덕의 딸로서 무왕의 정식 왕후였죠. 즉 의자왕에게는 공식적인 어
머니였습니다. 물론 생물학적인 어머니는 선화공주였죠)가 죽자 남동생
인 교기와 여동생들 4명 등을 일본으로 추방했습니다. 아마도 추방이
아니라 망명이었을 것입니다. 의자왕을 견제할 수 있던 유일한 인물인
무왕비, 즉 사택 가문의 마지막 희망이었던 왕후가 죽자 생명의 위협을
느낀 남동생, 여동생들을 비롯한 40여 명의 세력들이 일본으로 망명한
것이죠.

　　먼저 가설을 세워보겠습니다. 백제대향로는 위덕왕 때 왕의 권위를

상징하는 귀한 보물로 제작되었습니다. 시간은 흘러 632년 무왕은 선화공주의 아들이며 맏아들이었던 의자를 태자로 책봉하며 왕비 가문인 사택씨와 대립하기 시작합니다. 드디어 639년 미륵사와 왕궁(왕궁리 유적)이 완공되었고 무왕은 익산으로 천도했습니다. 그러나 사택왕후를 비롯한 기득권 세력들은 사비성을 떠나는 것을 거부했습니다. 익산으로 천도한 무왕 옆에는 선화공주와 의자가 있었고, 641년 무왕이 숨을 거두자 의자왕이 즉위하여 사비성으로 진격합니다. 642년 이러한 과정에서 사택 왕후가 사망했고, 패배한 남동생 교기와 여동생 4명은 일본으로 망명합니다. 이 과정에서 기득권 세력들은 국왕의 정통성을 상징하는 백제대향로를 급하게 숨기게 됩니다. 의자왕을 물리치면 되찾으려는 속셈이었습니다. 그러나 결과는 의자왕의 승리였고, 백제대향로는 사라졌던 것입니다.

그렇다면 사택 왕후 등 기득권 세력들은 왜 백제대향로를 의자왕에게 넘기지 않으려고 그토록 애를 썼을까요? 그것은 백제대향로가 제작된 목적과 관련이 있습니다. 앞에서 살펴본 바와 같이 백제대향로는 머리가 잘린 채 묻혀 있는 성왕의 넋을 위로하기 위해 만들어졌습

의자왕 가묘(충남 부여 능산리 고분군 소재)

니다. 신라에 대한 원한을 담고 있는 것이죠. 그리고 무왕과 선화공주 사이에 태어난 의자가 왕이 되자 의자가 신라의 핏줄이라는 점을 공격하려고 내세운 상징물이 바로 백제대향로였습니다. 익산에서 올라오는 의자왕의 군대가 사비성을 공격하자 기득권 세력들은 왕권의 상징이자 신라에 대한 원한을 담고 있는 백제대향로를 급하게 숨겼던 것이죠. 그러나 의자왕이 승리했고, 사택 왕후의 죽음 등 사택 가문의 몰락과 함께 백제대향로의 행방도 묘연해졌던 것으로 추정됩니다.

김춘추의 아버지는 용춘인가? 용수인가?

『화랑세기』를 통해 살펴본 김춘추의 아버지는?

김춘추의 아버지는 누구일까?

삼국 통일의 대업을 시작한 신라 태종무열왕 김춘추의 아버지가 누구가에 대해서는 지금까지도 많은 논란이 벌어지고 있습니다. 그 이유는 『삼국사기』 신라본기 태종무열왕조의 다음 기록 때문입니다.

태종무열왕(太宗武烈王)이 왕위에 올랐다. 이름은 춘추(春秋)이다. 진지왕(眞智王)의 아들인 이찬 용춘(龍春)[일설에는 용수(龍樹)라고도 한다]의 아들이다[『당서(唐書)』에는 진덕의 동생이라 하였으나 잘못이다]. 어머니는 천명부인(天明夫人)으로 진평왕의 딸이고…….

여기에는 김춘추의 아버지가 용춘 혹은 용수라고 기록되어 있습니다. 그리고 김춘추의 어머니는 천명부인입니다. 즉 김춘추의 어머니는 천명부인이 맞지만 아버지는 용춘인지 용수인지 확실하지 않은 것이죠. 이에 대해서는 두 가지 해석이 가능합니다. 하나는 용춘과 용수가 동일 인물인데 이름이 확실하지 않다는 것, 다른 하나는 용춘과 용수

태종무열왕 김춘추 영정

가 서로 다른 두 인물이라는 해석입니다. 그렇다면 『삼국유사』의 기록은 어떤 입장인지 살펴봅시다.

> 제29대 태종대왕(太宗大王)의 이름은 춘추(春秋)이며 성은 김씨이다. 용수(龍樹)[용춘(龍春)이라고도 한다] 각간으로 추봉된 문흥대왕(文興大王)의 아들이고, 어머니는 진평대왕(眞平大王)의 딸인 천명부인(天明夫人)이다.

이 기록에 따르면 김춘추의 아버지는 용수이며, 용춘이라고 불리기도 한다며 이름만 다르게 알려진 동일 인물이라는 것입니다. 그러나 용수와 용춘은 서로 다른 인물이라고 볼 수 있는 증거들이 있습니다. 다시 『삼국사기』 신라본기 진평왕조의 기록을 봅시다.

> 44년(622) 봄 정월, 임금이 몸소 황룡사에 행차하였다. 2월, 이찬 용수(龍樹)를 내성(內省)의 사신(私臣)으로 삼았다.

이는 진평왕 44년의 기록으로 이찬 용수의 이름이 나옵니다. 이찬
은 2등급에 해당하는 관직으로 622년 용수는 매우 높은 관리였습니
다. 『삼국사기』 신라본기 진평왕조의 기록을 봅시다.

51년(629) 가을 8월, 임금이 대장군 용춘(龍春)과 서현(舒玄), 부장
군 유신(庾信)을 보내 고구려 낭비성(娘臂城)을 침공하였다.

1	이벌찬					
2	이찬					자색
3	잡찬					
4	파진찬					
5	대아찬					
6	아찬					
7	일길찬					비색
8	사찬					
9	급벌찬					
10	대나마					청색
11	나마					
12	대사					
13	사지					
14	길사					황색
15	대오					
16	소오					
17	조위					
등급	관등명	진골	6두품	5두품	4두품	공복
관등		골품				

골품과 관등표

이는 진평왕 51년(629)의 기록으로 대장군 용춘이라는 이름이 나옵니다. 그런데 『삼국사기』 김유신열전에는 같은 사건에 대한 기록이 다시 나옵니다.

건복 46년(629) 기축 가을 8월, 왕이 이찬 임말리(任末里), 파진찬 용춘(龍春)·백룡(白龍), 소판 대인(大因)·서현 등을 파견하여 군사를 거느리고 고구려의 낭비성(娘臂城)을 공격하게 했다.

건복은 진평왕이 쓴 연호로 건복 46년은 629년으로 진평왕 51년과 같습니다. 그런데 이 기록에서는 앞의 대장군 용춘이 파진찬으로 나옵니다. 파진찬은 4등급으로 만약 용춘이 용수와 동일 인물이라면 용춘(용수)은 622년 2등급 이찬에서 629년 4등급 파진찬으로 7년 만에 2단계나 강등된 것입니다. 상식적으로 이해하기 힘든 일입니다.

용수와 용춘은 형제였다

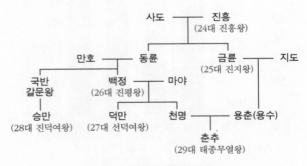

진흥왕~김춘추(태종무열왕) 가계도

먼저 용춘(용수)의 신분에 대해 알아봅시다. 용춘(용수)은 진지왕의 아들입니다. 그리고 진지왕은 당시 귀족들에 의해 폐위당한 것으로 보입니다. 『삼국유사』의 기록을 봅시다.

제25대 사륜왕(舍輪王)은 시호가 진지대왕(眞智大王)이고 성은 김씨이며, 왕비는 기오공(起烏公)의 딸인 지도부인(知刀夫人)이다. 대건(大建) 8년 병신(576)에 왕위에 올라[고본(古本)에는 11년 기해(579)라고 하나 잘못된 것이다] 나라를 4년 동안 다스렸는데, 정치가 어지럽고 음란하여서 나라 사람들이 그를 폐위시켰다.

진지왕은 576년에 왕위에 올라 579년 폐위를 당했습니다. 즉 진지왕은 폐위를 당한 왕이었기에 그 아들은 성골이 아니게 되었습니다. 아마 이때 용춘(용수)의 신분이 진골로 강등된 게 아닌가 싶습니다. 김춘추의 신분이 진골인 이유가 바로 할아버지 진지왕이 폐위를 당했기 때문이죠. 그런데 『삼국사기』에는 진지왕이 579년에 사망한 것으로 기록되어 있습니다. 즉 용춘(용수)은 적어도 579년 이전에 태어났어야 한다는 뜻입니다. 만약 용춘(용수)이 579년 태어났다면 629년에는 51세입니다. 이것은 용춘(용수)이 51세 진골로 4등급 파진찬에 머물렀다는 뜻이 됩니다. 즉 용춘과 용수가 동일 인물이라면 622년 44세에 2등급 이찬까지 올랐던 사람이 629년 51세에는 4등급 파진찬으로 강등되었다는 말인 셈이죠. 이것은 더더욱 상식적으로 맞지 않습니다.

만약 용춘과 용수가 서로 다른 인물이라면 기록들은 어떻게 설명될 수 있을까요? 먼저 용춘과 용수가 진지왕의 아들이라는 것은 변하지 않기 때문에 두 사람은 형제라고 추정할 수 있습니다. 그리고 622

년 2등급 이찬이었던 용수는 형이고, 629년 4등급 파진찬이었던 용춘은 동생입니다. 그렇다면 김춘추의 아버지는 둘 중에 누구였을까요?

『화랑세기』를 통해 살펴본 김춘추의 아버지는?

실제로 용수와 용춘이 형제였다고 기록한 것이 『화랑세기』인데, 여기에는 용수와 용춘에 대한 자세한 기록이 나옵니다.

건복(建福) 20년(603) (용춘)공과 비보랑이 제(帝)를 좇아 한수(漢水)의 전쟁에 나갔다. 남보에게 공으로 대나마를 주었으나 받지 않았다. 그때 대왕은 적자(嫡子)가 없어 (용춘)공의 형인 용수 전군(殿君)을 사위로 삼아 왕위를 물려주려 하였다. (용수)전군이 (용춘)공에게 물었다. (용춘)공이 답하기를 "대왕의 나이가 한창 강성할 때인데 혹시 왕위를 이으면 불행할까 염려가 됩니다." 하였다. (용수)전군은 이에 따라 사양하였으나 마야황후가 들어주지 않고, 마침내 (용수)전군을 사위로 삼았으니 곧 천명공주의 남편이다.

이에 따르면 진평왕은 자신의 아들이 없는 상태에 대한 대책으로 용춘의 형인 용수를 사위로 삼아 왕위를 물려주려고 합니다. 이러한 진평왕의 뜻을 알게 된 용수는 동생인 용춘에게 상의를 합니다. 용춘은 진평왕이 아직 젊기 때문에 만약 왕자를 낳는 등의 일이 발생한다면 왕위 계승 다툼에 끼어들어 불행해질 수 있다고 경고하죠(훗날 실제로 진평왕의 새 왕비 승만황후가 아들을 낳고, 그 아들의 죽음과 관련하여 용수, 용춘 형제가 큰 곤욕을 치릅니다.『화랑세기』의 기록자가 이미 이 사실을 알고 있기에 복선으로 기록했다고 보입니다). 그래서 용수는 용춘의 충고를 받아들여 부마가 될 것을 사양했지만 그 뜻과 다르게 천명공주의 남편이 되어 부마가 됩니다. 즉 천명공주와 공식적으로 결혼한 것은 용수였습니다. 이는 용수가 김춘추의 아버지임을 보여주는 기록입니다. 그렇다면 왜 김춘추의 아버지로 용춘이 먼저 기록되고, 용수는 주석으로 달리게 되었을까요?『화랑세기』를 살펴봅시다.

이보다 앞서 (천명)공주는 마음속으로 (용춘)공을 사모하여 황후에게 조용히 말하기를, "남자는 용숙(龍叔)과 같은 사람이 없습니다." 하였다. 황후가 용수(龍樹)로 생각하여 시집을 잘못 보냈던 것이다. 공주는 이에 (용춘)공에게 은밀히 말하기를 "첩이 본래 그리워한 사람은 곧 그대입니다." 하였다. (용춘)공이 말하기를 "가정의 법도는 장자(長子)가 귀한 것인데 신이 어찌 감히 형과 같겠습니까?" 하였다. (천명)공주는 (용춘)공을 더욱 사랑하여 제(帝)에게 (용춘)공의 처지를 떠받쳐주게 하였고, 여러 차례 (용춘)공의 관계(官階)를 승진시켜 위(位)가 용수공과 같게 하였다. 용수공이 (천명)공주의 뜻을 알고 공주를 (용춘)공에게 양보하려 하였으나 (용춘)공이 힘써 사양하였다. 마야황후가 밤에 궁중에서 잔치를 베풀고 (용춘)공을 불러 공주와 함께 묵도록 하였다. 용수공 또한 늘 병을 칭하고 (용춘)공에게 공주를 모시고 공주의 마음을 위로하도록 명하였다.

위 내용은 왜 김춘추의 생부가 용춘으로 알려지게 되었는지를 잘 보여줍니다. 김춘추의 어머니인 천명공주가 원래 사모한 것은 용춘이 었습니다. 그래서 어머니 마야황후에게 용숙(龍叔), 즉 용춘 숙부(용 춘은 진지왕의 아들이므로 진평왕과 사촌 관계입니다. 그래서 천명공주 에게는 숙부인 것이죠)를 사모한다고 말했습니다. 그러나 마야황후가 용춘을 용수로 착각하는 바람에 용수와 결혼한 천명공주는 용춘에게 자신이 원래 사모한 것은 용춘이었다고 고백하죠. 또한 천명공주는 진 평왕에게 부탁하여 용춘의 벼슬자리를 높여주어 남편인 용수와 같게 만들어주었습니다.

용수 역시 천명공주의 뜻을 알고 용춘에게 공주를 양보하려고 했 죠. 게다가 마야황후가 용춘을 밤에 불러 천명공주와 잠자리를 갖게 했습니다. 이후 용수는 꾀병으로 천명공주를 멀리하고 용춘과 천명공 주가 가까이 지내도록 했습니다. 즉 천명공주의 공식적인 남편은 용수 였지만 천명공주가 진짜 사랑했던 실질적인 남편은 용춘이었다는 이 야기입니다. 게다가 김춘추의 생부가 용춘이었음을 보여주는 이야기 가『화랑세기』에 나옵니다.

선덕공주(善德公主)가 점점 자라자 용봉의 자태와 태양의 위용이 왕 위를 이을 만하였다. 그때는 마야황후가 이미 죽었고 왕위를 이을 아들 이 달리 없었다. 그러므로 대왕은 (용춘)공을 마음에 두고 (천명)공주에 게 그 지위를 양보하도록 권하였다. (천명)공주는 효심으로 순종하였다. 이에 지위를 양보하고 출궁(出宮)을 하였다. 선덕은 (용춘)공이 능히 자 기를 도울 수 있다고 생각하여 사신(私臣)이 되기를 청하였다. 대왕이 이에 (용춘)공에게 공주의 뜻을 받들도록 명하였다. 선덕은 총명하고 지 혜로웠으며 감정이 풍부하였다. (용춘)공이 감당하지 못할 것을 알고 군

이 사양하였으나 어쩔 수 없이 받들게 되었는데 과연 자식이 없어 물러
날 것을 청하였다. 대왕은 용수공에게 모시도록 명하였는데 또한 자식
이 없었다.

이에 따르면 선덕공주, 즉 훗날 선덕여왕은 천명공주의 동생으로 기
록되어 있습니다. 『삼국사기』, 『삼국유사』에는 선덕여왕, 즉 덕만이 큰
딸이었고, 천명이 둘째 딸입니다. 그런데 『화랑세기』에는 천명이 큰딸
이고, 선덕공주, 즉 덕만이 둘째 딸입니다. 앞에서 설명한 것처럼 진평
왕은 천명공주의 공식적인 남편이었던 용수를 사위로 삼아 왕위를 계
승시키려 했습니다. 그러나 용춘이 실질적인 남편이 되었고, 그 사이에
서 김춘추가 태어났습니다. 아마 진평왕은 김춘추가 누구의 아들인지
천명공주에게 확인했을 것으로 추측됩니다. 그래서 진평왕은 김춘추
의 생부인 용춘에게 왕위를 계승시키려 했던 것으로 보입니다.

왕위 계승 후보 1순위로 떠오른 선덕공주

하지만 둘째 딸 선덕공주가 왕위를 계승할 능력을 보이자 진평왕
은 천명공주에게 출궁을 명하였죠. 정치적인 이혼 후 용춘은 진평왕
의 명에 따라 다시 선덕공주의 남편 역할을 하게 된 것으로 보입니
다. 그러나 자식이 생기지 않자 남편 역할에서 물러났고, 다시 용수가
선덕공주의 남편 역할을 이어받았지만 역시 자식이 생기지 않았습니
다. 실제로 선덕여왕은 자녀를 출산한 적이 없습니다. 그래서 당나라
에서 모란꽃 그림을 보내와 선덕여왕을 조롱한 일도 있었죠. 먼저 제

가 쓴 『선생님이 궁금해하는 한국 고대사의 비밀』에 실린 내용을 읽어봅시다.

선덕여왕이 모란꽃 그림에 열 받은 이유

왕(선덕여왕)이 대답하기를 "꽃을 그렸는데 나비가 없으니 향기가 없는 것을 알 수 있었고, 이는 당나라의 임금이 나의 배우자가 없음을 희롱한 것이다."

이것은 『삼국유사』에 나오는 기록입니다. 당나라에서 모란꽃 그림과 모란꽃 씨 석 되를 선물로 보내왔는데, 선덕여왕은 그 꽃에 향기가 없을 것이라고 예언했습니다. 실제 꽃을 재배했더니 꽃향기가 나지 않았습니다. 후에 신하들이 이를 어떻게 알았는가 물었더니 위의 기록과 같이 대답했던 것이죠. 즉 모란꽃은 선덕여왕을 상징하고, 나비가 없음은 선덕여왕의 배우자가 없음을 상징한다는 해석이었습니다. 그러나 실제 선덕여왕에게는 남편이 있었습니다. 다음은 이를 보여주는 『삼국유사』 왕력편의 기록입니다.

왕(선덕여왕)의 배필은 음갈문왕(飮葛文王)이었다.

이 기록에 나오는 갈문왕은 왕족의 칭호입니다. 그런데 '음(飮)'은 '반(飯)'과 혼동하기 쉬운 글자이므로 진평왕의 동생이자 선덕여왕의 삼촌들인 백반(伯飯)이나 국반(國飯)을 뜻한다는 설이 제기되기도 하였습니다. 중요한 것은 선덕여왕의 남편이 있었다는 사실입니다. 만약 당 태종이 선덕여왕을 '향기가 없는 모란꽃'이라고 조롱했다면 이것은 선덕여왕이 배우자가 있었음에도 불구하고 아이를 낳지 못했다는 사실을 비꼬았던 것이죠. 이는 사실일 수도 있고 아닐 수도 있지만, 선덕여왕 스스로가 이 사건에 대해 엄청난 모욕으로 느꼈다는 것이 문제입니다.

이 이야기에 대해 일부에서는 '동양화 읽는 법'을 제시하여 선덕여왕이 모란꽃 그림에 대해 오해했다고 주장하는 경우도 있습니다. 즉 모란꽃과 나비를 함께 그리는 것은 60~80세 정도만 살라는 뜻이므로 보통은 80~90세 정도까지 장수하라는 뜻의 고양이 그림까지 넣어 모란꽃, 나비, 고양이를 함께 그리는 것이 일반적이라는 것입니다. 그러나 이 이야기에서 중요한 것은 당 태종이 모란꽃 그림과 함께 모란꽃 씨까지 석 되나 보내왔다는 것이고, 그 씨를 실제로 심어보았더니 향기가 없는 꽃이 피었다는 것입니다. 당시 당나라에 꽃향기를 없애는 유전자 조작 기술이 있었다면 몰라도 이는 사실이 아니란 반증입니다. 이 이야기의 핵심은 선덕여왕이 모란꽃 그림을 왜 그렇게 해석할 수밖에 없었는가라는 점입니다.

승만황후의 아들은 누가 죽였을까?

이와 같이 선덕여왕은 당나라로부터 모욕감을 느낄 정도로 자식이 생기지 않는 것에 콤플렉스를 가졌던 것으로 보입니다. 특히 아직 왕위에 오르지 않은 상태였던 선덕공주에게는 자신의 남편 역할을 했던 용춘과 용수가 언니인 천명공주와의 사이에서는 김춘추를 낳았다는 사실이 더욱 비교되었을 것입니다. 설상가상으로 선덕공주의 지위를 위협하는 왕자까지 태어났습니다. 다시 『화랑세기』를 봅시다.

> 그때 승만황후(僧滿皇后)가…… 아들을 낳자, 선덕의 지위를 대신하고자 하였는데 그 아들이 일찍 죽었다. 승만은 (용춘)공의 형제를 미워하였다. (용춘)공은 이에 지방으로 나갔다. 고구려에 출정하여 큰 공을 세우게 되자 승진하여 각간(角干)에 봉해졌다. 용수 전군이 죽기 전에 부인과 아들을 (용춘)공에게 맡겼다. 그 아들은 곧 우리 태종(太宗) 황제이고, 부인은 곧 천명공주이다.

이에 따르면 진평왕은 마야황후가 죽자 새 황후 승만황후와 혼인했습니다. 그리고 그 사이에서 아들, 즉 왕자가 태어난 것이죠. 선덕공주가 왕위를 이어받을 수 있었던 것은 '성골남진(聖骨男盡)' 즉, 성골 남자가 없었기 때문입니다. 다시 말해 승만황후의 아들은 선덕공주의 즉위에 가장 큰 걸림돌이 된 것이죠. 그런데 승만황후의 아들이 죽어 버렸고, 승만황후는 용춘, 용수 형제를 미워했다고 합니다. 그리고 용춘이 지방으로 좌천되었다가 고구려와 전쟁에서 공을 세워 다시 복귀

선덕여왕릉(경주 소재)

했던 것으로 보입니다.

이것은 승만황후 아들의 죽음에 용춘이 관련되었을 가능성을 보여 주는데, 그로 인해 가장 큰 이익을 본 것은 선덕공주였습니다. 그러니 그 책임을 용춘, 용수 형제에게 돌려 자신에게 쏠리는 의심의 눈길을 피한 것으로도 볼 수 있습니다. 실제로 용춘이 승만황후 아들의 죽음에 관련되었을지도 모르지만 만약 누명을 썼다면 그 배후에는 선덕공주가 있었을 가능성이 큽니다. 그렇다면 왜 선덕공주는 용춘, 용수 형제에게 누명을 씌우려고 했을까요?

용수는 천명공주와 결혼하여 공식적인 남편이 되어 왕위 계승 후보 1순위였습니다. 그러나 용춘이 천명공주와의 사이에서 김춘추를 낳고 실질적인 남편이 되었고, 왕위 계승 후보 1순위가 되었습니다. 그런데 다시 선덕공주가 왕위 계승 후보 1순위가 되면서 용춘과 용수는 2순위, 3순위가 되었던 것이죠. 진평왕 역시 이러한 권력 관계를 알았기에 천명공주를 출궁시키고 용춘과 용수에게 선덕공주의 남편 역할을 맡겼던 것입니다. 그러나 용춘, 용수 모두 선덕공주와의 사이에서는 자식을 낳지 못했고, 승만황후의 아들까지 태어나면서 선덕공주는 큰 정치적 위기를 맞았습니다.

승만황후의 아들이 죽음으로써 가장 이익을 얻은 사람이 선덕공주라면 용춘에게 그 책임을 씌워 좌천시킨 것도 선덕공주일 가능성이 큽니다. 즉 당시 왕위 계승 후보 1순위였던 선덕공주가 새로운 왕위 계승 후보 1순위가 될 수 있는 승만황후의 아들을 죽이고, 2순위인 용춘을 지방으로 쫓아냈을 가능성이 있는 것이죠. 이후 용춘은 고구려와의 전쟁에서 공을 세워 중앙 정치에 복귀했고, 용수가 죽으면서 김춘추와 천명공주를 용춘의 아들과 부인으로 확정한 것입니다.

지금까지 살펴본 것처럼 김춘추의 아버지가 용춘으로 기록되어 있지만 『삼국사기』, 『삼국유사』 모두 용수라는 이름을 함께 기록한 이유를 우리는 『화랑세기』에서 찾을 수 있었습니다. 현재까지도 『화랑세기』의 위작 논란이 계속되고 있지만 당시 상황을 더 상식에 맞게 설명하고 있는 것은 분명한 사실입니다. 앞으로 『화랑세기』에 대한 더 많은 연구가 필요할 것으로 보입니다.

'김춘추 혼외정사 스캔들'의 숨겨진 비밀
'승만황후 아들 사망 사건'과의 연결 고리

『삼국사기』의 '김춘추-문희 열애설'

그의 언니가 서형산(西兄山) 꼭대기에 올라앉아서 오줌을 누었더니 온 나라 안에 가득 퍼지는 꿈을 꾸었다. 꿈에서 깨어나 동생에게 꿈 이야기를 하니, 동생이 농담처럼 말하였다. "내가 언니의 꿈을 사고 싶어요." 그러고는 꿈 값으로 비단 치마를 주었다. 며칠 뒤에 유신이 춘추공(春秋公)과 축국(蹴鞠)을 하다가 그만 춘추의 옷고름을 밟아 떨어뜨렸다. 유신이 말하였다. "다행히 우리 집이 가까이 있으니 가서 옷고름을 달도록 하지요." 함께 집으로 가서는 술상을 차려놓고 조용히 보희(寶姬)를 불러 바늘과 실을 가지고 와서 옷고름을 꿰매라고 하였다. 그러나 언니가 일이 있어 나오지 못하였기에 동생이 나와서 옷고름을 꿰매어주었는데, 그녀의 담백한 화장과 산뜻한 옷차림과 빛나는 아름다움이 눈부실 지경이었다. 춘추가 보고 마음에 꼭 들어서 혼인을 청하여 혼례식을 치렀다. 곧 임신하여 아들을 낳았으니 그가 바로 법민이다.

이는 『삼국사기』 문무왕조에 실린 기록으로 법민, 즉 문무왕이 태어나게 된 상황입니다. 모두 알다시피 태종무열왕 김춘추와 김유신의 여동생 문희 사이에서 태어난 아들이 바로 문무왕 김법민입니다. 그리고 '오줌 꿈 이야기'와 '김유신의 김춘추 옷고름 찢기 이야기'는 너무나도 유명하죠. 이는 『삼국유사』와 『화랑세기』에도 거의 똑같이 등장합니다. 그런데 김춘추와 문희의 혼인에 대해서는 모두 다르게 묘사되어 있습니다. 먼저 『삼국사기』의 기록만 보면 김춘추와 문희의 이야기는 아름다운 열애설로 보입니다. 김춘추와 문희가 첫눈에 반해 사랑을 하였고, 혼인 후에 임신하여 낳은 아들이 문무왕이라는 것입니다. 그러나 이 이야기가 거짓임을 보여주는 『삼국사기』 김유신열전의 기록을 봅시다.

선덕대왕(善德大王) 11년(642) 임인에 백제가 대량주(大梁州, 경남 합천)를 함락시켰다. 그때 춘추공의 딸 고타소랑(古陀炤娘)이 남편 품석(品釋)을 따라 죽었다.

기록에 나오는 고타소는 김춘추의 딸입니다. 그런데 642년 백제의

대왕암(경주 앞바다 소재)

침략으로 남편 김품석과 함께 죽은 것이죠. 그렇다면 고타소의 어머니
는 누구일까요? 문무왕 김법민은 626년 출생한 것으로 기록되어 있습
니다. 만약 고타소가 김법민의 여동생이고 연년생이라면 627년 태어났
을 것입니다. 642년 16세(만 14~15세)의 어린 나이로 남편과 함께 죽었
다는 말이 되죠. 이것도 김법민과 고타소가 연년생일 경우입니다. 만
약 몇 살 차이가 난다면 고타소가 김법민의 여동생일 가능성은 매우
희박합니다. 즉 누나일 가능성이 더 높은 것입니다.

김춘추는 유부남이었다

그렇다면 고타소는 누구의 자식일까요? 이에 대한 기록이 『화랑세
기』에 나와 있습니다.

> 그때 공의 정궁부인(正宮夫人)인 보라궁주(宝羅宮主)는 보종공의 딸
> 이었다. 아름다웠으며 공과 몹시 잘 어울렸는데, 딸 고타소(古陀炤)를
> 낳아 공이 몹시 사랑하였다. 감히 문희를 받아들이지 못하고 비밀로 하
> 였다. 유신은 이에 장작을 마당에 쌓아놓고 막 누이를 태워 죽이려 하
> 며 임신한 아이의 아버지가 누구인지 물었다. 연기가 하늘로 올라갔다.
> 그때 공은 선덕공주를 따라 남산에서 놀고 있었다. 공주가 연기에 대
> 하여 물으니, 좌우에서 고하였다. 공이 듣고 얼굴색이 변하였다. 공주가
> "네가 한 일인데 어찌 가서 구하지 않느냐?" 하였다. 공은 이에 …하여
> 구하였다. 포사(鮑祠)에서 길례를 행하였다. 얼마 안 있어 보라궁주가
> 아이를 낳다가 죽었다. 문희가 뒤를 이어 정궁(正宮)이 되었다. 이에 이

르러 화군(花君)이 되어 아들을 낳았다.

이 기록에 따르면 고타소의 어머니는 김춘추의 첫 번째 부인이었던 보라궁주입니다. 즉 김춘추는 아름다운 아내와 딸을 둔 유부남이었던 것이죠. 그래서 김춘추는 문희가 임신을 했는데도 이를 숨기고 인정하지 않았던 것으로 보입니다. 아마도 김유신은 김춘추에게 문희를 책임지라고 요구했을 것입니다. 그러나 김춘추가 이에 우유부단하게 행동하자 김유신은 문희를 화형시키겠다는 소문과 함께 거짓 연극을 준비하죠. 이에 대해서는 『삼국유사』를 통해 살펴봅시다.

춘추공은 유신의 뜻을 알고 드디어 문희를 사랑하게 되었다. 이때부터 자주 유신의 집을 왕래하였다. 유신공은 누이동생이 임신한 것을 알고 꾸짖었다. "네가 부모님께 아뢰지도 않고 임신을 하였으니 어찌 된 일이냐?" 그러고는 곧 서울 안에 소문을 내기를 동생 문희를 불태워 죽이

문희를 화형시키는 거짓 연극

겠다고 하였다. 어느 날 선덕왕(善德王)이 남산에 행차할 때를 기다려서 마당에 장작을 쌓아놓고 불을 붙여 연기가 일어나게 하였다. 왕이 그것을 바라보고 무슨 연기냐고 묻자, 주변에 있던 신하들이 아뢰었다. "아마도 유신이 그 누이동생을 불태우려나 봅니다." 왕이 그 까닭을 물었다. "그 누이동생이 남편도 없이 임신하였기 때문입니다." 왕이 다시 물었다. "이것은 누구의 소행이냐?" 때마침 춘추공이 왕을 모시고 있다가 얼굴색이 크게 변하였다. 그러자 왕이 말하였다. "이것은 너의 소행이구나. 속히 가서 구하도록 하여라." 춘추공은 명을 받고 말을 달려가 왕명을 전하고 화형을 중지시켰다. 그 후에 세상에 드러내놓고 혼례를 올렸다.

여기에는 『삼국사기』와 가장 큰 다른 점이 있습니다. 바로 김춘추와 문희의 사랑과 임신이 혼인 전이었다는 것이죠. 그런데 이상하게도 문희가 김춘추의 아이를 임신했음에도 불구하고 김춘추는 책임을 지려 하지 않았습니다. 만약 김춘추가 『삼국사기』의 기록처럼 문희와 결혼했다면 김유신은 이러한 거짓 연극을 할 필요가 없었습니다. 다시 말해 김춘추가 문희를 받아들이지 않았던 이유 중에는 바로 『화랑세기』의 기록처럼 아내 보라궁주와 딸 고타소가 있었던 것입니다.

'김춘추 혼외정사 스캔들'과 '승만황후 아들 사망 사건'의 관련성

『삼국유사』에는 김춘추와 문희의 스캔들이 일어난 당시 '선덕여왕'이 김춘추와 문희의 혼인 문제를 해결했다고 기록되어 있습니다. 그러나 문무왕은 626년에 출생했고, 선덕여왕은 632년 왕위에 올랐습니다. 당시 선덕여왕은 아직 공주의 신분이었던 것입니다. 반면 『화랑세기』에는 '선덕공주'라고 기록되어 있습니다. 이는 『화랑세기』의 신뢰성을 매우 높이는 기록입니다. 다시 말해 『삼국유사』와 『화랑세기』의 기록자들은 모두 덕만(선덕여왕의 이름)이 김춘추와 문희의 혼인 문제를 해결했다는 것을 알고 있었습니다. 그러나 『삼국유사』의 기록자는 이 사건이 일어난 시기조차도 정확히 모르고 있었을 가능성이 크죠. 즉 『화랑세기』의 기록이 더 정확할 수 있다는 것을 보여줍니다.

문무왕이 626년에 태어났기 때문에 '김춘추 혼외정사 스캔들'이 일어난 때는 아마도 625~626년 무렵일 것입니다. 그리고 앞에서 살펴본 '승만황후 아들 사망 사건' 역시 이 무렵 일어난 것으로 추측됩니다. 그 이유를 알아보기 위해 먼저 『삼국사기』를 봅시다.

> 44년(622) 봄 정월, 임금이 몸소 황룡사에 행차하였다. 2월, 이찬 용수(龍樹)를 내성(內省)의 사신(私臣)으로 삼았다.

앞에서 살펴본 것처럼 '승만황후 아들 사망 사건'의 책임을 지고 용춘은 지방으로 쫓겨납니다. 용수에 대한 기록은 비록 없었지만 용수 역시 아마 고위 관직을 유지하지는 못했을 것입니다. 즉 622년 2등급 이찬 용수는 아직 쫓겨나지 않은 상태임을 알 수 있습니다. 『삼국사기』의 기록을 보시죠.

> 건복 46년(629) 기축 가을 8월, 왕이 이찬 임말리(任末里), 파진찬 용춘(龍春)·백룡(白龍), 소판 대인(大因)·서현 등을 파견하여 군사를 거

느리고 고구려의 낭비성(娘臂城)을 공격하게 했다.

이에 따르면 629년 용춘은 4등급 파진찬으로 고구려와의 전쟁에 나가 공을 세우고 이후 중앙 정치에 복귀한 것으로 보입니다. 즉 '승만황후 아들 사망 사건'은 623~628년 사이 어느 시점일 것으로 추정됩니다. 그러나 사망 사건의 책임을 지고 지방으로 쫓겨났다가 1~2년 만에 복귀한다는 것은 상식에 맞지 않기 때문에 아마도 625~626년에 '승만황후 아들 사망 사건'이 일어났을 가능성이 큽니다. 즉 '김춘추 혼외정사 스캔들'이 벌어졌던 시기와 일치합니다.

이것이 과연 우연일까요? 앞에서 살펴본 것처럼 만약 선덕공주가 '승만황후 아들 사망 사건'의 진짜 배후 인물이었다면 '김춘추 혼외정사 스캔들'은 이에 대한 사람들의 관심을 덮을 수 있는 좋은 이야깃거리였을 것입니다. 여기서 생각해보아야 할 것이 선덕공주와 김유신의 연합입니다. 김유신은 김춘추에게 자기 여동생을 소개시키려고 축국을 하다 일부러 옷고름을 찢었습니다. 특히 『화랑세기』에 따르면 "유신

축국

은 피하고 보지 않았다. 공이 이에 사랑을 하였다. 1년쯤 되자 임신을 하였다."라고 하여 김유신의 의도성이 더욱 노골적으로 기록되어 있습니다.

게다가 김유신이 문희를 화형시키겠다고 거짓 연극을 하자마자 선덕공주는 옆에 있던 김춘추에게 "네가 한 일인데 어찌 가서 구하지 않느냐?"고 사실상 명령을 내리죠. 이것도 과연 우연일까요? 김유신이 화형을 시킨다고 연기를 피울 때 선덕공주 옆에 김춘추가 있었다는 것은 미리 계획된 시나리오가 있었음을 강하게 시사합니다. 만약 김유신과 선덕공주가 '김춘추 혼외정사 스캔들'을 세상에 알리려고 했다면 매우 극적인 방식을 택했을 것입니다.

김춘추는 딸까지 둔 유부남이었고, 문희는 처녀로 임신한 상태였죠. 김유신은 문희를 태워 죽이려 하며 '임신한 아이의 아버지가 누구냐?'고 물었죠. 연기가 하늘로 올라갔고, 그때 남산에서 놀고 있던 선덕공주가 연기에 대해 묻자 옆에 있던 사람들이 사건의 전말을 고했습니다. 이는 스캔들에 대해 어느 정도 소문이 나 있었음을 나타냅니다. 당황한 김춘추는 얼굴색이 변하였고, 선덕공주의 명령에 문희를 구하러 달려갈 수밖에 없었죠. 이렇게 스캔들이 터지자 신라 백성 모두의 관심은 김춘추에게로 쏠렸고, 그 무렵 있었던 '승만황후 아들 사망 사건'에 대해서는 아무도 관심을 두지 않게 되었을 것입니다. 결과적으로 선덕공주는 정치적인 의심에서 벗어났고, 김유신은 김춘추와 인척 관계를 맺어 자신의 정치 세력을 강화할 수 있었죠. 특히 훗날 왕이 될 선덕공주와 김유신의 연합은 이렇게 시작되었던 것입니다.

『화랑세기』의 신빙성을 높여주는 보희에 대한 기록과 포석정에 대한 고고학적 증거

『삼국사기』, 『삼국유사』, 『화랑세기』에 모두 동일하게 나오는 기록은 보희가 꾼 '오줌 꿈'을 문희가 샀다는 이야기입니다. 이것은 원래 보희가 김춘추의 부인이 될 수 있는 기회가 문희에게 가게 된 이유를 '오줌 꿈'이라는 예지몽의 거래로 설명한 것으로 보입니다. 물론 실제로 이런 꿈을 꾸었고, 꿈을 사고팔았을지도 모르지만 원래 김유신이 김춘추에게 소개하려고 했던 여동생은 보희였습니다. 하지만 김춘추의 부인이 된 것은 문희였죠. 그렇다면 보희는 어떻게 되었을까요? 『삼국사기』와 『삼국유사』에서는 그 기록을 찾을 수 없지만 『화랑세기』에는 그 후일담이 기록되어 있습니다.

보희는 꿈을 바꾼 것을 후회하여 다른 사람에게 시집을 가지 않았다.

보희의 '오줌 꿈'을 산 문희

(춘추)공은 이에 첩으로 삼았는데 아들 지원(知元)과 개지문(皆知文)을 낳았다.

즉 보희는 문희에게 꿈을 판 것을 후회했고, 그 아쉬움에 시집을 가지 않고 있었던 것으로 보입니다. 그래서 김춘추가 이를 알고 보희 역시 자신의 첩으로 삼아 그 사이에 두 아들을 낳았다는 것이죠. 특히 두 아들 중 개지문은 『삼국유사』에도 김춘추의 서자로 기록되어 있습니다. 이와 같이 『화랑세기』는 김춘추에게 두 자매가 시집갔음을 기록했습니다. 친 자매가 한 남자에게 시집가는 경우가 당시에도 그리 흔한 일은 아니었기에 그 이유를 설명하기 위해 나온 것이 바로 '오줌 꿈'을 거래한 이야기였을 것입니다. 문희뿐만 아니라 보희 역시 김춘추에게 시집갈 명분이 있었음을 합리화하려고 했던 것입니다.

지금까지 살펴본 것처럼 『화랑세기』의 기록은 매우 진실에 가깝습니다. 이러한 신뢰성을 더해주는 고고학적 증거가 있습니다. 『화랑세기』에는 김춘추와 문희가 "포사(鮑祠)에서 길례를 행하였다."라고 기록되어 있습니다. 포사는 포석정(鮑石亭)을 말하고, 길례는 혼례 등 경사와 관련된 예식을 말합니다. 즉 김춘추와 문희의 결혼식이 포석정에서 열렸다는 것입니다. 그런데 왜 『화랑세기』에는 포석정을 포사라고 기록했을까요?

사(祠)는 즉 사당을 말합니다. 그런데 『삼국사기』에는 포석정을 왕과 귀족들이 술을 먹던 곳으로 묘사하고 있습니다. 관련된 『삼국사기』 신라본기 경애왕조의 기록을 봅시다.

(견훤이) 겨울 11월에 서울(금성, 현재 경주)을 습격하였다. 이때 임금

은 왕비, 후궁 및 친척들과 함께 포석정(鮑石亭)에서 연회를 베풀어 즐기고 있었기 때문에 적병이 오는 것을 모르고 있다가 갑자기 어찌할 줄을 몰랐다.

이에 따르면 포석정은 연회가 열리는 곳으로, 한마디로 외적이 쳐들어오는데 정신 못 차리고 술잔치를 열었다가 경애왕이 죽게 되었다는 뜻입니다. 그러나 이때는 기록과 같이 음력 11월, 즉 양력으로는 12월인 한겨울입니다. 추운 날씨에 술잔치를 열었다고 보기에는 좀 이상합니다. 만약 포석정이 사당이었다면 이해를 할 수가 있습니다. 사당은 제사나 예식을 지내는 곳으로 경애왕이 포석정, 즉 포석사에서 제사를 지내다가 화를 당했다고도 볼 수 있는 것이죠.

그런데 『화랑세기』의 기록처럼 포석정이 포석사였음을 뒷받침해주는 유물들이 발견되었습니다. 국립경주문화재연구소가 1998년 4월 17일부터 5월 13일까지 실시한 발굴 성과를 기록한 「포석정모형전시관 부지 시굴조사 보고서」에 따르면 출토 유물 중 '砲石(포석)'이라는 글자가 뚜렷한 6점의 기와 조각이 발견되었습니다. 이 유물들의 제작 연

포석(砲石) 명문 기와(포석정 인근 발견)

대가 6세기 후반에서 7세기 초반으로 밝혀졌죠. 『화랑세기』의 기록
에 따르면 김춘추와 문희의 혼례가 열린 것은 625~626년 무렵입니다.
즉 7세기 초에도 포석사가 존재했다는 뜻이죠. 그러나 『삼국사기』, 『삼
국유사』의 기록에 따르면 포석정이 삼국통일 이전에도 존재했다는 근
거가 없습니다. 오로지 『화랑세기』에서만 그 존재가 확인되었죠. 다시
말해 『화랑세기』의 기록자는 포석정이 포석사였으며, 7세기 초에도 포
석정이 존재했다는 사실을 알았다는 것입니다. 『화랑세기』의 신뢰성을
높여주는 증거인 셈이죠.

궁예는 금나라의 시조가 되었나?

궁예와 함보와 김준은 동일 인물

금나라의 시조는 고려인 또는 신라인이었다

금나라의 시조는 휘(諱)가 함보(函普)이고, 처음에 고려로부터 왔는데 나이 이미 60여 세였다. 형 아고내는 불교를 좋아해 뒤를 따르려 하지 않으며 고려에 잔류하면서 말하기를, "후세 자손들은 반드시 서로 모여 만나는 자가 있을 것이니 나는 가지 않겠다."

이것은 여진족이 세운 금나라의 역사를 기록한 『금사』에 실려 있는 금나라 시조에 대한 기록입니다. 이러한 내용은 금나라와 남송이 교류하던 당시의 기록인 홍호의 『송막기문』에도 이렇게 적혀 있습니다.

여진의 추장은 신라인이고 완안씨(完顏氏)라고 불렸는데, 완안은 한언(漢言: 중국어)의 왕(王)과 같다.

홍호는 1129년 금나라에 파견되어, 금나라에 포로로 붙잡힌 흠종 등의 반환을 교섭했던 당사자로 이때 보고 들은 내용을 기록한 견문

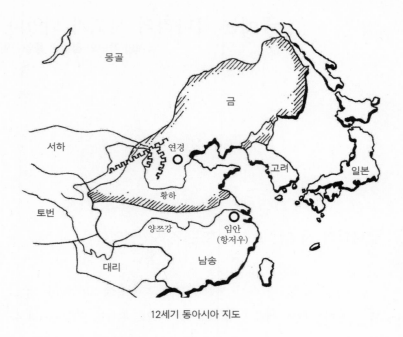

12세기 동아시아 지도

록이 바로 『송막기문』이죠. 즉 금나라의 왕족이 신라인이라는 것을 금나라 사람들로부터 직접 들었음을 알 수가 있습니다. 또한 남송의 서몽신이 금나라와의 교섭에 대해 쓴 『삼조북맹회편』에도 비슷한 내용이 다음과 같이 기록되어 있습니다.

신록기에서 기록하기를 여진의 시조 감포(堪布)는 신라로부터 나와 아륵초객으로 달아났다. 돌아갈 곳이 없어 드디어 완안(完顔)을 의지하였기에 이를 성씨로 삼았다. (중략) 후에 여진의 여러 호걸들과 동맹을 맺고 수령으로 추대되었다.

이 기록은 금나라의 왕족에 대해 더 구체적으로 보여줍니다. 이에

금나라를 건국한 아골타

따르면 여진의 시조 감포(堪布)는 신라인이었고, 완안(完顔)씨가 되었습니다. 다만 금나라의 시조가 감포(堪布)로 기록되어 있는데, 이것은 『금사』에 나오는 함보(函普)와 같은 이름으로 보입니다. '감포'와 '함보'는 사실상 같은 발음으로 볼 수 있습니다. '포'와 '보'는 동일 발음이며, '감'과 '함' 역시 자음만 약간 다를 뿐 사실상 동일한 발음이라고 할 수 있습니다. 어쨌든 『송막기문』과 『삼조북맹회편』에 따르면 당시 금나라 사람들에게는 자신들의 왕족인 완안(完顔)씨가 신라 출신이었다는 것이 일반적인 인식이었던 것으로 보입니다. 또한 원나라의 우문무소가 금나라의 풍속과 제도 등을 기록한 『금지』에도 다음과 같이 기록했습니다.

그 처음 추장은 본래 신라인이고 완안씨라고 불렀는데, 완안은 한언(漢言)의 왕과 같다.

한마디로 『송막기문』의 내용을 그대로 옮긴 것입니다. 이러한 인식은 중국에서도 계속된 것으로 보입니다. 특히 여진족의 후예들이 다시 나라를 세운 청나라 때 편찬된 『흠정만주원류고』에도 이러한 인식은 계속 이어졌습니다. 그 내용을 보시죠.

금나라의 시조는 휘(諱)가 합부(哈富)[옛적에는 함보(函普)라고 함]이고 처음에 고려로부터 왔다. [『통고』와 『대금국지』를 살펴보건대 모두 이르기를 본래 신라로부터 왔고 성은 완안씨라고 한다. 고찰하건대 신라와 고려의 옛 땅이 서로 섞여 있어 『요사』와 『금사』 중에서 왕왕 두 나라의 호칭이 분별되지 않는다.] 사서를 고찰하건대, 신라 임금의 성은 김씨(金氏)로서 서로 전하기를 수십 대에 이르렀으니 금나라가 신라로부터 나왔음은 의심할 나위가 없다. 나라를 세우면서 나라 이름도 역시 여기서 취했을 것으로 생각된다.

이 기록에 나오는 합부(哈富) 역시 함보(函普), 감포(堪布)와 같은 이름입니다. '보'와 '부'와 '포'는 동일 발음이고, '함'과 '합'과 '감' 역시 자음 또는 받침만 약간 다른 사실상 똑같은 이름이죠. 이어서 『흠정만주원류고』는 주석을 달아 금나라의 왕족인 완안씨가 신라 출신이었음을 밝힙니다. 또한 고려와 신라가 『요사』와 『금사』에서는 호칭이 분별되지 않는 경우가 많기 때문에 금나라의 시조가 고려 출신이라는 기록과 신라 출신이라는 기록이 모두 나오는 이유를 설명하였죠. 그러나 결론적으로는 금나라의 시조는 신라 출신이라는 것입니다. 즉 신라 임금의 성이 김씨(金氏)이고, 금나라가 나라 이름을 금(金)이라고 한 이유도 김씨에서 취한 것이라는 설명입니다.

금나라의 시조는 고려인 금준 또는 금행?

금나라의 시조가 고려인이었다는 인식은 고려시대에도 이미 알려져 있었던 것으로 보입니다. 먼저 『고려사절요』예종 4년(1109)의 기록을 봅시다.

옛날에 우리 태사 영가(盈歌)가 일찍이 말하기를, 우리 조종은 대국 (고려)에서 나왔으니 자손에 이르기까지 귀부해야 한다 하였고, 지금 태사 오아속이 역시 대국을 부모의 나라로 알았습니다.

이것은 금나라를 세운 아골타의 삼촌과 형인 영가와 오아속이 자신들이 고려 출신이며, 고려를 부모의 나라라고 말했다는 내용입니다. 또한 여진족이 금나라를 세우자 고려에서는 다음과 같은 기록을 남겼습니다. 『고려사절요』예종 10년(1115)의 기록을 봅시다.

생여진의 완안아골타(完顏阿骨打)가 황제라 칭호하고 이름을 민(旻) 이라 고쳤으며, 국호를 금(金)이라 하였다. (중략) 혹자는 말하기를, "옛날 우리나라 평주(平州, 지금 황해도의 평산)의 중 금준(今俊)이 도망하여 여진으로 들어가서 아지고촌(阿之古村)에 살았는데, 이가 금나라의 시조라 한다."라고 하며, 혹자는 말하기를, "평주의 중 금행(今幸)의 아들 극수(克守)가 처음으로 여진에 들어가 아지고촌에 살면서 여진 여자에게 장가들어 아들을 낳았는데, 고을태사(古乙太師)라고 하며 고을 (古乙)이 활라태사(活羅太師)를 낳고 활라는 아들이 많았다. 장자를 핵리발(劾里鉢), 막내아들을 영가(盈歌)라 하였는데, 영가가 제일 영웅호

걸스러워 여러 사람의 마음을 얻었다. 영가가 죽으니 핵리발의 장자 오아속(烏雅束)이 지위를 계승하고 오아속이 죽으니 아우 아골타가 섰다." 라고 한다.

이 기록에 따르면 금나라의 시조를 고려에서는 평주(平州) 출신의 중 금준(今俊) 또는 금행(今幸)의 아들 극수(克守)라고 생각했던 것으로 보입니다. 이것은 매우 중요한 힌트입니다. 중국 측 자료에서는 함보(函普), 합부(哈富), 감포(堪布) 등으로 알려져 있는 금나라의 시조가 고려 측 자료에서는 금준 또는 금행의 아들 극수로 나오는 것이죠. 다시 말해 함보와 금준(금행)이 동일 인물이라면 그 성은 과연 무엇이었을까요? 함보의 고향이었던 고려에서는 함보를 금준(금행)이라고 설명하고 있습니다. 이것은 함보의 성이 금(今)이었음을 말해줍니다. 금준과 금행의 이름만이 준과 행으로 다를 뿐이지 금(今)이라는 성은 똑같다는 것이죠.

후금을 건국한 누르하치

그런데 금(今)이라는 성은 금(金)이라는 나라 이름과 유사합니다. 이것은 『흠정만주원류고』에서도 설명한 바와 같이 신라 임금들의 성이었던 김(金)과 연결됩니다. 즉 함보의 성은 김(金)이었을 것으로 추정됩니다. 다시 말해 김함보입니다. 또한 『청사만어사전(清史滿語辭典)』에는 청 황실의 성씨인 애신각라(愛新覺羅)에 대해 이렇게 설명하고 있습니다.

[애신각라(愛新覺羅)] 만문(滿文/만주 문자)으로 aisin gioro[aisin kio-ro]로 한다. aisin(愛新)은 금(金)을 뜻한다. gioro(覺羅)는 국조(國朝) 6조(六祖)의 자손(子孫)은 홍대자(紅帶子/홍색 직물로 짠 허리띠)를 요계(腰系/허리에 맴)할 수 있는데, 이를 각라(覺羅)라 하였다.

즉 청 황실의 성씨인 애신각라는 금(金)을 뜻하는 만주어 aisin(愛新)과 황실을 뜻하는 gioro(覺羅)가 결합한 말이라는 것이죠. 다시 말해 애신각라는 '금(金) 황실'이라는 뜻입니다. 청나라의 시조 누르하치는 처음 나라 이름을 후금이라고 하였습니다. 금나라를 계승한다는 뜻이었죠. 청 황실이 자신들의 성을 '금(金) 황실'이라는 뜻의 애신각라로 한 이유가 드러납니다.

다음은 김함보의 출신이 중이었다는 점입니다. 이것은 『금사』에 실린 "형 아고내는 불교를 좋아해 뒤를 따르려 하지 않으며"라는 기록과 연결됩니다. 『금사』에서는 함보의 형 아고내가 불교를 좋아해 고려에 남았다고 설명했습니다. 이러한 점에 착안하여 일부 학자들은 김함보를 궁예의 동생이라고 주장하기도 합니다. 즉 함보의 형 아고내가 바로 궁예란 이야기죠. 불교를 좋아해 고려에 남은 형 아고내가 궁예이고, 그 동생이 함보라는 주장입니다. 그러나 형이 불교를 좋아했다면 동생이었던 함보 역시 불교를 좋아했을 것으로 추정할 수 있습니다. 그리고 고려 측 기록에 따르면 김함보는 중이었습니다. 즉 여진족의 왕이 되기 전 고려에서 김함보의 신분은 중이었던 것입니다.

금나라의 시조는 궁예였다

만약 금나라의 시조 함보가 고려 평주 출신의 중 김준이라면 함보에 가장 적합한 인물은 궁예입니다. 궁예가 세운 나라 이름은 처음에 고려였습니다. 그리고 성은 김(金)씨였죠. 궁예의 아버지는 경문왕으로 추정됩니다. 『선생님이 궁금해하는 한국 고대사의 비밀』에서도 살펴본 바와 같이 경문왕은 김응렴입니다. 궁예는 신라 왕족 출신이었던 것입니다. 궁예는 고려인이기도 하고, 신라인이기도 했던 것이죠. 중국과 고려의 여러 기록에 고려인 출신, 신라인 출신이 뒤섞여 있는 이유를 설명해줍니다.

또한 궁예(弓裔)는 우리 이름으로 '활보'였던 것으로 보입니다. 궁(弓)은 '활 궁'이고, 예(裔)는 '후손 예'입니다. 예(裔)는 '옷 의(衣)'와 '밝을 경(冏)'으로 이루어진 글자이죠. 그러나 '밝을 경(冏)'은 '상나라 상(商)'의 생략형입니다. 즉 예(裔)는 상나라의 시조에 대한 제사를 모시는 후손들이 입는 예복(禮服)을 뜻합니다. 즉 예(裔)는 옷 복(服)과 뜻이 통합니다. 장보고의 우리 이름은 궁복(弓福) 또는 궁파(弓巴)입니다. 즉 장보고의 우리 이름 역시 '활보'입니다. 궁(弓)은 뜻을 따고, 복(福) 또는 파(巴)는 소리를 딴 것이죠. 마찬가지로 궁예의 궁(弓)은 뜻

칠장사 궁예 그림: 어릴 때 지내던 칠장사(경기도 안성 소재)에서
궁예가 5살 때 활 쏘는 연습을 하던 모습을 상상하여 그린 그림입니다.

을 따고, 예(裔)는 옷이라는 뜻의 복(服)의 소리를 딴 것이죠. 즉 궁예
역시 우리 이름으로 '활보'였던 것이죠. '활보'를 한자어로 표기한 것이
바로 함보(函普), 합부(哈富), 감포(堪布)였던 것입니다.

또한 궁예는 중이었습니다. 살아 있는 미륵불이라고 칭송받으며 왕
이 되었고, 미륵 신앙을 이용하여 전제 정치를 일삼기도 하였습니다.
게다가 궁예가 사망한 것으로 기록된 918년에는 궁예의 나이가 약 60
세였던 것으로 추정됩니다. 경문왕의 재위 기간은 861년부터 875년까
지이므로 궁예의 나이는 918년 당시 60세에 가까울 것으로 추정됩니
다. 이것은 『금사』에 기록된 "금나라의 시조는 휘(諱)가 함보(函普)이
고, 처음에 고려로부터 왔는데 나이 이미 60여 세였다."라는 내용과
일치합니다.

또한 함보가 여진족으로 떠나기 전 살았던 곳은 고려의 평주(平州)
였던 것으로 보입니다. 이곳은 어디였을까요? 『고려사절요』의 기록에
따르면 평주는 오늘날의 황해도 평산입니다. 그러나 궁예가 최후를 맞
이했다고 추정되는 지역은 오늘날의 강원도 평강입니다. 먼저 『삼국사
기』와 『고려사절요』의 기록들을 봅시다.

왕이 이 소식을 듣고 어찌할 바를 모르다가 미복으로 산의 숲 속으로 들어갔다가 조금 후에 부양(斧壤) 백성에게 살해되었다.

_『삼국사기』 궁예열전 중에서 발췌.

궁예가 이 소식을 듣고 어찌할 바를 모르다가 미복(微服)으로 북문을 빠져나가서 바위 골짜기로 도망하였다가 조금 후에 부양(斧壤, 평강) 백성에게 살해되었다.

_『고려사절요』 태조 원년(918)조에서 발췌.

두 기록은 글자의 차이가 약간 있을 뿐이지 사실상 같은 내용입니다. 즉 궁예가 왕건의 쿠데타 소식을 듣고 당황하여 미복으로 위장하고 궁궐을 빠져나갔다가 부양(斧壤)에서 백성들에게 살해되었다는 내용입니다. 부양(斧壤)은 현재 강원도 평강(平康)입니다. 사실 『삼국사기』와 『고려사』, 『고려사절요』 등에 전하는 궁예의 최후에 대한 기록은 너무 간략하고 그 내용 또한 개연성이 없을 정도입니다.

왕건이 쿠데타를 일으켰을 때 궁예가 당황하여 미복으로 위장하고 궁궐을 빠져나갔다는 것 자체가 이상합니다. 궁예는 반란군을 이끄는 장군으로서 세력을 키워 나라를 세운 인물입니다. 궁예는 역적 혐의로 많은 관료와 신하들, 심지어는 왕후와 아들들까지도 처형할 정도로 반역에 대비했습니다. 이러한 점에서 궁예가 왕건의 쿠데타군에 속수무책으로 당했다고 하는 기록은 거짓이라고 할 수 있습니다.

아마도 궁예 세력은 왕건 세력과의 결전에서 패배했고, 궁궐을 빼앗기고 경기도 포천, 강원도 평강 등지에서 반격을 준비했던 것으로 보입니다. 이 지역에서 구전되고 있는 지명 전설에 따르면 궁예 세력이 보개산성(포천 관인), 운악산성(포천 화현), 명성산성(철원 갈말) 등에서 왕건 세력과 항전을 벌인 것으로 보입니다. 심지어는 궁예 세력이 왕건 세력과 10년 이상 항전했다는 전설도 남아 있습니다. 최남선이 쓴 「풍악기유」에는 "구레왕(궁예왕)이 재도(再圖)할 땅을 둘러보는데"라는 기록이 실려 있습니다. 「풍악기유」는 최남선이 궁예의 무덤이 남아 있다는 전설이 있는 강원도 평강 삼방협에서 채록한 전설이죠. 이처럼 궁예는 최후까지 재기를 꿈꾼 것으로 보입니다. 궁예는 '용잠호장(龍潛虎藏)할 땅이 없겠느냐?'며 끝까지 포기하지 않았습니다. 그러나 「풍악기유」의 전설 속에서도 궁예는 자살한 것으로 되어 있습니다.

그런데 이상한 점이 있습니다. 왕건 세력은 왜 궁예의 최후를 백성들에게 살해당한 것으로 기록했을까요? 단순히 민심을 잃은 궁예가 쫓겨날 수밖에 없었던 이유를 합리화하기 위해서였을까요? 실제로 궁예가 백성들에게 살해당했다면 이것은 왕건 세력이 자신들의 집권을 합리화하기 위해서라도 대대적으로 선전해야 할 일입니다. 그러나 궁예의 최후는 너무나도 간략하게 기록되어 있습니다. 여기서 생각할 수 있는 것이 궁예의 시체가 발견되지 않았을 가능성입니다. 궁예가 전설

보개산성(경기도 포천 소재), 쫓겨난 궁예 세력이 왕건 세력과 맞서 싸웠다는 전설이 남아 있습니다.

처럼 끝까지 저항하다가 시체도 없이 갑자기 사라졌다면 이것은 왕건 세력에게는 큰 부담이었을 것입니다. 왕건 세력이 이를 수습하려고 궁예가 백성들에게 살해되었다는 소문을 퍼뜨리고 기정사실화한 것은 아닐까요?

그런데 궁예가 비참한 최후를 맞이했다는 부양(斧壤)은 현재 강원도 평강(平康)입니다. 평강은 현재 북한 지역으로 궁예가 마지막 저항을 하던 전설이 남아 있는 강원도 철원 명성산성과 인접한 지역이죠. 앞에서 살펴본 바와 같이 궁예가 함보이고, 평주(平州) 출신의 중 김준과 동일 인물이라면 궁예가 최후를 맞이한 평강이 바로 평주인 것으로 추정됩니다. 다시 말해 궁예는 평강에서 사라졌고, 여진족 완안씨의 시조가 되어 재기를 꿈꾼 것으로 보입니다.

정리하면 다음과 같습니다. 금나라의 시조는 고려인이면서 신라인인 함보입니다. 함보는 고려 평주 출신의 중 김준입니다. 즉 함보는 고려인이면서 신라인이고, 고려 평주 출신이면서 불교의 승려이며, 성은 김씨였습니다. 그런데 이 조건에 가장 적합한 인물이 바로 궁예입니다. 궁예는 고려를 나라 이름으로 사용한 고려인이었으며, 신라 경문왕의

명성산성(강원도 철원 소재), '명성'은 '울음소리'라는 뜻으로
왕건 세력에게 패배한 궁예 세력의 울음소리가 가득했다는 전설이 남아 있습니다.

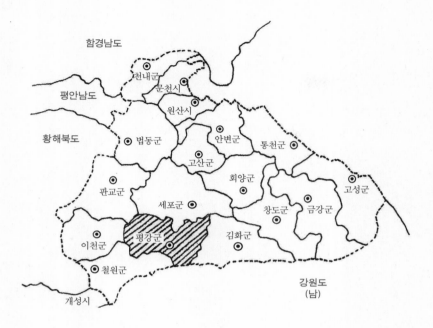

아들인 신라인이었습니다. 또한 평강(평주로 추정)이라는 지역에서 최후의 모습을 보이고 사라졌으며, 미륵불을 자처한 승려 출신이었고, 성은 김씨였습니다. 게다가 궁예의 우리 이름은 '활보' 즉 '함보'였습니다. 결론적으로 왕건에게 쫓겨난 궁예는 자신의 세력들을 이끌고 여진족이 살던 지역으로 이동하였고, 그 후손이 바로 금나라를 세운 아골타였던 것입니다.

II.
고려사의 비밀

왕건 가문은 이슬람 상인 출신이었다

'건(建)' 자 붙은 이름의 비밀

왕건의 직계 가문은 왜 3대만 알려져 있을까?

고려의 선대는 역사 기록이 없어 상세하지 않다. 『태조실록(太祖實錄)』에는, "즉위 2년(919) 왕의 삼대조고(三代祖考)를 추존하여 시책(諡册)으로 시조의 존시(尊諡)를 올려 원덕대왕(元德大王)이라 하고 비는 정화왕후(貞和王后)라 하였으며, 의조(懿祖)는 경강대왕(景康大王)이라 하고 비는 원창왕후(元昌王后)라 하였으며, 세조(世祖)는 위무대왕(威武大王)이라 하고 비는 위숙왕후(威肅王后)라 하였다."

이는 『고려사』 「고려세계」에 실려 있는 내용입니다. 그런데 이상한 것이 왕건의 3대 조상만 기록되어 있고, 게다가 성이나 이름은 기록되어 있지 않다는 것이죠. 오로지 왕건의 증조부, 조부, 부친의 시호만이 기록되어 있을 뿐입니다. 『고려사』 「고려세계」에는 김관의가 쓴 『편년통록』을 인용하여 왕건 집안의 내력에 대해 다음과 같은 기록이 나와 있습니다.

현릉(고려 태조 왕건의 왕릉, 북한 개성 소재)

김관의(金寬毅)의 『편년통록(編年通錄)』에는 이렇게 기록되어 있다.

"이름이 호경(虎景)이라는 사람이 있어 스스로 성골장군(聖骨將軍)이라고 불렀다. 백두산(白頭山)으로부터 두루 유람하다가 부소산(扶蘇山: 지금의 개성 송악산)의 왼쪽 골짜기에 이르러 장가를 들고 살림을 차렸는데 집은 부유했으나 자식이 없었다. (중략) 산신이 된 호경이 옛 부인을 잊지 못하고 밤마다 항상 꿈결처럼 와서 교합하여 아들을 낳으니 강충(康忠)이라 했다. 강충은 외모가 단정하고 근엄하며 재주가 많았는데, 서강(西江: 예성강) 영안촌(永安村)의 부잣집 딸인 구치의(具置義)를 아내로 맞아 오관산(伍冠山: 지금의 개성직할시 장풍군 소재) 아래 마아갑(摩訶岬)에서 살았다. (중략) 재산을 많이 모으고 두 아들까지 낳았는데 막내의 이름을 손호술(損乎述)이라 부르다가 보육(寶育)으

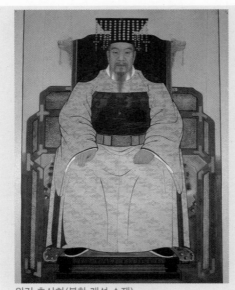
왕건 초상화(북한 개성 소재)

로 이름을 바꾸었다. 보육은 성품이 자혜로웠으며 출가하여 지리산(智異山)에 들어가 도를 닦고는 평나산(平那山)의 북갑(北岬)으로 돌아와 살다가 다시 마아갑으로 이사했다. 어느 날 곡령(鵠嶺: 지금의 개성 송악산)에 올라가 남쪽을 향해 소변을 보니 삼한(三韓)의 산천에 오줌이 넘쳐 은빛 바다로 변한 꿈을 꾸었다. 다음 날 그의 형 이제건(伊帝建)에게 꿈에 대한 이야기를 했더니 이제건이 말하기를, '너는 반드시 걸출한 인물을 낳게 될 것이다'라고 하고 자기 딸 덕주(德周)를 아내로 삼게 했다. 뒤에 보육은 거사(居士)가 되어서 마아갑에 나무를 엮어 암자를 지었다. 어떤 신라의 술사(術士)가 그를 보고 '이곳에서 살고 있으면 반드시 당나라의 천자가 와서 사위가 될 것이오'라고 예언했다. 뒤에 두 딸을 낳았는데 막내딸의 이름은 진의(辰義)로 얼굴이 예쁜데다 지혜와 재주가 많았다. 나이 겨우 15세 때 그의 언니가 오관산 꼭대기에 올라가 소변을 보니 오줌이 천하에 흘러넘치는 꿈을 꾸었다. 꿈에서 깨어나 진의에게 그 이야기를 해주자, 진의가 비단 치마로 꿈을 사겠다고 청하기에 허락했다. 진의가 언니에게 다시 꿈 이야기를 하도록 한 후 꿈을 움켜다가 품는 시늉을 세 번 하니 이윽고 몸에 무엇이 들어온 듯 움직거렸으며 마음이 매우 뿌듯했다."

이 기록들은 한마디로 말해 왕건 가문의 직계가 아니라 외가의 혈통을 설명한 것입니다. 즉 왕건의 증조할머니 진의의 가문에 대해 구구절절하게 설명한 것이죠. 다시 말해 진의의 아버지가 보육이고, 보육의 아버지는 강충이며, 강충의 아버지는 호경이라는 것입니다. 이에 대해 『고려사』「고려세계」에서 이제현은 이렇게 비판했습니다.

"김관의는, '성골장군(聖骨將軍) 호경(虎景)이 아간(阿干) 강충(康忠)을 낳고 강충이 거사 보육(寶育)을 낳으니 이분이 바로 국조원덕대왕(國祖元德大王)이다. 보육이 낳은 딸이 당나라 귀인의 배필이 되어 의조(懿祖)를 낳고 의조가 세조(世祖)를 낳고 세조가 태조를 낳았다'라고 말했다. 그가 말한 대로라면 당나라의 귀인이라고 한 이는 의조에게는 부친이 되고 보육은 부친의 장인이 된다. 그런데도 국조(國祖)라고 일컫는 것은 무엇 때문인가?" 이제현이 또 말했다. "김관의는, '태조가 삼대의 조상 및 그 후비(后妃)를 추존하여 부친을 세조위무대왕(世祖威武大王)이라 하고 어머니를 위숙왕후(威肅王后)라 했으며, 조부를 의조경강대왕(懿祖景康大王)이라 하고 조모를 원창왕후(元昌王后)라 했으며, 증조모를 정화왕후(貞和王后)라 하고 증조모의 부친 보육을 국조원덕

대왕이라 했다'고 한다. 증조를 빠트린 대신 증조모의 부친을 써넣어 삼
대 조고(祖考)라고 한 것은 무엇 때문인가?"

이 기록에 따르면 이제현의 주장은 다음과 같습니다. 왕건의 증조
부는 당나라 귀성인데, 증조모의 아버지 보육을 국조라고 하는 이유
가 무엇이냐는 거죠. 또한 태조 왕건이 3대 조상을 추존하면서 증조
부를 생략하고 증조모의 아버지 보육을 국조 원덕대왕으로 써넣은 이
유가 이해되지 않는다는 것입니다. 이제현의 이러한 의문은 한마디로
말해 왕건 가문의 가계가 조작되었음을 암시하고 있습니다. 그리고 그
핵심은 왕건의 증조부인 당나라 귀성입니다. 그렇다면 당나라 귀성은
과연 누구일까요?

왕건 금동상(왕건의 왕릉인 현릉에서 출토)

왕건의 증조부는 누구일까?

『고려사』「고려세계」에서는 다음과 같이 왕건의 직계 혈통을 설명하
고 있습니다.

당나라의 숙종(肅宗) 황제가 왕위에 오르기 전 산천을 두루 유람하
려고 명황제(明皇帝) 천보(天寶: 당나라 玄宗의 연호, 742~756) 12년
계사년(753) 봄에 바다를 건너 패강(浿江)의 서포(西浦)에 이르렀다. 막
썰물 때가 되어 강기슭이 진창이 되자 따라온 신하들이 배 안에서 돈
을 꺼내어 진흙 위에 깔고 언덕으로 올라갔다. 이러한 연유로 후에 그
포구의 이름을 전포(錢浦)라고 했다. (중략) 숙종이 송악군(松嶽郡)까
지 오자 곡령(鵠嶺)에 올라가 남쪽을 바라보고, '이 땅은 반드시 도읍
이 될 것이다'라고 예언하자, 따르던 자가, 바로 그곳이 팔진선(八眞仙)
이 사는 곳이라고 일렀다. 마아갑의 양자동(養子洞)에 다다라 보육(寶
育)의 집에 묵게 되었는데 숙종이 두 딸을 보고 좋아하며 옷이 터진 곳
을 꿰매달라고 부탁했다. 보육은 그가 중국에서 온 귀인임을 알아차리
고 마음속으로 과연 술사(術士)의 말과 부합된다고 생각하고는 즉시 큰
딸에게 부탁을 들어주도록 시켰다. 그러나 겨우 문지방을 넘자마자 코피
가 쏟아지는 바람에 동생 진의(辰義)를 대신 들여보내 잠자리를 모시게
했다. 숙종이 한 달을 머무르다가 [민지(閔漬)의 『편년강목』에는 혹은 1
년이라고 했다] 진의가 임신하였다는 것을 알고 작별하면서, 자신이 당
나라의 귀족이라 밝힌 뒤 활과 화살을 주며, 아들을 낳거든 이것을 주
라고 일렀다. 그 후 과연 아들을 낳아 이름을 작제건(作帝建)이라 했다.
뒤에 보육을 추존하여 국조원덕대왕(國祖元德大王)이라 하고 그의 딸

진의를 정화왕후(貞和王后)라고 했다.

　기록을 읽어보면 왕건의 증조부는 당나라 숙종입니다. 즉 당 숙종이 황제에 즉위하기 전이었던 시절에 배를 타고 신라로 건너와 송악 지방에 상륙하였고, 보육의 둘째 딸 진의와 한 달(또는 1년. 민지는 한 달 만에 임신을 알기 어렵다고 생각하고 1년이라고 기록한 것으로 보입니다) 동안 지내면서 동침하여 진의가 임신하게 된 것이죠. 당 숙종은 아기가 태어나기도 전에 당나라로 떠났고, 그 후 태어난 아이가 작제건입니다. 그러나 이 이야기는 원나라 때 그 거짓이 들통 났습니다. 먼저 『고려사』「고려세계」의 내용을 살펴봅시다.

　　민지(閔漬)의 『편년강목(編年綱目)』에는 『벽암록(碧巖錄)』등의 선록(禪錄)을 인용하여 이렇게 말했다. (중략) "충선왕이 원나라에 있을 때 한림학사(翰林學士)로 충선왕과 교류했던 어떤 사람이 충선왕에게 물었다. '언젠가 들어보니 왕의 선조께서는 당나라 숙종의 후손이라고 하던데 그 근거가 무엇입니까? 숙종은 어려서부터 대궐 문을 나와본 적이 없고 안록산의 난 때 영무(靈武: 지금의 중국 닝샤후이족 자치구 링우)에서 즉위했으니 어느 겨를에 동쪽으로 유람하여 아들까지 두었겠습니까?' 왕이 크게 난처해하며 대답을 못하자 곁에 있던 민지(閔漬)가, '그것은 우리나라 역사에서 잘못 썼을 뿐입니다. 숙종이 아니고 선종이십니다'라고 응대했다. 한림학사는, '선종이라면 오랫동안 외지에서 고생했으니 아마 그럴지도 모르겠습니다'라고 수긍했다."

　이에 따르면 충선왕은 원나라 한림학사에게 큰 망신을 당했습니다.

당나라 선종

당나라 숙종은 다른 나라에 가본 적도 없는데, 어떻게 왕건의 증조부가 될 수 있느냐는 상식적인 질문이었습니다. 민지가 기지를 발휘하여 당나라 숙종이 아니라 선종이었다고 둘러댔지만 이 또한 변명일 뿐이었죠. 당나라 선종이 오랫동안 외방에서 고생했다고 하지만 그것이 왕건의 증조부가 선종이었다는 증거가 될 수는 없기 때문이죠. 그러나 『고려사』「고려세계」에는 민지의 『편년강목』을 인용하여 왕건의 증조부가 당나라 선종이었다는 주장을 남기고 있습니다.

　또 선종은 일찍이 광왕(光王)이 되었는데 광군(光郡)은 곧 양주(楊州: 지금의 중국 장쑤 성 양저우 시)의 속군(屬郡)이고 염관현은 항주(杭州: 지금의 중국 저장 성 항저우 시)의 속현으로 모두 동해에 연접하여 상선이 왕래하는 지방이었다. 선종은 화를 당할까 두려워하는 처지였고 완전히 몸을 숨기지 못한 것을 우려해 산수를 유람한다는 핑계로 상선을 타고 바다를 건넜다. 당시는 『당사(唐史)』가 아직 편찬되기 전이어서 당나라 황실의 일을 자세하게 알 수는 없다. 다만 숙종선황제(肅

宗宣皇帝) 때 안록산(安祿山)의 난이 일어났다는 것은 들었으나 선종
이 난리를 만나 달아났다는 일은 들어본 적이 없으니 앞의 기록에서는
선종황제를 숙종선황제라 잘못 적은 것이다.

즉 당나라 선종은 중국의 동해 바다에 접해 있던 광군이나 염관현
에 있었고, 신변에 대한 위협 때문에 상선을 타고 바다를 건너 신라에
도착했다는 주장이었죠. 또한 『당사』가 편찬되기 전이었으므로 선종
이 피난했다는 사실을 모르고 안록산의 난이 있었던 숙종 때의 일로
잘못 기록되었다는 것입니다. 그러나 이러한 주장은 왕건의 증조부가
조작되었음을 보여주는 반증입니다. 만약 왕건의 증조부가 누구인지
정확히 알았다면 이러한 혼란은 아예 생기지도 않았을 것입니다. 증
조부가 누구인지 몰랐기 때문에 혹은 증조부가 누구인지 숨기려고 했
기 때문에 조작이 필요했던 것은 아닐까요?

왕건의 할머니는 용왕의 딸?

이러한 의문을 풀기 위해서 먼저 『고려사』 「고려세계」의 기록을 살
펴봅시다.

작제건은 어려서부터 총명했으며 용맹이 빼어났다. 대여섯 살이 되자
모친에게, 아버지가 누구냐고 물었는데 그 모친은 당나라 사람이라고만
대답했다. 이는 이름을 알지 못했기 때문이다.

당나라 귀성과 진의의 사이에서 태어난 작제건이 5~6세쯤 되었을 때 자신의 아버지가 누구냐고 진의에게 물었지만 진의는 다만 '당나라 사람'이라고 했습니다. 그 이유는 진의가 남편의 이름을 몰랐기 때문이죠. 이것이 과연 가능한 일이었을까요? 진의는 남편의 이름을 몰랐던 게 아니라 숨기려고 했던 것은 아니었을까요? 다시 『고려사』「고려세계」의 기록을 봅시다.

이리하여 아버지를 찾아뵈려고 상선에 몸을 맡기고 가다가 바다 한 가운데에 이르니 구름과 안개로 사방이 어두컴컴해져서 배가 사흘 동안이나 나아가지 못했다. (중략) 잠시 후 한 늙은이가 나타나 절을 올리며 말했다. '나는 서해의 용왕이오. 늘 해 질 녘이 되면 어떤 늙은 여우가 치성광여래상(熾盛光如來像)으로 변신하고 하늘에서 내려오는데, 구름과 안개 사이에 해와 달과 별들을 쭉 벌여놓고는 패라(貝螺)를 불고 북을 치는 등 풍악을 울리며 와서는 이 바윗돌에 앉아 『옹종경』을 읽어대면 내 머리가 쪼개질 듯 아프오. 듣건대 귀공자께서는 활을 잘 쏜다고 하니 나의 괴로움을 없애주기 바라오.' 이에 작제건이 허락했다. 시간이 되자 공중에서 풍악소리가 들리더니 과연 서북쪽에서 누가 오고 있었다. 작제건이 진짜 부처가 아닌가 하여 감히 활을 쏘지 못하자 늙은이가 다시 와서, '바로 그 늙은 여우이니 다시는 의심하지 마시오'라고 일렀다. 작제건이 활에 화살을 쟁여두고 가까이 다가오기를 기다렸다가 쏘니 과연 늙은 여우가 화살을 맞고 떨어졌다. 늙은이가 크게 기뻐하며 그를 궁궐로 맞아들여 사례하면서, '귀공자 덕분에 나의 근심이 사라졌으니 그 큰 은덕에 보답하고 싶소. 이제 서쪽으로 당나라에 들어가 천자이신 부친을 뵙겠소, 아니면 부자가 되는 일곱 가지 보물[七寶]을 가

지고 동쪽으로 돌아가 모친을 봉양하려오?'라고 물었다. 작제건이, 자신
은 동쪽 나라의 왕이 되기를 바란다고 하자, 늙은이는, '동쪽 나라의 왕
이 되는 것은 그대의 자손인 삼건(三建)의 때가 되지 않으면 아니 되오.
그 밖의 것은 다 그대의 소원을 들어주겠소'라고 했다. 작제건이 그 말
을 듣고 천명이 아직 이르지 않았음을 깨닫고는 머뭇거리며 미처 소원
을 말하지 못하고 있자 뒤에 있던 한 노파가 우스개로, '왜 용왕의 딸에
게 장가들지 않고 떠나려 하는 거요?'라고 일러주었다. 작제건이 그제야
알아차리고 장가들기를 청하니, 늙은이가 맏딸 저민의를 아내로 삼아
주었다.

이 기록에 따르면 아버지를 만나기 위해 상선을 타고 당나라로 떠
납니다. 그러나 당나라에 도착하기는커녕 바다 한가운데에서 용왕을
만나게 되죠. 작제건은 용왕의 부탁으로 치성광여래라는 부처의 형
상을 한 여우를 활로 쏘아 용왕의 근심을 해결해줍니다. 용왕은 그에
대한 대가로 작제건에게 두 가지 소원 중 하나를 선택할 수 있는 기
회를 주죠. 즉 당나라에 가서 아버지를 만날 것인지 아니면 많은 보
물을 갖고서 어머니에게 돌아갈 것인지를 물었습니다. 그러나 작제건
은 동방의 임금이 되는 것이 소원이라고 말합니다. 이에 대해 용왕은
동방의 임금이 되려면 '건(建)' 자 붙은 이름으로 자손까지 3대를 거
쳐야 한다고 대답하죠. 그리고 용왕의 딸 저민의(翥旻義)와 결혼하게
됩니다.

작제건의 아버지 '당나라 사람'은 누구일까?

작제건의 아버지인 '당나라 사람'은 누구일까요? 『고려사』「고려세계」의 "배 안에서 돈을 꺼내어 진흙 위에 깔고 언덕으로 올라갔다. 이러한 연유로 후에 그 포구의 이름을 전포라고 했다."라는 기록을 근거로 당나라 상인이었을 가능성을 주장하는 경우도 있고, 당시 해상 무역을 주도하던 재당 신라인(백제의 중국 진출과 관련하여 백제 출신이 많았다고 하죠. 또는 고구려 출신이었던 이정기가 치청 절도사였던 것과 관련하여 고구려 출신도 있었다고 합니다)이었다고 주장하는 경우도 있습니다. 특히 왕건 외가 혈통의 출발점이라고 할 수 있는 호경이 백두산에서부터 왔다는 점과 왕건이 국호를 고려로 정하고 평양을 제2의 수도 서경으로 삼아 북진 정책을 추진했던 점을 들어 왕건의 증조부가 재당 고구려인이었을 가능성이 크다고 주장하는 경우도 있습니다.

그러나 이것은 단순한 추정에 불과합니다. 오로지 '당나라 사람'이라는 너무 포괄적인 사실 하나로 당나라 황제에서부터 당나라 상인, 재당 신라인, 재당 고구려인까지 다양한 추측만이 난무할 뿐이죠. 중요한 것은 작제건이 아버지의 나라인 당나라로 떠났지만 당나라에는 가보지도 못했다는 것입니다. 이에 대해서는 이제현 역시 다음과 같이 비판했습니다. 『고려사』「고려세계」의 기록을 봅시다.

김관의는, "의조가 당나라의 부친이 남기고 간 활과 화살을 받아가지고 바다를 건너 멀리 가서 부친을 뵈려 했다."라고 적었다. 그렇다면 그 뜻이 매우 절실했을 것인데도 용왕이 소원을 물었을 때 즉시 고국으로 돌아가기를 원했다고 했다. 의조가 과연 그렇게 했을까 의심스럽다.

즉 작제건이 아버지를 만나러 당나라로 간다고 하면서 어찌 용왕이
소원을 묻자 동방으로 돌아가기를 희망한다고 말할 수 있느냐는 주장
입니다. 한마디로 작제건의 행동이 앞뒤가 맞지 않는다는 비판입니다.
어찌 되었건 작제건이 당나라에 도착하지 않은 것은 분명합니다. 만약
작제건이 당나라에 가서 아버지를 만났다면 왕건의 증조부가 누구인
지 추정할 필요도 없었을 것입니다. 그러나 작제건은 아버지를 만나러
가려던 원래의 목적을 잊어버리고 용왕을 만나자 동방의 왕이 되고자
하는 자신의 진짜 목적을 실토합니다. 그런데 용왕의 답변은 다음과
같습니다.

> 동방의 임금이 되려면 '건(建)' 자 붙은 이름으로 자손까지 3대를 거
> 쳐야 한다.

그리고 용왕의 말대로 작제 건(作帝建), 용건(龍建), 왕건(王建)의 3
대를 거쳐 왕건이 고려를 건국하여 왕이 되었습니다. 이것은 작제건
의 아버지를 추정할 수 있는 굉장히 중요한 힌트입니다. 왜 용왕은
'건(建)' 자 붙은 이름을 강조한 것이었을까요? 작제건, 용건, 왕건의
3대의 이름은 성(姓)이 없는 이름입니다. 왕건 이후 성을 왕씨로 삼
았지만 원래는 성이 없었던 것이죠. 그러나 왕건 가문은 송악 지방에
서 강력한 세력을 가진 호족이었습니다. 이러한 집안에 성이 없었다
면 이상한 일입니다. 즉 왕건 가문은 성이 있었던 것으로 보이는데,
바로 건(建)씨였습니다. 즉 이름 뒤에 성이 오는, 바로 서양인들과 아

랍인들과 같은 방식이죠. 작제 건(建), 용 건(建), 왕 건(建)이었던 것입니다.

왕건 가문은 이슬람 상인 출신이었다

그렇다면 건(建)씨는 어떠한 사람들의 성이었을까요? 서양인들이 신라에 왔던 기록은 없지만 아랍인들이 신라와 고려에 왔던 기록은 많습니다. 제가 쓴 『선생님이 궁금해하는 한국 고대사의 비밀』 「처용은 아랍인 의사였다」에서도 설명한 것처럼 아랍인들은 신라의 울산항이나 고려의 벽란도를 통해 활발한 무역 활동을 했고, 아예 정착하여 신라인, 고려인이 되어 살기도 했습니다.

처용이 신라에 정착하여 살았던 시기는 헌강왕 때, 즉 875년에서 886년 사이입니다. 그런데 『고려사』 「고려세계」의 기록상 왕건의 할아버지인 작제건이 태어난 것은 754년 전후입니다. 작제건의 아버지가 753년 신라에 와서 진의와 사이에 임신을 하고 떠났으니 작제건은 754년 전후에 태어났다고 볼 수 있죠.

괘릉을 지키는 무인석은 서역인의 얼굴을 묘사한 것으로 유명한데, 괘릉은 원성왕의 무덤으로 알려져 있습니다. 원성왕은 785년에서 798년까지 재위하였습니다. 8세기 중엽부터는 이슬람 상인들이 신라에 정착하여 관리가 되는 일까지 있었음을 알 수 있습니다. 다시 말해 작제건이 태어난 8세기 중엽에는 이슬람 상인들이 신라에 와서 무역 활동을 하는 것이 흔한 일이었던 것입니다.

만약 건(建)씨가 이슬람 상인들의 성(姓)이라면 어떠한 성이 가장

괘릉 무인석(경북 경주 소재)

적당할까요? 이슬람인들의 성 중에는 '칸(Khan)'이 있습니다. '칸'과 '건'은 '코리아'와 '고려'처럼 거의 같은 발음이라고 볼 수 있습니다. 또한 처용이 용왕의 아들인 것처럼 작제건이 결혼한 용녀, '저민의'는 용왕의 딸입니다. 용왕의 딸 역시 이슬람 상인 집안의 딸이었다면 그 성은 이슬람인들의 성 '자민(Jamin)'일 것입니다. 다시 말해 작제건의 아버지가 '칸(Khan)'이라는 성을 가진 이슬람 상인이었고, 작제건이 아버지를 만나러 갔다가 '자민'이라는 성을 가진 '용왕(이슬람 상인)'을 만나 그 딸과 결혼한 것이죠.

이러한 추정이 역사적 진실이었다면 왕건은 이슬람 상인 출신 4세입니다. 이슬람 상인과 신라인 사이에 태어난 작제건 할아버지와 이슬람 상인 집안의 저민의 할머니 사이에서 아버지 용건이 태어났고, 그 아들이 바로 왕건이기 때문이죠. 이는 왕건 집안의 복잡한 가계가 구구절절하게 『고려사』 「고려세계」에 기록된 이유를 설명해줍니다. 왕건의 직계 가문은 아버지 용건, 할아버지 작제건, 증조할아버지 당 귀인으로 설명할 수밖에 없었던 것입니다.

그러나 당 귀인은 이슬람 상인이었습니다. 이를 밝힌다면 왕건은 이슬람 상인 출신 4세가 되는 것이죠. 이를 숨기려고 했던 고려 왕실은 당 귀인의 이름도 삭제한 채로 '당나라 사람'이라고 둘러대다가 고려 왕실의 권위를 높이는 과정에서 당나라 숙종으로 알려지게 되었고, 이에 대한 신빙성 문제가 생기자 다시 당나라 선종으로 합리화하였던 것입니다.

지금까지 연구 결과들을 보면 왕건의 직계 가문은 우리나라에 계속 거주하던 사람들이 아닙니다. 『고려사』 「고려세계」에 기록된 것처럼 당나라 숙종이나 선종은 더더욱 아닙니다. 그나마 당나라 상인이라는 추정이 가장 설득력이 있습니다. 이러한 결론이 왕건 집안의 레벨을 떨어트리고, 우리 민족의 자존심을 깎는다는 생각에서 나온 주장이 바로 재당 신라인 또는 재당 고구려인이라는 설입니다.

그런데 실제 재당 신라인이었다면 왕건의 증조부를 굳이 숨길 이유가 없습니다. 이성계 집안이 여진족과 함께 살았던 것이 무려 5대인데, 원래 고려인이었기 때문에 숨기지 않았습니다. 재당 신라인은 원래 신라인이었기 때문에 숨길 필요가 없습니다. 특히 재당 고구려인이었다

이슬람 상인

면 고구려 계승을 내세웠던 왕건이 오히려 자랑스러워했을 것입니다. 그러나 왕건의 증조부는 의도적으로 숨겨졌습니다.

이것은 왕건의 증조부가 그냥 '당나라 상인'일 가능성을 보여줍니다. 그것도 '당나라를 거쳐 온 이슬람 상인'일 가능성이 큽니다. 그 힌트는 바로 '건(建)' 자로 끝나는 3대의 이름과 '용왕의 딸'로 묘사된 왕건의 할머니 '저민의'입니다. 왕건 가문이 이슬람 상인 출신이었음을 숨기면서도 그 비밀을 풀 수 있는 열쇠인 것이죠. 아랍인들은 '고려'를 세계에 '코리아'로 알린 사람들입니다. 이것은 아랍인들과 고려인들 사이에 활발한 교류가 이어졌음을 보여주는 증거입니다. 이슬람 전문가들의 노력으로 아랍인들이 '신라(Sila)'에 대해 기록을 남긴 것을 밝혀낸 것처럼 앞으로도 왕건 가문과 아랍인들 사이의 연관성을 밝힐 수 있는 연구 결과가 나타나기를 기대하며 이 글을 마칩니다.

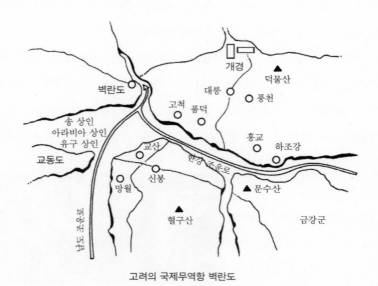

고려의 국제무역항 벽란도

거란은 80만 대군으로 쳐들어오지 않았다

귀주대첩은 수공(水攻)이 아니었다

고려의 겁쟁이 매국노들

이몽전이 돌아오자 성종이 여러 신하들을 모아 앞일을 의논하였다.
어떤 사람은, 왕이 수도로 돌아가 중신들에게 명하여 군사를 이끌고 항
복을 빌게 하자고 했다. 또 어떤 사람은, 서경 이북의 땅을 분할해 그들
에게 주고 황주(黃州: 지금의 황해북도 황주군)로부터 절령까지를 국
경선으로 정하자고도 하였다.

이것은 『고려사』 서희열전에 기록된 내용 중 일부입니다. 거란의 1차
침입을 이끌었던 소손녕의 협박에 겁을 먹은 고려의 신하들이 내놓은
대책들이죠. 어떤 신하는 "일단 임금님은 피하시고 대신 한 명을 대표
로 정하여 항복하자."라고 하였고, 어떤 신하는 "서경(현재의 평양) 이
북의 땅을 떼어주고, 거란족을 달래자."라는 비겁한 주장을 하였습니
다. 더욱 황당한 것은 당시의 임금이었던 성종이 이에 동조했다는 사
실이었습니다. 『고려사』 서희열전을 봅시다.

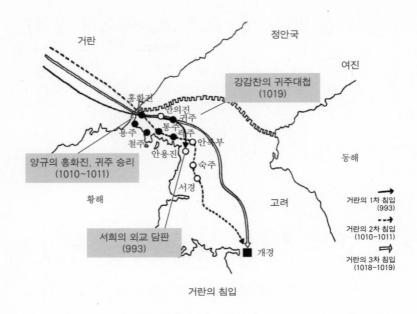

거란의 침입

성종이 뒤의 의견을 좇으려고, 서경(西京)의 미곡 창고를 개방한 후 백성들이 마음대로 가져가게 하였는데, 그래도 아직 남은 곡식이 많자, 성종은 적의 군량미로 사용될까 우려해 대동강(大同江)에 던져버리게 하였다.

이렇게 성종은 서경을 포기하고 거란족에게 땅을 떼어줄 것을 결심했습니다. 그러나 창고에 보관되어 있는 쌀이 거란족에게 넘어가면 군량미가 될 것이 분명했기 때문에 백성들에게 선심 쓰듯 나눠주었고, 그래도 남은 쌀은 대동강에 버리려고 했던 것이죠. 이렇게 한심한 꼴을 보고 있던 서희가 드디어 이렇게 말했습니다.

"식량이 넉넉하면 성을 지킬 수 있으며, 전투에도 이길 수 있습니다.

서희 동상(외교안보연구원 소재)

전쟁의 승부는 군대의 강약에 달린 것이 아니라, 적의 약점을 잘 살펴 기동하는 데 있으니 어찌 조급히 식량을 버릴 수 있겠습니까? 하물며 식량은 백성의 생명이니 차라리 적의 군량이 될지라도 어찌 헛되이 강에다 버리겠습니까? 그것은 하늘의 뜻에도 맞지 않을 것입니다."

사실 성종의 조치는 청야 전술이라고도 볼 수 있습니다. 즉 거란 80만 대군의 약점은 식량이 될 수 있기 때문입니다. 아무리 대군이라고 해도 식량이 없다면 기름 떨어진 탱크 부대와 같죠. 식량을 모두 없애 버리면서 철수한다면 80만 대군은 쉽사리 진군할 수 없다는 판단이 가능합니다. 그렇다면 서희는 왜 쌀을 버리면 안 된다고 주장했을까요? 서희는 "적의 약점을 잘 알고 행동하면 승리할 수 있다."라고 했습니다. 거란군이 80만 대군이라면 약점은 식량 문제인데, 서희는 쌀을 버리면 안 된다고 했습니다. 즉 서희는 거란군의 수가 80만 대군이 아님을 알았던 것입니다.

소손녕의 세 치 혀가 만들어낸 80만 대군

도대체 80만 대군은 누구 입에서 나온 말일까요? 먼저 『고려사』 서희열전의 기록을 봅시다.

소손녕은 다시, "80만 군사가 당도했으니, 만약 강으로 나와 항복하지 않는다면 모조리 섬멸할 것이니 군신 모두가 속히 아군 앞에 와서 항복해야 한다."라는 글을 보내왔다. 이몽전이 적의 진영으로 가 침략해 온 이유를 묻자, 소손녕은, "너희 나라가 백성을 구휼하지 않으므로 하늘을 대신해 벌을 내리는 것이다. 만약 강화를 구하려거든 빨리 와서 항복해야만 한다."라고 하였다.

이 내용을 분석해보면 소손녕이 말하고자 하는 핵심은 '항복하라'는 것입니다. 반복적으로 '항복'과 '화의'를 말하면서 80만 대군으로 섬멸, 천벌을 내릴 것이라고 협박했습니다. 즉 전쟁을 할 생각이 없었던 것이죠. 만약 소손녕이 80만 대군이 있었다면 본때를 보여주기 위

거란족

해서라도 대군의 일부라도 위력 시위를 했을 것입니다. 그러나 그 어떤 기록에서도 거란군이 대군이었다는 증거는 찾을 수 없습니다. 다음은 거란군의 침입 초기에 대한 『고려사』 서희열전의 기록입니다.

거란의 동경유수(東京留守) 소손녕(蕭遜寧)이 봉산군(蓬山郡: 지금의 평안북도 구성시)을 격파하고 아군의 선봉에 섰던 군사(軍使)·급사중(給事中) 윤서안(尹庶顔) 등을 포로로 했다는 말을 듣고는 더 이상 진군하지 못하고 되돌아왔다.

이에 따르면 소손녕이 봉산군을 함락시켰다는 기록만 있을 뿐이지 거란군의 규모는 나오지 않습니다. 오로지 소손녕이 주장한 80만 대군이란 '말'만 있을 뿐이었습니다. 그 어디에서도 80만 대군의 실체를 확인할 수 있는 기록은 없습니다. 특히 80만 대군을 보냈다면 거란측 기록인 『요사』에는 반드시 나와야 하는데, 비슷한 기록도 없습니다. 『요사』의 기록을 봅시다.

(통화) 10년 동경유수 소항덕으로 하여금 고려를 정벌하도록 하였다.

통화(統和)는 983년에서 1012년 사이에 거란의 성종이 쓴 연호이므로 통화 10년은 993년이죠. 그리고 동경유수 소항덕이 바로 소손녕인데 『요사』에는 거란군의 규모가 기록되어 있지 않습니다. 그렇다면 소손녕은 과연 어느 정도 규모의 군대를 이끌고 왔을까요? 군사 전문가 안주섭에 의하면 거란은 '도통'이 이끄는 전쟁의 경우에 15만 이상의 대군을 파견했습니다. 그런데 거란의 1차 침입을 이끌었던 소손녕은 도통이 아니었습니다. 도통이 이끌지 않을 경우 군대의 규모는 일반적으로 6만 정도였습니다. 즉 소손녕이 이끌었던 군사는 6만에서 아무리 많이 잡아도 15만을 넘지 않았을 것입니다.

특히 소손녕은 봉산을 빼앗은 후 두 달 동안이나 진격을 하지 않고 멈추어 있었습니다. 이것은 거란군이 80만 대군이 아니었다는 결정적인 증거입니다. 80만 대군이 두 달 동안 밥만 먹고 있었다면 그 많은 식량을 어떻게 보급했을까요? 만약 소손녕의 군대가 80만 대군이었다면 이렇게 멍청한 작전을 했을 리가 없습니다. 즉 소손녕이 이끌고 온 부대는 기껏해야 6만 정도였을 것으로 보입니다. 결국 80만 거란군은 소손녕의 세 치 혀가 만들어낸 허상일 뿐이었습니다.

소손녕의 세 치 혀에 서희도 세 치 혀로 맞서다

그렇다면 서희는 소손녕의 거짓말을 어떻게 알아챘을까요? 『고려사』 서희열전의 기록을 먼저 봅시다.

성종 12년(993) 거란(契丹)이 침략하자 서희는 중군사(中軍士)가 되어 시중(侍中) 박양유(朴良柔), 문하시랑(門下侍郎) 최량(崔亮)과 함께 북계(北界)에 군사를 배치하고 수비하였다.

거란의 침입 초기에 서희는 이미 중군사가 되어 국경 지역인 북계에 나가 상황을 파악한 것으로 보입니다. 전투의 가장 기본은 적의 규모를 파악하는 것입니다. 80만 대군이 아니란 것은 쉽게 파악될 수 있었을 것입니다. 80만이란 숫자의 사람을 숨길 수는 없었을 테니까요. 또한 소손녕은 진격을 멈추고 다음과 같은 글을 보내었습니다.

우리 요나라가 천하를 통일하였는데도 아직 귀부하지 아니하니 소탕하기로 결정하였다. 지체하지 말고 빨리 항복하라.

이에 서희는 다음과 같이 판단하였습니다.

서희가 글을 보고 돌아와서 강화할 수 있는 여지가 있다고 보고하자, 성종은 감찰사헌(監察司憲) · 차예빈소경(借禮賓小卿) 이몽전을 거란 진영으로 보내어 강화를 요청하였다.

즉 서희는 소손녕이 '80만 대군'이란 협박만 하고, 더 이상 진격하지 않는 모습을 보면서 자신의 판단에 확신을 했던 것입니다. 소손녕이 갖고 있는 패가 '뻥카'임을 알아낸 것이죠. 서희는 이렇게 말하며 겁먹은 성종의 마음을 돌렸습니다.

거란(契丹)의 동경(東京)으로부터 우리 안북부(安北府)까지의 수백 리 땅은 모두 생여진(生女眞)이 살던 곳인데, 광종이 그것을 빼앗아 가주(嘉州: 지금의 평안북도 운전군 가산) · 송성(松城) 등의 성을 쌓은 것입니다. 지금 거란이 내침한 뜻은 이 두 성을 차지하려는 것에 불과한데 그들이 고구려의 옛 땅을 차지하겠다고 떠벌리는 것은 실제로는 우리를 두려워하는 것입니다. 지금 그들의 군세가 강성한 것만을 보고 급히 서경 이북 땅을 할양하는 것은 좋은 계책이 아닙니다. 게다가 삼각

산(三角山: 지금의 서울특별시 도봉구·강북구·종로구·은평구 및 경기도 고양시에 위치) 이북도 고구려의 옛 땅인데 저들이 끝없이 욕심을 부려 자꾸만 땅을 떼어달라면 우리 국토를 모조리 줄 수 있겠습니까? 하물며 적에게 국토를 할양하는 것은 만세(萬世)의 치욕이오니, 바라옵건대 주상께서는 도성으로 돌아가시고 신들에게 한 번 그들과 싸워보게 한 뒤에 다시 의논하는 것도 늦지 않습니다.

서희는 거란군의 규모가 80만 대군이 아니라는 점을 말한 것으로 보입니다. 이것이 사실이라면 어찌 두 개의 성을 차지하기 위해 쳐들어왔다고 말할 수 있겠습니까? 겨우 두 개의 성을 차지할 정도밖에 안 되는 규모의 군대였음을 밝힘으로써 소손녕의 '80만 대군'이란 '실상 이것은 우리를 협박하려는 것'이라고 결론 내렸던 것이죠. 또한 서희는 땅을 떼어주어 거란족을 달래겠다는 주장이 논리적으로도 말이 안 되는 것임을 밝혔습니다. 고구려의 옛 영토를 달라는 주장을 받아들인다면 결국 고려의 영토 절반을 내놓으라는 주장으로 이어질 수 있음을 경고하였죠. 결론적으로 서희는 '일단 한번 싸워보고' 결정해도 늦지 않다고 주장했습니다. 이렇게 서희가 말하자 전 민관어사 이지백이 다음과 같이 동조했습니다.

태조께서 왕업을 여신 후 대통이 오늘에까지 전해졌는데, 충신 한 사람도 없어 갑자기 국토를 경솔하게 적국에 주고자 하니 어찌 통탄하지 않을 수 있겠습니까? (중략) 청하오니 금은과 보물을 소손녕에게 뇌물로 주어 그의 뜻을 살펴보시옵소서. (하략)

이지백의 주장은 한마디로 국토를 떼어 적에게 주자고 하는 신하들은 충신이 아닌 간신이라는 뜻이었죠. 간신들의 말을 듣지 말고 충신인 서희의 말을 들으라는 것입니다. 또한 소손녕에게 뇌물을 주어 거란의 숨은 의도를 파악하는 것이 먼저라는 주장입니다.

서희와 소손녕의 윈-윈 게임

그렇다면 거란의 숨은 의도는 무엇이었을까요? 그 유명한 서희와 소손녕의 담판 내용을 통해 거란이 고려를 친 이유와 그 의도를 간파한 서희가 위기를 기회로 바꾸어 오히려 영토를 확장했던 상황을 살펴보겠습니다.『고려사』서희열전의 기록을 봅시다.

너희 나라는 신라 땅에서 일어났고 고구려 땅은 우리 소유인데도 너희들이 침략하여 차지했다. 그리고 우리와 국경을 접하고 있는데도 바다를 넘어 송나라를 섬기기 때문에 오늘의 출병이 있게 된 것이다. 만약

서희와 소손녕의 담판 역사 기록화(전쟁기념관 소장)

땅을 분할해 바치고 조빙(朝聘)을 잘한다면 무사할 수 있을 것이다.

이것은 소손녕이 서희와의 담판에서 거란이 고려를 침략한 이유를 설명한 내용입니다. 소손녕이 말하고자 한 핵심은 '왜 우리나라와는 국경이 인접해 있으면서 바다를 건너 송나라를 섬기느냐?'는 것입니다. 즉 '가까운 자신들과는 적대하고 바다 건너 먼 나라인 송나라와 친하게 지내기 때문에' 고려를 침략했다는 뜻이죠. 이에 대해 서희 역시 이렇게 반박했습니다.

그렇지 않다. 우리나라가 바로 고구려의 옛 땅이니, 그 때문에 국호를 고려라 하고 평양에 도읍한 것이다. 국경 문제를 두고 말한다면, 요나라의 동경(東京)도 모조리 우리 땅에 있어야 하는데 어찌 우리가 침략해 차지했다고 하는가? 게다가 압록강(鴨綠江) 안팎도 우리 땅인데, 지금 여진(女眞)이 그 땅을 훔쳐 살면서 완악하고 교활하게 거짓말을 하면서 길을 막고 있으니 요나라로 가는 것은 바다를 건너는 것보다 더 어렵다. 조빙이 통하지 않는 것은 여진 때문이니, 만약 여진을 쫓아내고 우리의 옛 영토를 돌려주어 성과 보루를 쌓고 도로를 통하게 해준다면 어찌 감히 조빙을 잘하지 않겠는가? 장군이 만일 나의 말을 천자께 전달해준다면 천자께서 애절하게 여겨 받아들이실 것이다.

일단 서희는 거란의 침략 명분이었던 고구려의 계승 문제부터 반박했습니다. 고려라는 국호는 고구려를 계승했다는 명백한 증거입니다. 또한 고구려의 수도였던 평양을 서경으로 삼아 제2의 수도로 삼고 있는 점 역시 '국도로 삼았다'고 말하며 고구려 계승의 증거로 제시하였죠. 그리고 거란의 의도를 잘 알고 있던 서희는 거란과 국교를 맺지 못한 이유를 여진에게 돌렸습니다. 거란과 고려 사이에서 여진족들이 가로막고 있기 때문이라는 거였죠. 그러니까 거란이 여진족들을 싹 쓸어주면 고려의 옛 땅을 회복하여 거란과 국경을 맞대고 나서 국교를 맺겠다는 뜻이었죠. 이 담판의 결과 거란은 회군을 했고, 고려는 강동 6주를 차지했습니다. 그리고 거란과도 국교를 맺게 되었습니다. 이를 『요사』에는 다음과 같이 간략히 기록했습니다.

(통화) 11년, 왕치(고려 성종)가 박양유를 보내서 표문을 받들며 죄를 청하였다. 황제는 조서를 내려 여진국 압록강 동쪽의 수백 리 땅을 주었다.

즉 거란은 고려와 송의 관계를 단절시켰으며, 고려는 거란과 국교를 맺는 대가로 강동 6주의 영토를 확장했던 것입니다. 그렇다면 거란은 어떠한 이익을 얻게 되었던 것일까요? 거란의 1차 침입이 있었던 993년으로부터 10여 년이 지난 1004년 거란과 송나라 사이에는 이른바 '전연의 맹'이라는 일종의 강화 조약이 맺어졌습니다. 말이 좋아 강화 조약이지 실제로는 송나라가 거란에게 빼앗긴 연운 16주의 지배를 인정하고, 매년 은 10만 냥, 비단 20만 필을 세폐로 바치는 굴욕적인 내용이었죠. 이에 대한 고려의 반응을 보여주는 『요사』의 기록은 다음과 같습니다.

(통화) 23년, 우리가 송나라와 강화한 것을 듣고 고려가 사신을 보내 축하하여 왔다.

즉 송나라가 거란에게 굴복하자 고려 역시 거란의 눈치를 보게 되었던 것입니다. 거란은 소손녕의 세 치 혀로 만들어낸 '80만 대군'으로 고려를 겁주었고, 고려와 송의 관계를 끊으려고 했던 목적을 달성했습니다. 후방을 안정시킨 거란은 이후 송나라에 대한 공세를 강화할 수 있었고, 10여 년 뒤 송나라마저 거란에게 굴복했던 것이죠.

귀주대첩은 수공(水攻)이 아니었다

이제 거란은 고려마저 완전히 굴복시키려는 생각이었습니다. 강조의 정변을 구실로 쳐들어왔지만 실제 목적은 고려를 정복하려는 것이었죠. 1010년 거란의 2차 침입으로 고려 현종은 전라도 나주까지 쫓기는 위기를 맞이했습니다. 현종의 친조 약속을 받고 거란군은 되돌아갔지만 고려가 친조 약속을 지키지 않자 거란은 1018년 3차 침입을 시작했습니다. 고려는 강감찬을 상원수로 삼아 거란군을 막도록 했습니다. 이때 강감찬의 나이는 71세였습니다. 강감찬은 거란의 10만 대군에게 큰 타격을 줄 수 있는 묘책을 생각해냈는데, 바로 수공(水攻)이었습니다. 흥화진의 성 동쪽에 흐르는 강의 상류를 쇠가죽으로 막았다가 강을 건너던 거란군에게 수공을 가한 것이었습니다. 그러나 『고려사』 강감찬열전에는 거란군들이 익사했다는 내용이 없습니다.

거란의 소손녕(蕭遜寧)이 내침할 당시 10만 대군이라 했는데, 당시 강감찬은 서북면행영도통사(西北面行營都統使)가 되었다. 왕은 그를 상원수(上元帥)로 임명하고, 대장군 강민첨(姜民瞻)을 부원수, 내사사인(內

史舍人) 박종검(朴從儉)과 병부낭중(兵部郎中) 유참(柳參)을 판관(判官)으로 삼아 군사 20만 8300명을 거느리고 영주(寧州: 지금의 평안남도 안주시)에 주둔하게 하였다. 흥화진(興化鎭: 지금의 평안북도 의주군 위원·피현군 백마 동쪽)에 이르러 기병 1만 2000명을 뽑아 산골짜기에 매복시킨 후, 동아줄로 소가죽을 꿰어 성 동쪽의 큰 냇물을 막고 기다렸다. 적이 다가오자 막아놓았던 물줄기를 터뜨리고 복병을 돌격시켜 크게 패배시켰다. 소손녕이 군사를 이끌고 바로 개경으로 진격하자 강민첨은 자주(慈州: 지금의 평안남도 순천시)의 내구산(來口山)까지 쫓아가서 다시 크게 패배시켰다. 또 시랑(侍郎) 조원(趙元)은 마탄(馬灘)에서 재차 공격하여 1만 명 넘게 목을 베었다.

이 기록에 따르면 고려군은 소가죽을 이용하여 강물을 막았다가

강감찬

수공을 가했는데, 거란군이 익사했다는 기록은 찾아볼 수 없습니다. 이에 반해 거란 측 기록인 『요사』에서는 거란군들이 익사한 상황을 볼 수 있습니다.

> (개태) 7년, 동평군왕 소배압을 도통으로 삼고, 소허열을 부통으로 삼고, 동경유수 야율팔가를 도감으로 삼아 다시 고려를 정벌하였다. 12월에 소배압은 (고려군과) 더불어 다하(茶河)와 타하(陀河)의 두 강 사이에서 전투를 하였다. 아군이 불리하여, 천운과 우파실 2군이 물에 빠져 죽은 자가 무리를 이루었는데, 천운군 상은 해리, 요연장 상은 아과달, 객성사 작고, 발해 상은 고청명 등이 모두 진(陣)에서 물에 빠져 죽었다.

거란군은 수공을 당하여 많은 익사자가 발생하는 등 큰 타격을 입었습니다. 그런데 당시 전투가 벌어진 시기는 음력 12월, 즉 양력의 1월에 해당하는 한겨울이었습니다. 고려군의 수공이 가능하려면 충분한 물을 저장할 수 있어야 했습니다. 과연 한반도 북부 지방의 한겨울에 거란군들을 익사시킬 만한 물을 저장하는 것이 가능했을까요?

『고려사』 강감찬열전을 보면 거란군은 큰 타격을 받았지만 계속 남진하여 개경을 향해 진군했습니다. 또한 『요사』 역시 자신들의 패배에 대한 기록이었기 때문에 '불가항력적인 수공' 때문에 패배했다는 과장된 기록으로 이해할 수 있습니다. 다시 말해 고려군은 흥화진에서 수공을 가해 한겨울 추위 속에 거란군의 옷을 젖게 만들어 사기를 떨어뜨리는 성과를 얻었다고 볼 수 있습니다. 그러나 거란군의 인명 피해는 그리 크지 않았던 것으로 보입니다. 그렇다면 거란군에게 결정적인 타격을 가했던 귀주대첩은 어떻게 이루어졌을까요? 먼저 『고려사』 강감찬열전의 기록을 봅시다.

거란의 왕이 패전 소식을 듣고 대로해 사자를 소손녕에게 보내 "네가
적을 얕잡아 보고 적국 깊이 들어가 이런 지경이 되었으니 무슨 면목으
로 나를 보려는가? 짐은 너의 낯가죽을 벗긴 뒤에 죽일 것이다."라고 꾸
짖었다.

거란군이 패배한 이유를 '적을 경시하고 깊이 들어갔음'으로 파악
했습니다. 즉 개경만 함락하면 전쟁에 승리할 수 있다는 생각에 무작
정 진군했던 것이 결정적인 패인이었던 것이죠. 우리나라의 전통적인
전술이었던 청야 전술이 사용되었던 것입니다. 만약 개경까지 진군하
는 동안 현지 보급을 할 수 있었다면 거란군이 급속도로 퇴각할 이유
는 없었을 것입니다. 고려의 청야 전술로 모든 식량과 들판이 불태워
진 상황에서 개경 함락에 실패한 거란군이 할 수 있었던 유일한 선택
은 철수를 서두르는 것뿐이었습니다. 그리고 쫓기는 거란군에 결정적
인 타격을 가한 것이 바로 귀주대첩이었습니다. 당시 상황을 보여주는
『고려사』 강감찬열전을 봅시다.

2월에 거란군이 귀주(龜州: 지금의 평안북도 구성시)를 통과하자 강
감찬 등이 동쪽 교외에서 요격했는데, 양군(兩軍)이 막상막하로 승패를
결정짓지 못했다. 김종현이 군사를 인솔해 전투지로 향하자, 갑자기 비
바람이 남쪽에서 불어와 깃발이 북쪽을 가리켰다. 아군이 그 기세를 타
고 용기백배하여 격렬히 공격하니 거란 군사들이 드디어 패주하기 시작
했다. 아군이 석천(石川)을 건너 반령(盤嶺)에 이르기까지 추격했는데,

귀주대첩 역사 기록화(전쟁기념관 소장)

시체가 들을 덮었으며 사로잡은 포로와 노획한 말·낙타·갑옷·병장기를 다 셀 수 없을 지경이었다. 살아서 돌아간 자가 겨우 수천 명이었으니 거란이 이토록 참혹하게 패배한 것은 전례가 없었다.

거란의 10만 대군 중 살아 돌아간 자는 겨우 수천 명이었으니 그야 말로 대첩이었습니다. 거란의 10만 대군은 정예 병력이었습니다. 이를 격파한 것은 강감찬의 전략이 승리한 것이었습니다. 흥화진에서 기습 적인 수공을 통해 거란군의 사기를 떨어뜨리고, 개경까지 진군하는 거 란군이 현지 보급을 못하도록 청야 전술로 대응하여 밥줄을 끊어 거 란군을 영양실조 상태에 빠지게 만들었죠. 결국엔 도망치는 거란군을 귀주에서 대파하여 10만 대군을 몰살시켰던 것입니다.

삼별초의 항쟁은 누구를 위한 것이었을까?
삼별초는 무신정권의 사병 집단이었다

삼별초는 왜 항쟁을 시작하였을까?

현재 한국사 교과서들은 삼별초의 대몽 항쟁에 대해 비교적 긍정적으로 평가합니다. 무신 정권이 무너지면서 고려가 몽골에 항복했지만 삼별초는 강화도에 남아 항쟁했고, 이후 진도, 제주도로 이동하면서 끝까지 대몽 항쟁을 했다고 서술하고 있죠. 한마디로 삼별초는 우리 민족의 저항 정신을 상징하는 존재로 미화되고 있습니다. 그렇다면 삼별초는 정말 자주적인 정치 세력이었을까요? 먼저 삼별초가 강화도에 남게 되는 상황을 『고려사절요』 원종 11년(1270)의 기록을 통해 살펴봅시다.

왕이 다시 옛 서울에 도읍하니 삼별초가 도리어 의심하여 배반할 마음을 품었으므로 파한 것이다. 지저가 명부를 취하여 돌아오니 삼별초들이 그 명부로 상국 조정에 아뢸까 두려워하여 더욱 반역할 마음을 품었다. 6월에 장군 배중손(裴仲孫), 야별초 지유 노영희(盧永僖) 등이 난을 일으키고, 사람을 시켜 도성 안에 외치기를, "오랑캐 군사가 크게 이

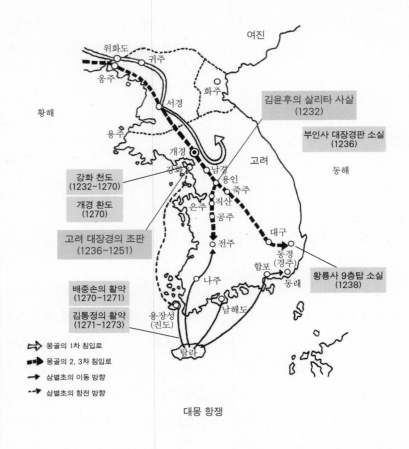

대몽 항쟁

르러 인민을 살육하니, 무릇 나라를 돕고자 하는 자는 모두 구정(毬庭)으로 모이라.”하니, 잠깐 동안에 국인(國人)이 많이 모였는데, 혹은 달아나 사방으로 흩어져서 배를 다투어 강을 건너기도 하고, 혹은 물속에 침몰되기도 하였다. 삼별초가 사람의 출입을 금지하고 강을 돌아다니며 크게 외치기를, “무릇 배에서 내리지 않는 자는 모두 목을 베겠다.”하니, 듣는 사람이 모두 두려워서 배에서 내렸다. 혹 배를 띄워 옛 서울로 향하고자 하는 자가 있으면 적이 작은 배를 타고 쫓아가며 활을 쏘니,

모두 감히 움직이지 못하였다. 성중 사람들은 놀라고 두려워서 흩어져 숲 속에 숨고, 아이와 부녀들의 우는 소리가 거리에 요란하였다.

이 기록에 따르면 삼별초가 강화도에 남을 수밖에 없었던 이유는 자신들의 명단이 몽골에 보고되었을 것이라는 두려움 때문이었습니다. 즉 삼별초가 강화도를 떠나 개경에 들어가는 순간 처형될 것이라는 생각에서 항쟁이 시작되었습니다. 결국 자신들의 목숨을 구하기 위한 유일한 방법이 몽골과 싸우는 것이었기 때문에 어쩔 수 없이 항쟁을 시작했던 것이죠.

또한 배중손은 강화도에 남아 있던 사람들을 자신들에게 동조하도록 만들기 위해 '몽골족들이 쳐들어와 사람들을 죽이고 있다'는 거짓 소문을 퍼뜨렸습니다. 많은 사람들이 삼별초의 거짓말에 속았지만 일부는 강화도를 탈출하려다가 익사했고, 삼별초는 '배에서 내리지 않으

강화 천도

면 모두 죽이겠다'는 협박을 하여 탈출을 막기도 했습니다. 게다가 탈출하는 배를 뒤쫓아 활을 쏘며 위협하여 막았죠.

강화도에 강제로 남겨진 사람들은 이러한 참극을 지켜보고선 겁을 먹고 숲 속으로 숨었습니다. 도망칠 힘도 없는 어린아이들과 부녀자들은 통곡을 할 뿐이었습니다. 삼별초는 자신들의 목숨을 구하기 위해 양민들을 강화도에 억류하면서 대몽 항쟁을 시작했던 것입니다. 또한 삼별초는 강화도에 억류한 사람들을 겁주기 위해 공포 정치를 일삼았습니다. 『고려사』 배중손열전의 기록을 봅시다.

애초 반적들이 반란을 모의할 때 장군 이백기(李白起)가 불응했는데, 이때 그와 몽골에서 보낸 회회(回回)사람을 거리에서 참수했으며, 장군 현문혁(玄文奕)의 처와 직학(直學) 정문감(鄭文鑑) 부부도 모두 죽었다.

삼별초는 항쟁에 반대하는 세력들과 그 가족들까지 공개 처형했

개경으로 돌아가려는
자들을 모두 죽여라!

고, 몽골에서 파견해 온 이슬람인들까지 함께 처형했습니다. 이러한 공포 정치를 통해 강화도의 주민들을 통제하려던 것이었죠. 즉 삼별초에 반대하면 죽이겠다는 협박이었습니다. 이것은 우리가 알고 있던 삼별초와는 크게 다른 모습입니다. 도대체 삼별초는 어떠한 존재였을까요?

삼별초는 무신정권의 사병 집단이었다

장군 김지저를 강화에 보내어 삼별초를 파하였다. 과거에 최우(崔瑀)가 도성 안에 도둑이 많으므로 용사들을 모아 밤마다 돌아다니며 폭력을 금하게 하고, 인하여 야별초라 이름하였다. 도둑이 여러 도에서 일어나므로 야별초를 나누어 보내어 잡게 했었는데, 그 군사가 너무 많으므로 드디어 나누어 좌·우별초를 만들었다. 또 국인(國人)으로서 몽골로 부터 도망하여 돌아온 자로, 일부(一部)를 만들어서 신의군(神義軍)이 라고 이름하였으니 이것이 '삼별초'이다.

『고려사절요』 원종 11년(1270)에 실린 위의 기록을 보면 삼별초의 시작을 "나라 안에 도적이 많은 것을 염려하여, 용사를 모아 매일 밤 순찰을 돌며 막게 하였다. 그 까닭으로 이들을 야별초라 불렀다."라고 설명하고 있습니다. 그런데 이때 왜 이렇게 도적들이 많았을까요? 그 것은 무신정권 치하였기 때문입니다. 현대의 군사정권과 비슷한데, 무 신들은 정변에 성공한 후 권력을 장악하자 백성들을 수탈하여 재산 을 늘리는 데 혈안이 되었습니다. 그래서 백성들이 굶주리다 못해서 권세가의 집을 터는 일이 많았던 것이죠.

이런 이유로 최우는 야별초를 만들고 이들로 하여금 도둑을 막게 했습니다. 한마디로 지배층을 지키는 군대라고 생각하면 되겠습니다. 그런데 아무리 그래도 도둑 잡으려고 특별히 군대를 설치하다니 좀 심한 게 아니냐는 의문이 남습니다. 하지만 그 당시 최우의 입장은 달 랐습니다. 그냥 좀도둑이 아니라 지배층의 수탈에 저항하는 민중이었 던 것입니다. 이런 민중의 힘을 억누르려고 야별초라는 군대를 만들어 서 민중을 강압하기 위한 수단으로 사용했던 것이죠.

야별초의 숫자가 많아지자 좌별초와 우별초로 나누고, 또 몽골에서 도망해 온 사람들을 모아서 신의군을 만들어 삼별초가 탄생했던 것 입니다. 사실상 삼별초는 최씨 정권의 사병이었고, 최씨 정권에 반대 하는 세력은 언제나 삼별초의 제거 대상이었습니다. 그리하여 삼별초 는 언제나 이득을 얻게 되어 진급에서도 월급에서도 여러모로 최씨 정권의 배려를 받아왔습니다. 이를 보여주는 『고려사절요』의 기록을 봅시다.

　권신이 국정을 잡자, 삼별초로 조아(爪牙, 주인의 손발이 되어 일하는 부하)를 만들어서 그 녹봉을 후하게 주고, 혹은 사사 은혜를 베풀며 또 죄인의 재산을 적몰하여 주었으므로, 권신의 턱짓에 따라 앞을 다투어 힘을 다하였으니, 김준이 최의를 죽일 때와 임연이 김준을 죽일 때와 송 례가 유무를 죽일 때에 모두 삼별초의 힘에 의뢰하였다.

이와 같이 삼별초는 최씨 정권 시기부터 많은 녹봉과 각종 특권을 누렸습니다. 또한 김준이 최의를 죽이면서 최씨 정권을 무너뜨리고, 임 연이 김준을 죽이고, 송송례가 임유무를 죽이는 쿠데타가 계속 일어 났던 가장 큰 이유는 삼별초였습니다. 즉 삼별초는 자신들의 특권을 보장해주기만 한다면 배신을 밥 먹듯이 했던 정치 세력이었던 것이죠. 이와 같이 최씨 정권의 사병 집단으로 호의호식하던 삼별초에게도 힘 든 상황이 발생했습니다. 몽골이 쳐들어온 것입니다. 최우는 강화도로 천도를 단행했습니다. 그것은 몽골에 저항하려는 의도보다 자신들의 정권 유지에 더 큰 목적이 있었습니다. 당연히 삼별초도 자신들의 주 인을 따라 강화도로 들어갔습니다.

　이때부터 최씨 정권은 안전한 강화도 안에서 사치와 향락을 누렸 고, 삼별초도 정권의 힘을 업고 권력을 누렸습니다. 뿐만 아니라 최씨 정권은 전쟁으로 황폐화된 백성들에게 평상시대로 세금을 거두는 등 가혹한 수탈을 벌였습니다. 물론 삼별초는 수탈에 앞장서서 사냥개의 역할을 충실히 했습니다. 이러는 과정에서 백성들은 인심이 떠나갔습니다. 처음에는 몽골과의 항쟁에서 가장 천대받던 노비와 천민들까지 목숨을 바쳐 싸웠죠. 그러나 최씨 정권의 수탈이 몽골군보다도 더 심해지자 나중엔 몽골군의 침략을 환영하는 일까지 벌어졌습니다.

결국 최씨 정권에 내분이 일어나는데, 최씨 정권의 마지막 집권자인 최의를 김준이, 김준을 임연이, 임유무를 송송례가 제거하는 데 모두 삼별초의 힘을 이용했습니다. 즉 삼별초는 자기들의 손으로 자신들의 주인이었던 최씨 정권을 무너뜨렸던 것입니다. 그들의 주인이었던 최씨 정권마저도 물어뜯었다는 것은 삼별초가 권력을 유지하기 위해서는 무슨 일도 할 수 있었음을 보여줍니다. 자신들의 목숨을 지키기 위해서는 그 누구도 제거할 수 있었던 것입니다.

앞에서 살펴본 것처럼 삼별초는 강화에 반대했습니다. 그들에게 강화도를 나간다는 것은 자신들의 모든 권력을 내놓는다는 의미였죠. 몽골은 자신들에게 반항하여 강화도에서 나오지 않은 삼별초를 절대로 용서하지 않을 것이었으니까요. 결국 불안에 떨던 삼별초는 폭동을 일으키고, 배중손을 중심으로 반란이 시작되었습니다.

지금까지 설명으로 비추어 보면 삼별초는 그리 좋은 집단이 아닌데 어떻게 여태까지 '항쟁'이라는 표현이 쓰였을까요? 이 표현은 1930년대부터 쓰였습니다. 당시 식민지 상황에서 세계 최강국의 군대와 항쟁한 삼별초의 난은 우리 민족에게 민족적 자긍심을 심어주기에 적합했죠. 그러다가 박정희가 5·16 군사정변을 일으키자, 군사정권의 정통성을 마련할 목적으로 '민족의 주체성 확립'이라는 구호를 내걸었고, 이 때문에 자신들과 똑같은 방식으로 권력을 쟁취하려 했던 삼별초가 부각되었던 것입니다. 더 나아가서는 고려의 무신정권을 진취적이고 민족적인 것으로까지 묘사하려고 했습니다. 이렇게 군사정권 시기에 삼별초는 정권 유지의 도구였음이 축소되었고, 민족적 항쟁이라는 찬사를 얻어왔던 것입니다.

민중들이 항쟁할 때 삼별초는 무엇을 하였는가?

몽골이 고려를 40년간 유린할 때 나라를 위해 목숨을 바쳐 용감하게 싸운 사람들은 힘없는 평민들과 가장 천대받던 천민, 노비였습니다. 당시 집권층이었던 최씨 정권은 강화도로 도망가 자신들의 안전만을 생각했습니다. 『고려사절요』 고종 19년(1232)의 기록을 봅시다.

> 이날 최우가 왕에게 속히 전(殿)에서 내려 서쪽 강화도로 향하여 행차할 것을 주청하니, 왕이 망설이고 결정하지 못하였다. 최우가 녹전거(祿轉車) 100여 량을 빼앗아 집안의 재물을 강화도로 옮기니, 서울이 흉흉하였다. 유사(有司)에게 영을 내려서 날짜를 한정하여 오부(伍部) 백성을 보내게 하고, 성중에 방을 붙여 이르기를, "시간을 지체하여 출발할 기일에 미치지 못하는 자는 군법으로 논(論)하리라." 하고, 또 사자를 여러 도(道)로 보내어 백성을 섬이나 산성(山城)으로 옮기었다.

『고려사절요』를 보면 많은 반대가 있었음에도 불구하고 최우는 강화도 천도를 강력하게 추진했습니다. 왜 그랬을까요? 최우는 최충헌의 아들이었습니다. 무신정변 이후 무신들 사이에 벌어진 정권 쟁탈전으로 수십 년이 피로 물들여졌습니다. 최충헌이 교정도감을 세우고 교정별감이 되어 정권을 안정시켰다 하지만 세습이 이루어진 것은 최충

몽골족 이동 모형(몽골 문화촌 소재)

헌-최우 부자가 처음이었습니다. 그런데 돌발 상황이 일어난 것입니다.

몽골이 고려를 정복한다면 가장 먼저 제거할 대상은 누구였을까
요? 그렇습니다. 바로 무신들, 즉 최씨 정권이었습니다. 전쟁에서 승리
하면 포로들의 무기부터 빼앗는 것과 같습니다. 국가의 무기인 무신들
부터 제거하는 것이 당연한 조치였던 것이죠. 그런데 최우는 자신의
정권을 유지하는 것만 생각해서 백성들에게는 섬이나 산으로 대피하
라는 무책임한 명령만 내릴 뿐이었습니다. 다음은 『고려사절요』 고종
43년(1256)에 실린 또 다른 기록입니다.

　　장군 송길유(宋吉儒)를 보내어 청주(淸州)의 백성을 섬으로 옮기게
　하였다. 길유는 백성들이 재물을 아껴 옮기기를 싫어할까 염려하여 공
　사(公私)의 재물을 모두 불태워버렸다. 이 일보다 먼저 최항이 사신을
　여러 도에 보내어 주민들을 모두 몰아서 섬 안으로 들어가는데, 명령을
　좇지 않는 자는 집과 전곡을 불태워서 굶어 죽은 자가 열에 여덟아홉은
　되었다.

게르 내부 복원(몽골 문화촌 소재)

몽골족의 침입에 대비하는 조치는 섬이나 산성으로 들어가게 하는 것밖에 없었는데, 백성들이 재물을 잃을 것을 두려워하여 떠나지 않으면 집과 논밭의 곡식마저 모두 불태워 굶어 죽는 백성들이 속출했다는 것이죠. 이렇게 최씨 정권은 몽골군이 쳐들어오면 강화도에 숨어 있다가 몽골군이 물러가면 자신들의 사냥개인 삼별초를 육지로 보내어 전란에 지친 백성들을 쥐어짜고 족쳐서 목숨 걸고 숨겨둔 식량과 공물을 빼앗았습니다. 이러한 일들이 계속되면서 나중엔 백성들이 몽골족의 침략을 환영하는 일까지 벌어졌던 것입니다. 이러한 상황을 보여주는 『고려사절요』 고종 43년(1256)의 기록을 봅시다.

몽골 군사 때문에 6도에 선지사용별감(宣旨使用別監)을 보내는 것을 정지하였다. 그때에 사명을 띠고 나간 자가 백성의 재산을 긁어 무리하게 거두어 위에 바쳐 은총을 견고하게 하였기 때문에 백성들이 매우 괴롭게 여겨 도리어 몽골 군사가 오는 것을 기뻐하였다.

대몽 항쟁의 시기에 앞장서서 싸우던 백성들이 최씨 정권에 등을 돌리고, 외세의 침략을 오히려 환영했던 이유는 무엇이었을까요? 이를 짐작할 수 있는 내용을 『고려사절요』 고종 30년(1243)의 기록에서 살펴볼 수 있습니다.

12월에 최이(최우)가 사사로이 얼음을 캐어 서산(西山)의 빙고(氷庫)에 저장하려고 백성을 풀어서 얼음을 실어 나르니 그들이 매우 괴로워하였다. 또 안양산(安養山)의 잣나무를 옮기어 집의 후원에 심었다. 안양산은 강도(江都)에서 여러 날 걸리는 거리인데 문객인 장군 박승분(朴承賁) 등으로 감독하게 하였다. 때는 추위가 한창이어서, 일꾼들 가운데 얼어 죽는 자도 있어 연로에 있는 군현(郡縣)의 사람들이 집을 버리고 산으로 올라가 그 소요를 피하였다. 어떤 사람이 승평문(昇平門)에 방을 써 붙이기를, "사람과 잣나무 중 어느 것이 중하냐." 하였다.

강화도로 천도한 이후에도 최우는 개인적으로 얼음을 사용하기 위해 얼음 창고, 즉 빙고(氷庫)에 얼음을 쌓아두었습니다. 백성들은 12월의 추위 속에 얼음을 옮기느라 큰 고생을 하였죠. 또한 집의 후원에 심을 잣나무를 육지에서 강화도로 옮기느라 한겨울 추위에 얼어 죽은 백성들이 나올 정도였습니다. 최우에게 백성들은 잣나무만도 못한 존재였던 것입니다. 다시 『고려사절요』 고종 32년(1245)의 기록을 봅시다.

5월에 최이(최우)가 종실의 사공(司空) 이상과 재·추들을 위해 그 집에서 잔치하였다. 이때 채색 비단으로 산을 만들어 비단 장막을 두르고 가운데 그네를 매었는데, 문수(文繡)·채화(綵花)로 장식하였다. 또 팔면(八面)을 은단추와 자개로 꾸민 4개의 큰 분(盆)에 각각 얼음 봉우리가 담겨 있고, 또 4개의 큰 물통에 붉은 작약과 자줏빛 작약 10여 품(品)을 가득히 꽂았는데, 빙화(氷花)가 서로 비치어 겉과 속에서 찬란하게 빛을 발하였다. 기악과 온갖 잡희를 베풀고, 팔방상(八坊廂)의 공인(工人) 1350여 명이 모두 호화롭게 단장하고 뜰에 들어와 풍악을 연주하니, 거문고와 노래와 북과 피리의 소리들이 천지를 진동하였다. 팔방상에게는 각각 백은(白銀) 3근씩을 주고, 영관(伶官)과 양부(兩部)의 기녀(伎女)와 광대에게도 각각 금과 비단을 주니, 그 비용이 거만(鉅萬)에 달하였다.

이와 같이 최우는 호화로운 잔치를 열어 사치를 일삼았습니다. 5월의 더운 날씨에도 얼음 봉우리와 얼음 꽃으로 연회장을 장식할 정도였는데, 겨울에 얼음을 빙고(氷庫)에 보관해둔 이유가 바로 여기에 있었죠. 이렇게 민심을 잃은 최씨 정권은 무너지고, 고려는 결국 대몽항쟁을 항복으로 끝맺었습니다. 지배층이 자신들의 안전만을 생각하며 도망치기에 바쁘면 백성들은 나라를 위해 목숨 바쳐 싸우지 않게

고려궁터(강화도 소재)

됩니다. 지배층이 안전한 곳에서 사치를 일삼고, 호화스러운 생활을 위해 백성들을 착취한다면 민중들은 결국 정권에 등을 돌릴 수밖에 없죠.

그런데 이러한 최씨 정권의 군사적 기반이었던 세력이 바로 삼별초 였습니다. 앞에서 살펴본 것처럼 삼별초는 최씨 정권으로부터 많은 녹봉과 각종 특권을 누렸습니다. 이러한 가정을 해봅시다. 수십 년 이상 독재를 한 군사정권의 하수인으로 많은 월급과 각종 특권을 누린 정치 세력이 있다고 칩시다. 외세의 침략 기간 동안 군사 독재 정권은 국민들을 착취한 돈으로 호화 생활을 누렸고, 그 하수인들은 백성들을 착취하는 데 앞장을 섰습니다. 군사 독재 정권이 무너지는 혼란 속에 여러 번의 쿠데타가 있었고, 이러한 쿠데타 때마다 하수인 세력은 간에 붙었다 쓸개에 붙었다 하면서 변신을 거듭했습니다. 그리고 외세의 내정간섭이 시작되자 하수인들에 대한 숙청이 예고되었습니다. 이때부터 하수인들의 반외세 항쟁이 시작됩니다.

이를 민족의 자주성을 지키기 위해 항쟁했던 것이라고 볼 수 있을까요? 저는 군사 독재 정권의 하수인들이 자신들의 목숨을 부지하려

고려궁터 발굴 유물(강화도 소재)

고 어쩔 수 없이 벌였던 저항이라고 보는 것이 옳다고 생각합니다. 삼별초의 경우도 이와 마찬가지입니다. 수십 년을 최씨 정권의 하수인으로 특권 세력이었던 삼별초가 수년 동안 대몽 항쟁을 했다고 하여 우리 민족의 자주성을 보여주는 영웅들이라고 평가하는 것은 우스꽝스러운 일입니다.

삼별초는 유구국으로 이동하였나?

'계유년고려와장조(癸酉年高麗瓦匠造)'의 비밀

'계유년고려와장조(癸酉年高麗瓦匠造)'의 비밀

　2007년 국립 제주 박물관에서 열린 '탐라와 유구왕국' 전시회 중 오연숙 학예사는 오키나와에서 출토된 수막새 기와의 문양과 진도 용장산성에서 출토된 수막새 기와의 문양이 비슷하다는 것에 주목했습니다. 사진 속 기와들의 문양을 보면 같은 기와 제작 기술을 계승한 장인들이 만들었음을 알 수 있습니다. 즉 진도에서 기와를 만든 장인으로부터 배운 오키나와의 기와 장인이 스승으로부터 배운 기술을 그대로 사용하여 만든 기와일 가능성이 큰 것이죠. 게다가 이를 뒷받침해주는 유물이 오키나와에서 발견되었습니다.

　유구왕국의 발상지로 알려진 우라소에 성 북쪽에는 왕실 무덤인 요우도레가 있습니다. 그런데 이곳 영조왕의 무덤에서 '계유년고려와장조(癸酉年高麗瓦匠造)'란 글씨가 새겨진 기와가 출토됐습니다. 새겨진 글씨는 '계유년 고려의 기와 장인이 만들었다'는 뜻입니다. 그렇다면 '계유년'은 언제일까요? 13~14세기 고려시대에 해당하는 계유년은 1213년, 1273년, 1333년입니다. 그리고 기와가 발견된 무덤의 주인인

오키나와 출토 수막새 기와(왼쪽)와 진도 용장산성 출토 수막새 기와(오른쪽)

영조왕의 재위 기간은 1260년에서 1299년입니다. 영조왕은 1299년 사망했기 때문에 죽은 뒤 30여 년이 지난 1333년에 기와를 만들어 무덤에 넣었다는 것은 좀 이상하죠. 또한 영조왕이 즉위하기 40여 년 전인 1213년에 제작한 기와를 만든 후 80여 년 만에 무덤에 사용했다는 것은 더욱 이상합니다. 결국 가장 유력한 계유년은 1273년입니다. 다시 말해 영조왕의 재위 기간이었던 1273년 고려의 기와 장인이 기와를 만들었고, 영조왕이 1299년 사망하자 20여 년 전 만든 기와를 무덤을 만들 때 사용했다는 추측이 가능합니다. 그렇다면 고려의 기와 장인은 왜 굳이 20여 년 전 만든 기와를 영조왕의 무덤을 만드는 데 사용했을까요?

어쩌면 고려의 기와 장인은 1273년에 벌어진 특별한 사건을 기록하고 싶었는지도 모릅니다. 기와 장인의 조국이었던 고려에서는 1273년 삼별초가 마지막 항쟁을 벌이던 제주도에서 사라졌습니다. 만약 삼별초의 일부가 제주도를 탈출하여 유구에 도착했다면 삼별초를 따라온 고려의 기와 장인이 이를 기념하여 기와를 만들고 '계유년 고려의 기와 장인이 만들었다'라는 글을 새긴 것이라고 볼 수도 있을 것입니다.

우라소에 성 요우도레에서 출토된
'계유년고려와장조(癸酉年高麗瓦匠造)'란 글씨가 새겨진 기와

영조왕은 삼별초였을까?

또한 기와가 발견된 무덤의 주인공 영조왕 역시 미스터리한 인물입니다. 영조왕은 1260년 왕이 되어 이른바 에이소 왕조를 시작한 건국왕입니다. 영조왕은 천손씨(天孫氏)의 후예로 알려져 있는데, 천손씨는 12세기 말 순텐 왕조가 시작되기 전까지 유구국의 왕조라고 알려진 텐손(天孫) 왕조입니다. 즉 12세기 말 멸망한 텐손 왕조의 후예인 영조왕이 70여 년 만인 1260년에 다시 왕이 되었다는 것이죠. 그러나 이것은 새롭게 왕조를 세운 영조왕이 자신의 조상을 신성시하도록 천손씨의 후예라고 과시했을 가능성이 있습니다. 또한 천손(天孫)은 '하늘의 후손'으로 외부에서 새로운 세력들이 들어올 때 자신들을 신성시하도록 내세우는 경우가 많습니다. 즉 영조왕은 삼별초 출신으로 유구에 도착하여 '천손'이라고 주장하며 새로운 나라를 세운 인물일 수도 있는 것입니다.

만약 영조왕이 삼별초를 이끌고 제주도에서 유구로 탈출한 우두머리였다면 왜 즉위 연도가 1260년일까요? 고려에서 1260년은 원종이 즉위한 해입니다. 원종은 개경으로 환도하고 삼별초를 진도, 제주도까지 쫓아가 진압한 왕이기도 합니다. 특히 원종은 즉위하면서부터 삼별초 세력들의 반대에도 불구하고 원나라와의 협상을 통해 개경으로 환도할 준비를 했습니다. 즉 1273년 삼별초 세력을 이끌고 유구에 도착한 영조왕은 새로운 왕조를 세우고, 삼별초 세력이 고려 왕조와 대립하기 시작한 원종의 즉위 연도인 1260년 영조왕이 왕위에 오른 것으로 즉위년을 조작한 것입니다. 몽골족에게 항복한 원종의 즉위를 부정하고, 삼별초에게 정통성이 있음을 내세운 조치였다고 할 수 있습니다.

1977년 일본에서 발견된 '고려첩장불심조조(高麗牒狀不審條條, 고려에서 보내온 첩장의 의심나는 몇 가지 사항)'는 1268년에 보내온 고려의 외교문서와 1271년에 보내온 고려의 외교문서를 비교하여 다른 사항들을 적어놓고 있습니다. 먼저 '고려첩장불심조조'의 기록을 봅시다.

　　이번에 보내온 첩장에는 강화로 천도한 지 40년에 가까운데, 오랑캐

영조왕의 무덤(일본 오키나와 우라소에 성 소재)

의 풍속은 성현이 싫어하므로 다시 진도로 천도하였다고 되어 있다.

이것은 1271년에 고려에서 보내온 첩장(외교문서)에 실려 있는 "강화도에 천도한 지 40년에 가까운데, 오랑캐(몽골족)가 싫어 진도로 천도하였다."라는 내용입니다. 즉 강화도에서 진도로 이동한 삼별초 세력이 일본에 외교문서를 보내 고려의 정통성을 가진 정부는 삼별초의 진도 정부라고 주장했음을 알 수 있습니다. 다시 말해 삼별초는 몽골족에게 항복한 왕 원종은 정통성이 없다고 생각했으며, 고려의 정통성은 삼별초에게 이어진다고 대내외에 과시했던 것입니다.

만약 영조왕이 삼별초를 이끌고 유구왕국에 새로운 왕조를 세웠다면 자신들에게 고려의 정통성이 이어짐을 내세웠을 가능성이 있습니다. 그래서 실제 즉위한 1273년이 아니라 고려 원종이 즉위한 1260년에 자신이 즉위한 것처럼 조작했던 것이죠. 고려의 정통성은 1260년 원종이 즉위하면서 끝났으므로 삼별초, 곧 영조왕이 그 정통성을 이어받았다는 의미입니다.

유구국에 전해진 한국 문화

유구에서는 영조왕이 즉위한 1260년, 13세기 무렵 곳곳에 성들이 세워지기 시작합니다. 이 성들을 '구스쿠'라고 하는데, 지형의 변화에 따라 성벽을 쌓는 방식으로 우리나라의 삼국시대부터 고려시대까지의 축성법과 비슷합니다. 특히 유구의 고유어로 성을 '구스쿠'라고 부르는 것은 '고(려)성', '고(려)소굴'이라는 뜻으로도 볼 수 있습니다. 원

우라소에 성

래 '성(城)'은 일본어로 '시로'인데, 유구에서는 성을 '구스크'라고 부르죠. 만약 삼별초가 1273년 유구에 도착하여 곳곳에 성을 쌓기 시작했다면 성을 처음 본 유구 사람들은 '고(려)성', '고(려)소굴'이라고 불렀을 가능성이 있죠. 그리고 이와 비슷한 발음으로 변화하여 현재의 '구스쿠'가 되었을 것입니다.

또한 현재 오키나와에는 전통 씨름인 '가쿠리키'가 남아 있는데, 샅바를 잡고 상대를 넘어뜨리는 것으로 승부를 내는 한국식 씨름과 비슷합니다. 사진 속 '가쿠리키'는 머리에 띠를 두르고 하얀 옷을 입고 하는 것만 빼면 한국식 씨름과 같습니다. 오히려 김홍도가 그린 '씨름도'의 한국식 씨름과 더 비슷하죠. 삼별초가 전파한 한국식 씨름이 오키나와 전통 씨름인 '가쿠리키'로 이어졌을 가능성도 있다고 생각합니다.

또한 오키나와의 전통 화장실은 제주도 전통 화장실과 비슷한 구조입니다. 한쪽에 용변을 보는 변기가 있고, 바로 옆 공간에 돼지우리가 있어서 사람이 용변을 보면 돼지가 용변을 먹이로 삼는 방식이 같습니다. 게다가 오키나와의 전통 부뚜막 역시 우리나라의 전통 부뚜막

오키나와 전통 씨름 '가쿠리키'(왼쪽)와 김홍도의 '씨름도'(오른쪽)

과 매우 비슷하죠. 이와 같이 현재 오키나와의 전통문화와 우리나라의 문화가 비슷한 점이 많다는 것도 삼별초의 유구국 탈출설을 뒷받침한다고 볼 수 있습니다.

오키나와 전통 화장실(왼쪽)과 제주도 전통 화장실(오른쪽)

오키나와 전통 부뚜막(왼쪽)과 제주도 전통 부뚜막(오른쪽)

삼별초는 제주도에서 유구국으로 탈출하였나?

　적이 능히 지키지 못할 것을 헤아리고 배를 모아 공사(公私)의 재물
과 자녀(子女)를 모두 싣고 남쪽으로 내려가는데, 구포(仇浦)로부터 항
파강(缸破江)까지 뱃머리와 꼬리가 서로 접하여 무려 1천여 척이나 되
었다.

　이것은 『고려사절요』 원종 11년(1270) 고려 정부의 환도를 거부한
삼별초가 강화도를 탈출하는 장면을 묘사한 기록입니다. 탈출하는 배
만 1천여 척이었으니 그 규모를 알 만합니다. 한 척에 30명씩만 탔다고
하더라도 3만이 넘었을 테니까요. 이렇게 진도로 이동한 삼별초의 위
세가 얼마나 대단했는지 알 수 있는 기록들이 있습니다.

　적이 진도(珍島)에 들어가 웅거하여 여러 고을을 침략하며, 황제의 명
이라 거짓 꾸며서 전라도 안찰사로 하여금 백성을 독촉하여 곡식을 거
두어들이고 섬으로 옮겨 살게 하였다.

진도 용장산성

적의 기세가 매우 성하여 여러 고을이 멀리서 바라만 보고도 적에게 항복하였었다.

적이 제주도를 함락시켰다.

이는 『고려사절요』 원종 11년(1270)의 기록들로 진도에 들어간 삼별초가 고려 정부를 사칭하여 세금을 걷거나 삼별초 세력의 위세에 굴복한 지방들이 많아졌으며, 심지어 제주도까지 삼별초의 수중에 들어갔음을 보여줍니다. 이러한 상황은 다음 해에도 계속 이어졌습니다.

삼별초가 장흥부 조양현(兆陽縣, 전남 보성)에 침입하여 노략질을 매우 많이 하고, 군함을 불태웠다.

삼별초가 합포현(合浦縣, 경남 창원)에 침입하여 감무를 잡아갔다.

삼별초가 금주(金州, 경남 김해)에 침입하였는데, 방호장군 박보(朴保)가 산성으로 달아나 들어가니 적이 불을 놓고 노략질하였다.

이는 『고려사절요』 원종 12년(1271)의 기록들로 현재 전남 보성, 경남 창원, 김해 등도 삼별초가 나타나 군함을 불태우는 등 공격하여 치안이 불안했음을 알 수 있습니다. 그리고 1271년 관군과 몽골군의 공격으로 진도를 잃은 삼별초는 제주도로 다시 이동합니다. 하지만 삼별초의 세력은 강화되어 고려 정부를 다시 위협할 정도였죠. 다음은 이를 보여주는 『고려사절요』 원종 13년(1272)의 기사들입니다.

삼별초의 이동

삼별초의 나머지 무리들이 회령군(會寧郡)에 침입하여 조선(漕船)
4척을 약탈하였다.

삼별초가 대포(大浦)에 침입하여 조선(漕船) 13척을 약탈하였다.

삼별초가 탐진현(耽津縣, 전남 강진)을 불질러놓고 노략질하였다.
6월에 전라도 지휘사가 "삼별초의 적선 6척이 안행량(安行梁)을 지나
올라간다."라고 보고하니, 경성이 흉흉하여 두려워하였다.

장군 나유(羅裕)를 보내어 장차 군사 1550여 명을 모집하여 삼별초를 전라도에서 토벌하려 하였다. 이때 적이 이미 탐라로 들어가서 내외성을 쌓고, 수비가 험하고 굳건함을 믿으며 날로 더욱 창궐하여 항상 나와서 노략질하니 연해 지방이 소란하였다.

삼별초가 전라도의 상공미(上供米) 800석을 약탈하였다.

9월에 삼별초가 고란도(孤瀾島)에 침입하여 전함 6척을 불태우고, 홍주 부사(洪州副使) 이행검(李行儉)과 결성(結城, 충남 홍성)·남포(藍浦)의 감무를 잡아갔다.

11월에 삼별초가 안남 도호부에 침입하여 부사(府使) 공유(孔愉) 및 그 처를 잡아가고 또 합포에 침입하여 전함 20척을 불태우며, 몽골 봉졸(烽卒) 4명을 잡아갔다.

삼별초가 거제현에 침입하여 전함 3척을 불태우고 현령을 잡아갔다.

이 기록들에 따르면 삼별초는 현재의 전남 장흥, 강진, 전북 고부, 전주, 충남 보령, 홍성, 태안, 경남 마산, 거제 등 경상, 전라, 충청의 바닷가 곳곳에 신출귀몰하며 치안을 불안하게 만들었죠. 게다가 삼별초는 인천 근처까지 넘보았습니다. 다음 기록을 봅시다.

왕이 삼별초의 적선이 영흥도(靈興島)에 와서 정박하였다는 말을 듣고, 50기를 원나라 원수 흔도(힌두)에게 청하여 궁궐에서 숙직하며 호위하게 하였다.

여기에 나오는 영흥도는 현재 인천 옹진군의 영흥도입니다. 삼별초
의 배들이 영흥도에 와서 정박하고 있다는 소식을 들은 원종이 몽골
군 장수인 흔도(힌두)에게 궁궐을 지켜달라고 했던 것이죠. 이와 같이
삼별초의 세력이 개경을 위협할 정도로 커지자 고려 정부는 제주도의
삼별초를 제거하기 위해 총공격을 가합니다.

　　김방경(金方慶)이 힌두·홍다구(洪茶丘)와 함께 전라도 함선 160척과
　　수군과 육군 1만여 명을 지휘해 탐라(耽羅)에서 싸워 수많은 적군을 죽
　　이거나 노획하니 적이 궤멸되었다. 김원윤(金元允) 등 여섯 명을 참수하
　　고 항복한 적군 1300여 명을 배에 나누어 실어 육지로 옮겼으며 원래
　　탐라에 거주했던 자는 예전처럼 안거하게 했다.

이것은 『고려사』 원종 14년(1273)의 기록으로 김방경이 이끄는 고려
군과 몽골 장수 힌두, 홍다구 등이 이끄는 몽골군이 함께 삼별초를 제
주도에서 진압했다는 내용입니다. 그런데 이상한 점이 항복한 삼별초
세력이 1300여 명에 불과하다는 것입니다. 진도를 진압할 때도 항복한
자가 1만여 명에 달했는데, 진도보다 더 많은 인구가 살고 있던 제주
도에서 1300여 명만 항복했다는 것은 이해하기 어려운 일입니다. 위에
서 살펴보았듯이 삼별초는 제주도에 들어간 이후에도 고려의 남부 지
방 곳곳을 위협할 정도로 그 세력을 자랑했습니다. 그 많던 삼별초들
은 다 어디로 간 것일까요? 먼저 다음 기록을 봅시다.

원나라에서 사신을 보내 과거 탐라에서 반역 행위를 했던 자로서 주현(州縣)으로 도망쳐 숨어 있는 자들을 사면한다는 조서를 내렸다.

이것은 『고려사』 충렬왕 1년(1275)의 기록으로 제주도에서 도망친 삼별초 세력을 사면했다는 내용인데, 그만큼 도망친 삼별초 세력이 많았다는 것을 보여줍니다. 또 다음 기록을 봅시다.

가을 7월에 군기조성도감(軍器造成都監)과 제주도루인물추고색(濟州逃漏人物推考色)을 설치하였다.

이것은 『고려사절요』 충렬왕 1년(1275)의 기록으로 '제주도루인물추고색', 즉 '제주에서 도망친 사람들을 추적하는 기관'을 만들었다는 뜻입니다. 즉 제주에서 도망친 삼별초 세력이 1275년까지도 있었다는 것을 보여주죠. 이는 당시 고려 정부에서도 붙잡힌 삼별초 세력이 너무적다는 점에 주목하여 삼별초 세력을 추적하려고 노력했음을 알 수있습니다.

또한 삼별초는 1271년 진도에 있을 때부터 일본에 외교문서를 보내힘을 합칠 것을 주장하였죠. 이러한 삼별초 세력의 움직임으로 볼 때제주도에 머물던 3년 동안 삼별초가 유구로 이동할 준비를 했을 가능성은 충분하다고 봅니다. 1270년 삼별초가 제주도를 점령하여 진도를빼앗기는 상황을 대비한 것처럼 1271년 제주도로 이동한 직후부터 유구로 이동할 준비를 했다면 어땠을까요?

결론입니다. 1273년 제주도를 탈출한 삼별초 세력이 유구로 이동했고, 그 우두머리 영조왕이 새로운 나라를 세웠습니다. 삼별초 세력을 따르던 고려의 기와 장인은 이를 기념하여 기와를 구웠습니다. 또한 삼별초를 추격하여 올지 모를 고려군의 공격을 대비하기 위해 곳곳에 성(구스쿠)을 쌓았습니다. 1299년 영조왕이 사망하자 1273년 삼별초의 유구 이동을 기념하여 만든 기와를 사용하여 영조왕의 무덤을 만들었습니다. 고려 기와 장인의 기술은 계승되어 진도 용장산성에서 발견된 기와와 비슷한 기와가 유구국에서 계속 만들어졌습니다. 삼별초들이 하던 씨름은 유구국의 전통 씨름이 되었고, 삼별초들이 제주에서 돼지를 키우던 화장실은 유구국의 전통 화장실이 되었으며, 삼별초들이 밥을 해 먹던 부뚜막은 유구국의 전통 부뚜막이 되었습니다. 이와 같이 유구국은 삼별초의 마지막 정착지였을지도 모릅니다.

공민왕은 동성애자였을까?
우왕은 공민왕의 마복자(摩腹子)였다

우왕의 아버지는 공민왕일까? 신돈일까?

공민왕에 이르러 불행히도 아들이 없이 세상을 떠나셨다. 적신 이인임이 정권을 마음대로 하고자 하여 나이 어린 얼자(孼子)를 기어이 세워 신우를 왕씨라고 거짓으로 일컬어 왕으로 삼았었다. 우가 완악하고 패악스러워서 장차 요양(遼陽)을 침범하려고 하므로, 시중 이(李, 태조의 옛 이름) 등이 사직의 큰 계책으로 많은 사람을 타일러 회군하여 왕씨를 세우려고 하였으나, 주장 조민수(曺敏修)가 이인임의 당으로서 다시 권병을 마음대로 하여, 그 간사한 꾀를 계승해서 마침내 여러 사람의 의논을 저지하고, 우의 아들 창을 세우니, 왕씨의 종사가 끊겨져 신(神)과 사람이 다 같이 분노한 지 16년이 되었다. (중략) 우와 창 부자를 폐하고, 내가 왕씨로서 가장 촌수가 가깝다 하여 나로 하여금 조종의 대통을 계승하게 하였다.

이것은 『고려사절요』 공양왕 1년(1389)의 기사에 나오는 내용입니다. 공양왕이 즉위하게 된 이유를 설명하고 있는데, 한마디로 말하면

공민왕 부부 영정

우왕과 창왕은 신돈의 아들과 손자, 즉 신씨이므로 쫓아내는 것이 당연하고, 왕씨 중 가장 왕위계승권에 가까운 공양왕이 왕위에 오르게 되었다는 것입니다. 도대체 이러한 인식은 어떻게 시작되었을까요? 먼저 『고려사절요』 공민왕 15년(1366)의 기사를 봅시다.

신돈은 낙산사의 관음보살(觀音菩薩)이 영이하다 하므로 오일악을 시켜 비밀리에 저의 축원문(祝願文)을 쓰게 했는데, 그 원장에, "제자(弟子, 신돈 자신을 말함)의 분신 모니노(牟尼奴)가 복이 많고 장수하여 나라에 머물러 살도록 해주십시오." 하였다. 모니노는 신돈의 비첩 반야(般若) 소생이니 우(禑)이다. (중략) "왕이 항상 대 이을 아들을 구하여 양자를 세우려고 했는데, 어느날 미행하여 신돈의 집에 가니, 신돈이 그 아이를 가리키면서 아뢰기를, '전하께서는 양자를 삼아 뒤를 잇게 하소서'라고 하였다. 왕이 곁으로 보고 웃으면서 답하지 않았어도 오히려 내심 이를 허락하였다." 한다.

왼쪽 무덤이 공민왕의 현릉, 오른쪽 무덤이 노국공주의 정릉(북한 황해북도 개풍군 소재)

이에 따르면 신돈은 축원문에서 모니노(우왕)가 자신의 분신이라고 표현했습니다. 그리고 모니노의 어머니는 신돈의 비첩 반야라는 것이죠. 즉 신돈과 반야 사이에 태어난 아들이 바로 모니노였다는 말입니다. 그런데 어느 날 공민왕이 신돈의 집에 가게 되었습니다. 이에 신돈은 공민왕에게 모니노를 양자로 삼도록 권유했고, 공민왕은 이를 받아들였다는 것입니다. 『고려사절요』 공민왕 20년(1371)의 기사에는 다음과 같은 내용이 실려 있습니다.

"내가 일찍이 신돈의 집에 가서 시비와 관계하여 아들을 낳았으니, 그 아이를 놀라게 하지 말고 잘 보호하라." 하였다. 아들은 곧 모니노(牟尼奴)이다. (중략) 왕이 모니노를 불러와서 태후의 궁전에 들여보내고 수시중 이인임(李仁任)에게 부탁하기를, "원자가 있으니 나는 걱정이 없다." 하였다. 그러고는 말하기를, "아름다운 부인이 신돈의 집에 있었는데, 그가 아들을 잘 낳는 여자란 말을 듣고 관계하여 이 아이가 있게 되었다." 하였다.

이 기록은 공민왕이 모니노가 공민왕의 아들임을 이인임에게 알리는 대화 내용입니다. 즉 공민왕이 신돈의 집에 있던 시비, 즉 반야와 관계하여 낳은 아들이 바로 모니노라는 고백입니다. 이를 뒷받침하는 내용이『고려사절요』공양왕 2년(1390)의 기사입니다.

신우가 왕이 된 뒤에, 신돈의 비첩 반야가 스스로 말하기를, "임금의 어머니다." 하였는데, 인임 등이 거짓으로, "우는 현릉이 사랑했던 죽은 궁인의 소생이다." 하여 그 명씨를 찾았으나 정하지 못하였습니다. 우사(右使) 김속명(金續命)이 말하기를, "천하에 그 아버지를 분별하지 못한 자는 혹시 있을 수도 있지마는, 어찌 그 어머니를 분별하지 못한 자가 있겠는가." 하니, 인임이 이를 죽이고자 하였으나, 명덕태후(明德太后)의 구원에 힘입어 겨우 귀양하게 되었습니다.

이인임

이에 따르면 신돈의 비첩 반야는 우왕이 왕위에 오르자 자신이 생모라고 주장한 것으로 보입니다. 이러한 상황을 모면하기 위해 이인임은 거짓말을 했습니다. 우왕은 공민왕이 사랑했던 죽은 궁인의 소생이라는 것이었죠. 이러한 거짓을 김속명은 아버지가 누구인지 모르는 경우는 있어도 어머니가 자식을 낳았는데, 자식을 못 알아본다는 것은 있을 수 없다는 말로 비판했습니다. 이러한 기록들을 종합해보면 몇 가지 진실을 알 수 있습니다. 첫째, 우왕은 신돈의 집에서 태어났고, 그 생모는 신돈의 비첩 반야라는 것입니다. 둘째, 공민왕은 신돈의 집에서 자라고 있던 우왕을 자신의 아들로 삼았다는 것입니다. 셋째, 우왕은 공민왕의 사후 왕위를 계승했습니다.

만약 우왕이 궁궐 안에서 태어났고, 생모가 후궁이나 궁녀였다면 공민왕이 이를 숨길 이유가 있었을까요? 왕위를 이을 아들이 태어났으니 이보다 기쁜 일은 없었을 것입니다. 그러나 우왕의 탄생을 공민왕은 몰랐습니다. 이는 우왕이 궁궐 안에서 태어나지 않았다는 반증입니다. 즉 우왕은 신돈의 집에서 태어났고, 신돈의 비첩 반야가 그 생모일 가능성이 높습니다. 또한 공민왕은 신돈의 집에서 만난 여인, 즉 반야와 관계하여 우왕을 낳았다고 주장했습니다. 이 역시 우왕이 궁궐 안에서, 궁녀의 몸에서 태어나지 않았다는 증거입니다. 이와 같은 이유로 공민왕은 우왕이 신돈의 집에서 태어난 이유를 설명해야 했습니다. 그래서 자신이 신돈의 집에 가서 반야와 관계하여 낳은 아들이 우왕이라고 말한 것이죠.

그리고 우왕은 신돈이 죽은 이후 궁궐에 들어가 공민왕 22년(1373)에는 우(禑)라는 이름을 얻고 강령부원대군이 되었습니다. 다시 1년 뒤에는 공민왕의 뒤를 이어 왕위에 올랐습니다. 이것은 매우 중요한 내용입니다. 우왕은 신돈이 살아 있을 때는 신돈의 집에 살다가 신돈이 죽자 궁궐에 들어오게 됩니다. 또한 왕위에 오르기 1년 전에야 이름을 얻고 왕자가 될 수 있었죠. 다시 말해 우왕은 9살에야 왕자로 인정받았고, 10살에 왕위에 오른 것입니다. 이것은 누가 보더라도 우왕이 급조된 왕위계승자였음을 보여줍니다. 게다가 공민왕은 우왕에게 왕위를 계승시키려는 생각이 없었던 것으로 보이는데, 이는 공민왕의 최후와 관련되어 있습니다.

공민왕의 죽음 속에 숨겨진 우왕의 아버지에 대한 비밀

공민왕이 우왕을 자신의 아들이라고 확신했다면 또 다른 아들을 욕심낸 이유가 설명되지 않습니다. 이를 살펴보기 위하여 먼저 『고려사절요』 공민왕 23년(1374)의 기사를 봅시다.

갑신일에 환자 최만생(崔萬生)과 행신(幸臣) 홍륜(洪倫) 등이 왕을 시해하였다. 하루 전날에 만생이 왕을 따라 변소에 가서 비밀리에 아뢰기를, "익비가 아기를 밴 지가 벌써 5개월이 되었습니다." 하니, 왕이 기뻐하면서 이르기를, "내가 일찍이 영전을 부탁할 사람이 없음을 염려하였는데, 비가 이미 아기를 배었으니 내가 무슨 근심이 있으랴." 하였다. 조금 후에 묻기를, "누구와 관계하였느냐." 하니, 만생이 아뢰기를, "홍륜이라고 비가 말합니다." 하였다. 왕이 이르기를, "내가 내일 창릉(昌陵)에 배알하고 주정하는 체하면서 홍륜의 무리를 죽여서 입막음을 하겠다. 너도 이 계획을 알고 있으니 마땅히 죽음을 면하지 못할 줄 알아라."

하니, 만생이 두려워하였다. 이날 밤에 만생이 홍륜·권진(權瑨)·홍관 (洪寬)·한안(韓安)·노선(盧瑄) 등과 모의하고, 왕이 술에 몹시 취한 것 을 틈타서 칼로 찌르고는 부르짖기를, "적이 밖에서 들어왔다." 하였다.

이에 따르면 공민왕은 영전을 부탁할 사람이 없다는 말을 했습니다. 이것은 공민왕이 우왕을 아들이라고 생각하지 않았음을 보여줍니다. 공민왕의 후궁인 익비가 홍륜과 관계하여 임신을 하자 뱃속의 아이를 자신의 아들로 만들기 위해 홍륜을 죽이려 했던 것이죠. 이러한 계획 을 알게 된 최만생은 결국엔 자신도 죽게 될 것이라는 생각에 홍륜에 게 모든 사실을 밝히고, 공민왕을 시해하려는 모의를 하여 실행에 옮 겼습니다. 이 사건에 대해 『고려사절요』의 편찬자 역시 이렇게 평가하 고 있습니다.

　　또 후사가 없음을 걱정하여 다른 사람의 아들을 데려다가 책봉하여 　대군(大君)으로 삼았다. 외인이 이를 믿지 않을까 염려하여 비밀히 폐신 　(嬖臣)으로 하여금 후궁과 관계하여 더럽히게 하였으며, 후궁이 임신하 　게 되자 관계한 그 사람을 죽여서 입을 막으려고 하였으니, 패란(悖亂) 　함이 이와 같고도 화를 면하고자 한들 되겠는가.

이 기록에서 말하는 다른 사람의 아들은 바로 우왕입니다. 즉 신돈 의 아들을 데려다가 왕자로 삼았다는 뜻이죠. 그런데 공민왕은 사람 들이 우왕이 자신의 아들임을 믿지 않을 것을 걱정했다는 것입니다. 그래서 홍륜 등으로 하여금 후궁들을 임신시킨 후 이 사실을 알고 있 는 홍륜 등을 죽여버린 후 후궁들이 임신한 아이들을 공민왕이 '자식을 낳을 수 있는' 능력이 있음의 증거로 삼으려고 했다는 것이죠.

공민왕은 동성애자였을까?

그렇다면 왜 공민왕은 자신이 '자식을 낳을 수 있는' 능력이 있음을
입증해야 했을까요? 맞습니다. 공민왕은 '자식을 낳을 수 없다는' 의
심을 받았던 것입니다. 이러한 의심은 도대체 어떤 이유에서 나온 것
일까요? 먼저 『고려사절요』 공민왕 22년(1373)의 기록을 봅시다.

> 왕이 익비(益妃)의 궁에 행차하여 홍륜(洪倫)·한안(韓安)·김흥경(金
> 興慶) 등을 시켜 익비를 간통하게 하자, 익비가 이를 거절하므로 왕이
> 칼을 뽑아 치려고 하니, 익비가 두려워서 복종하였다. 이로부터 홍륜 등
> 이 왕의 명이라 거짓 핑계하고 자주 왕래하였다. 왕은 성품이 여색을 좋
> 아하지 않으며, 정력이 없는 까닭에, 노국공주가 살아 있을 때에도 왕이
> 동침할 때가 매우 드물었다.

즉 공민왕이 홍륜 등을 시켜 후궁인 익비와 관계하도록 한 이유가
나와 있습니다. 공민왕의 성품이 여색을 좋아하지 않았다는 것입니다.
공민왕이 사랑하던 조강지처 노국공주가 살아 있을 때에도 동침하는
경우가 적었다는 것은 공민왕의 성적 취향이 이성애자가 아니었을 가
능성을 보여줍니다. 이어지는 다음 기록을 봅시다.

> 공주가 세상을 떠난 후에는, 여러 비를 맞아들이고도, 별궁에 두고

감히 가까이하지 못했으며, 밤낮으로 슬퍼하며 공주만 생각하여 드디어
마음의 병이 되었다. 항상 스스로 화장을 하여 부인의 형상을 하고, 먼
저 내비(內婢) 중 젊은 자를 방 안에 들여 보자기로 그 얼굴을 가리고,
홍륜의 무리를 불러서 이를 간음하게 하고는, 왕은 옆방에서 창호지에
구멍을 뚫고 보다가, 마음이 동하면 곧 홍륜의 무리를 침실로 끌어들여
그 형상대로 하게 하였다.

이에 따르면 공민왕은 노국공주의 사후 동성애 성향이 더욱 강화된
것으로 보입니다. 공민왕이 여자처럼 화장을 하고, 후궁의 얼굴을 가
린 후 홍륜 등에게 관계를 시켰다는 것입니다. 또한 공민왕은 옆방에
서 이를 지켜보다가 홍륜 등을 자신의 침실로 불러들여 동성애를 했
다는 것이죠. 이렇게 홍륜 등은 공민왕의 동성애 상대들이었던 것으
로 보입니다. 이를 보여주는 『고려사절요』 공민왕 21년(1372)의 기록을
봅시다.

겨울 10월에 자제위(子弟衛)를 설치하여, 나이 어리고 얼굴이 아름다
운 자를 뽑아서 여기에 소속시키고, 대언(代言) 김흥경(金興慶)에게 맡
게 하였다. 홍륜(洪倫)·한안(韓安)·권진(權瑨)·홍관(洪寬)·노선(盧瑄)
등이 음란함으로써 왕의 사랑을 얻어 항상 침실에서 모시었다. 왕이 대
를 이을 아들이 없음을 걱정하여 홍륜·한안의 무리로 하여금 여러 비
와 강제로 관계시켜서 사내아이를 낳게 하여 자기 아들로 삼으려 하였
다. 정비(定妃)·혜비(惠妃)·신비(愼妃) 세 비는 죽음으로 항거하고 따르
지 않았다.

즉 홍륜 등은 자제위에 속한 나이 어리고 얼굴이 아름다운 자들이었습니다. 이들은 '음란함으로써 왕의 사랑을 얻어 항상 침실에서 모시었음'을 알 수 있습니다. 한마디로 공민왕의 동성애 상대들이었던 것이죠. 이와 같이 공민왕이 동성애자였으며, 자신의 아들을 동성애 상대를 통해 얻고자 했다는 것이 사실이라면 우왕의 출생에 대한 비밀도 풀릴 수 있지 않을까요?

우왕의 아버지는 신돈이었다

신돈이 자신이 폭위를 떨침이 너무 심함을 알고, 왕이 자기를 꺼릴까 두려워 반역을 도모하였다. 왕이 헌릉(憲陵)과 경릉(景陵)의 두 능에 배알할 적에, 신돈이 그 당을 나눠 보내어 길가에 매복시켜 두고 큰일(시해)을 행하기로 약속하였다. (중략) 또 근신에게 이르기를, "내가 일찍이 신돈의 집에 가서 시비와 관계하여 아들을 낳았으니, 그 아이를 놀라게 하지 말고 잘 보호하라." 하였다. 아들은 곧 모니노(牟尼奴)이다.

이는 『고려사절요』 공민왕 20년(1371)의 기사 중 일부입니다. 신돈은 공민왕이 자신을 제거하려고 한다는 것을 알고, 공민왕을 시해하려고 시도했지만 실패했습니다. 결국 공민왕은 신돈을 제거했고, 그 직후 신돈의 집에 살고 있던 모니노, 즉 우왕을 자신의 아들이라고 주장하며 잘 보호하도록 명령을 내립니다. 이것은 신돈의 제거와 우왕이 공민왕의 아들이 되었다는 사실이 밀접한 관련이 있음을 보여줍니다. 즉 공민왕이 우왕을 자신의 아들로 삼기 위해 신돈을 제거했다는 의심이 듭니다. 이를 뒷받침하는 『고려사절요』 공민왕 20년(1371)의 기록을 봅시다.

> 임박이 수원에 이르러 사람을 시켜서 왕명으로 불러들인다고 거짓 알리니, 신돈이 기뻐하며 말하기를, "오늘 불러들이는 것은 대개 아기(阿只, 모니노)를 위하여 나를 생각하는 것이다." 하였다. 아기는 방언에 어린아이의 존칭이다. 신돈이 형을 받을 때 묶인 손으로 임박에게 애걸하기를, "원하건대 아기를 보아서 내 생명을 살려주시오." 하였다.

이에 따르면 신돈은 아기, 즉 모니노를 보아서 공민왕이 자신을 살려줄 것이라고 생각했던 것으로 보입니다. 신돈은 처형당하기 직전까지도 모니노를 거론하며 자신을 살려줄 것을 요구했습니다. 왜 최후까지 신돈은 공민왕이 자신을 죽이지 못하리라고 생각했던 것일까요? 앞에서 살펴본 바와 같이 신돈은 모니노(우왕)를 자신의 분신이라고 표현했습니다. 즉 우왕은 신돈의 아들이었던 것입니다. 신돈이 이러한 사실을 밝히면 공민왕은 우왕을 아들로 삼을 수 없게 됩니다. 다시 말해 신돈은 우왕에 대한 출생의 비밀을 이용하여 공민왕과 정치적 거래를 하려고 했던 것으로 보입니다.

이러한 상황은 공민왕 최후의 모습과 여러 면에서 매우 비슷합니다. 공민왕이 홍륜 등을 후궁들과 관계시켜 자식을 낳으려고 한 것처럼 신돈을 반야와 관계시켜 모니노를 낳았던 것은 아닐까요? 공민왕이 홍륜의 아이를 자신의 아이로 만들기 위해 홍륜을 죽이려 한 것처럼 신돈의 아이인 모니노를 자신의 아들로 만들기 위해 신돈을 죽이려 했던 것은 아닐까요? 공민왕이 자신을 제거하려 한다는 것을 안 홍륜 등이 공민왕을 시해한 것처럼 자신을 제거하려 한다는 것을 안 신돈이 공민왕을 시해하려고 시도했다가 실패한 것은 아닐까요? 신돈을 제거한 후 공민왕이 모니노를 왕자로 삼은 것처럼 홍륜 역시 제거되었다면 익비가 임신한 아이는 공민왕의 둘째 왕자가 되지 않았을까요? 이러한 의문들을 풀 수 있는 내용이 『고려사절요』 신우 원년(1375)의 기사에 실려 있습니다.

> 나하추(納哈出)가 사신을 보내어 우(禑)가 왕위를 계승한 것을 물었다. 이때에 북원에서, 현릉(玄陵)이 아들이 없다 하여 심왕(瀋王) 호(暠)의 손자 탈탈불화(脫脫不花)를 봉하여 왕으로 삼았기 때문에 이 물음이 있었다.

이에 따르면 원나라에서도 공민왕은 아들이 없다고 알고 있었습니다. 이러한 상황은 명나라에서도 마찬가지였을 것으로 보입니다. 『태조실록』 태조 1년(1392)의 기사에는 다음과 같은 내용이 실려 있습니다.

> 전 밀직사(密直使) 조임(趙琳)을 보내어 중국 서울에 가서 표문(表文)을 올리게 하였다. "권지고려국사(權知高麗國事) 신(臣) 아무는 말씀을 올립니다. 삼가 생각하옵건대, 소방(小邦)에서는 공민왕이 후사(後嗣)가 없이 세상을 떠난 뒤에 신돈(辛旽)의 아들 우(禑)가 성(姓)을 속이고 왕위를 도둑질한 것이 15년이었습니다."

이와 같이 이성계는 새로운 나라를 세운 명분을 명나라에 보고하면서 우왕이 신돈의 아들이었기 때문이라는 이유로 설명했습니다. 명나라 황제에게 보내는 외교문서에 중국에서는 전혀 이해할 수 없는 내용을 쓴다는 것은 불가능한 일이죠. 이러한 사례들로 볼 때 공민왕에게 친아들이 없다는 정보는 고려뿐만 아니라 중국에서도 알고 있었던 것으로 보입니다.

우왕은 공민왕의 마복자(摩腹子)였다

저는 『선생님이 궁금해하는 한국 고대사의 비밀』에서 『화랑세기』에 나오는 '마복자'에 대해 당시 신라, 백제, 일본의 사례를 들어 그러한 성 풍속이 있었을 가능성이 매우 높음을 설명했습니다. 그 내용 중 일부를 인용해봅시다.

> 이러한 '마복자 풍습'의 사례는 당연히 권력과 관계가 있습니다. 신라의 경우 하급자는 상급자에게 임신한 아내를 성 상납하여 자신의 아내와 뱃속의 아이를 바침으로써 상급자에 대한 충성심을 표시하는 것입니다. 이에 대한 반대급부는 권력의 분배입니다. 자신의 출세를 보장받고, 자신의 아들이 상급자의 '마복자'가 되어 출세를 보장받는 것입니다. 필사본 『화랑세기』 속 마복자들이 대개 출세하는 것이 그 증거입니다.

이러한 논리를 신돈과 공민왕의 경우와 비교해보면 매우 비슷하다는 결론을 얻을 수 있습니다. 즉 신돈은 자신의 비첩 반야가 임신을 하자 반야와 뱃속의 모니노를 공민왕에게 바침으로써 공민왕에 대한

공민왕이 그린 천산대렵도(국립중앙박물관 소장)

충성심을 보여주었고, 그에 대한 반대급부로 권력을 분배받았던 것이죠. 우왕이 탄생한 1365년부터 신돈이 권력의 전면에 나서기 시작했다는 것이 이를 증명합니다. 우왕이 공민왕의 왕자가 되어 왕위에까지 오르는 출세를 하였던 것 역시 필사본 『화랑세기』 속 마복자들이 출세했던 것과 같습니다.

물론 공민왕이 동성애자였다거나 우왕이 신돈의 아들이었다는 주장에 대해 부정하는 사람들도 많이 있습니다. 조선을 건국한 혁명과 사대부 세력이 자신들의 역성혁명을 합리화하기 위해 만들어낸 거짓이라는 주장입니다. 그러나 승자의 기록이더라도 이를 반박할 수 있는 다른 기록이 없는 이상은 그 기록을 믿을 수밖에 없습니다. 승자의 기록이라 믿을 수 없다면 역사 연구의 근거가 사라지게 됩니다. 역사는 대부분 승자의 기록이기 때문이죠.

Ⅲ.
조선사의 비밀

세조와 김종서는 정말 사돈지간이었을까?
공주의 남자는 김종서의 아들 김승유였다

『금계필담』의 '한국판 로미오와 줄리엣' 이야기

2011년 방송된 KBS 드라마 「공주의 남자」는 훗날 세조가 된 수양대군의 딸, 즉 공주가 수양대군에 의해 죽임을 당한 김종서의 아들과 사랑하는 사이였고, 결국엔 멀리 도망쳐 결혼하여 살았다는 내용으로 큰 화제를 불러일으켰습니다. 모두가 알다시피 수양대군은 조카인 단종을 쫓아내고 왕위에 올라 세조가 되었습니다. 그리고 이렇게 왕이 되기 위해서 일으킨 사건을 계유정난이라고 합니다. 계유정난에서 수양대군은 단종의 세력들을 제거했는데, 가장 대표적인 인물이 바로 김종서입니다. 『단종실록』 단종 1년(1453) 10월 10일의 기록엔 당시의 상황을 보여주는 내용이 있습니다.

세조가 재촉하니 임어을운이 철퇴로 김종서를 쳐서 땅에 쓰러뜨렸다. 김승규가 놀라서 그 위에 엎드리니, 양정이 칼을 뽑아 쳤다. (중략) 김종서가 상처를 싸매고 여자 옷을 입고서, 가마를 타고 돈의문·서소문·숭례문 세 문을 거쳐 이르렀으나 모두 들어가지 못하고, 돌아와 그 아들

계유정난(김종서의 피습)

김승벽의 처가에 숨었다. (중략) 김종서를 찾아 김승벽의 처가에 이르러 군사가 들어가 잡으니, 김종서가 갇히는 것이라 생각하여 말하기를, "내가 어떻게 걸어가겠느냐? 초헌을 가져오라." 하니, 끌어내다가 베었다. 김종서의 부자·황보인·이양·조극관·민신·윤처공·조번·이명민·원구 등을 모두 저자에 효수하니……

이 기록에 따르면 수양대군은 김종서의 집으로 찾아가 김종서를 집 밖으로 불러내어 기습을 가하여 김종서를 철퇴로 쓰러뜨렸습니다. 이에 옆에 있던 큰아들 김승규는 쓰러진 김종서를 보호하기 위해 엎드렸고, 대신 칼을 맞아 죽었습니다. 김종서 부자를 죽였다고 생각한 수양대군 세력은 그 자리를 떠났습니다. 그러나 김승규의 보호 덕분에 목숨을 건진 김종서는 여자 옷을 입고 변장을 하여 둘째 아들 김승벽의 처가에 몸을 피했죠. 그러나 곧 시작된 수색 작전으로 그의 소재를 파악한 세조는 김승벽의 처가로 군사들을 보내 김종서를 그 자리에서 죽여버렸습니다. 이후 김승벽 역시 붙잡혀 처형당하였죠.

이처럼 세조와 김종서는 원수 사이였습니다. 특히 실록에 나오는 두 아들 승규, 승벽은 모두 계유정난으로 사망하였죠. 그런데 '한국판 로미오와 줄리엣'이라고 할 수 있는 「공주의 남자」는 도대체 어떻게 나온 이야기일까요? 이 드라마의 내용은 사실 『금계필담』이라는 설화집에서 나온 이야기입니다. 『금계필담』은 의령현감을 지낸 서유영이 1873년 쓴 설화집입니다. 141편의 설화 중에 「공주의 남자」의 내용과 비슷한 이야기가 실려 있죠. 그 이야기의 첫 부분을 먼저 봅시다.

세조에게는 한 공주가 있었는데, 어려서부터 어질고 성품도 덕스러웠다. 공주는 단종이 왕위에서 물러나고, 절재 김종서가 사육신 및 충의를 지키려는 신하들과 함께 단종의 복위를 도모하려다가 순절하고, 그 가족들이 다 죽임을 당하는 데 이르는 것을 보고, 일찍이 눈물을 흘리며 밥도 먹지 아니하였다. 그리고 단종의 어머니인 소릉이 참변을 당할 때는 울면서 간하기를 그치지 아니하니, 세조는 크게 노하여 화가 장차

김종서 집터(서울 서대문 소재)

어디까지 미칠지 헤아릴 수 없게 되었다.

이에 따르면 세조에게는 공주가 하나 있었습니다. 그런데 공식적으로 알려진 공주는 의숙공주뿐입니다. 그리고 의숙공주는 정현조에게 시집갔다는 기록까지 있습니다.

태비 윤씨는 파평의 세가인 증 좌의정 윤번의 딸인데, 성상의 배필이 되시어 덕을 길러 2남 1녀를 탄생하였으니, 맏이는 의경세자며 다음은 우리 전하이시며, 딸은 의숙공주입니다. (중략) 의숙공주는 하성군 정현조에게 시집갔으며…….

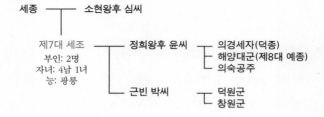

세조 가계도(세조와 정희왕후 사이에는 2남 1녀의 자녀만 확인됩니다)

이러한 『세조실록』 세조 14년(1468) 11월 28일의 기사에 따르면 세조와 정희왕후 윤씨 사이의 자녀는 2남 1녀로 기록되어 있습니다. 즉 공주는 의숙공주뿐이었다는 얘기죠. 게다가 의숙공주는 하성군 정현조에게 시집갔다는 기록까지 되어 있습니다. 조선의 왕실 족보 『선원계보기략』에도 역시 세조의 딸은 의숙공주 한 명뿐이며, "익대좌리공신 하성부원군 정현조에게 시집갔다."라고 기록되어 있습니다.

세조에게는 왕실 족보에서 숨겨진 딸이 있었다

『세조실록』과 『선원계보기략』에 따르면 세조의 딸은 한 명이었고, 남편은 김종서의 아들이 아닌 정인지의 아들 정현조였습니다. 그렇다면 『금계필담』은 허무맹랑한 이야기에 불과할까요? 아닙니다. 『금계필담』의 이야기를 뒷받침해주는 기록이 『세종실록』 세종 28년(1446년) 6월 6일의 기사에 있습니다.

> 수양은 중추원사 윤번의 딸에게 장가들어 1남 2녀를 낳았는데, 아들은 숭이니 도원군으로 봉하고, 딸은 모두 어리다.

이것은 『금계필담』의 내용에 신빙성을 더해주는 기록이죠. 조선 왕실의 족보인 『선원계보기략』보다 더 공식적인 기록은 『조선왕조실록』입니다. 여기에 나오는 수양대군의 아들 도원군은 세조 즉위 이후 의경세자가 됩니다. 1438년생이니까 1446년 당시 9살이었죠. 또한 딸은 모두 어리다고 하였지만 도원군보다 어린 여동생들이었다고 확정할 수

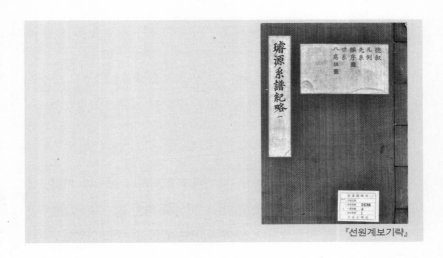

『선원계보기략』

는 없습니다. 또한 의경세자가 스무 살에 요절하는 바람에 세조 다음
에 왕이 된 둘째 아들 예종은 1450년생입니다. 1446년 당시 태어나지
않았으므로 기록에는 1남 2녀로 되어 있는 것이죠. 『세종실록』의 기록
을 신뢰할 때 세조에게는 두 딸이 있었을 가능성이 있습니다.

만약 『금계필담』에 나오는 공주가 의숙공주가 아니라면 또 하나의
공주가 있었다는 말인데, 이 공주는 계유정난 당시에 18세 전후일 것
으로 추정이 됩니다. 아버지 세조가 조카 단종을 내쫓아 죽이고, 단
종에게 충성한 김종서, 사육신, 그리고 그 가족들까지 죽이자 단식투
쟁을 하며 아버지이자 왕인 세조에게 항의를 했다는 것은 청소년의
나이에는 힘든 일이죠. 계유정난은 1453년 일입니다. 즉 당시 18세였다
면 1446년에는 11세입니다. 『세종실록』의 '딸은 모두 어리다'는 기록이
옳다는 것을 알 수 있습니다. 이와 같이 세조에게 두 딸이 있었고, 큰
딸이 김종서의 아들과 도망쳐 결혼했다면 『세조실록』과 『선원계보기
략』에 딸이 하나였다고 기록된 이유가 설명됩니다. 여기서 『금계필담』

의 기록을 봅시다.

　　정희왕후는 비밀히 유모를 불러 가벼운 보물을 충족히 주면서, 공주
와 함께 그것을 가지고 멀리 피하게 하고, 왕에게는 공주가 요절한 것으
로 알렸다.

세조의 부인이었던 정희왕후는 세조에게 항의하다 공주가 처벌당할
까 걱정했습니다. 그래서 공주를 멀리 피하게 하였고, 세조에게는 공
주가 죽은 것으로 알렸습니다. 만약 이러한 일이 실제로 있었다면 『세
조실록』에 기록이 되었을까요? 지금도 말썽 부리는 자식이 있으면 '호
적을 파버린다'는 말을 하곤 합니다. 왕실 족보 『선원계보기략』에서도
세조에게 말썽을 부린 공주를 '족보에서 파버린' 것은 아닐까요? 그렇
다면 『금계필담』은 상당히 신빙성이 있는 이야기가 됩니다.

세조의 딸은 김종서의 손자와 결혼하였을까?

하지만 『금계필담』에는 공주와 결혼한 상대가 김종서의 손자라고
기록되어 있습니다.

　　1년 남짓 사는 동안에 총각은 공주와 정을 통하고 혼례를 올렸다. 그
제서야 총각이 비로소 공주에게 피난한 까닭을 물으니, 공주는 울면서
대답하지 아니하고, 유모가 대신 그 전말을 알려주었다. 이 말을 듣자
총각은 슬피 울며 말하기를, "나는 절재 김종서의 손자입니다. 우리 할

아버지가 아버지와 함께 화를 입던 날 온 집안이 다 죽임을 당했으나 나만 홀로 난을 피하여 여기에 이른 것이나, 어찌 공주가 그 어린 나이로서 능히 이렇게 의로운 마음을 분별할 줄 뜻하였으리오!" 하였다.

이에 따르면 세조의 딸과 김종서의 손자가 혼인을 했다는 것입니다. 그렇다면 김종서의 손자는 누구였을까요? 실록에 나오는 김종서의 아들은 승규, 승벽과 첩의 자식, 즉 서자인 석대, 목대 4명뿐입니다. 『단종실록』의 기록들을 보시죠.

김승규는 우의정 김종서의 아들인데 내간상을 당하였더니, 탈상한 지 수일 만에 조무영을 대신하여 사복 소윤이 되었고, 그 아우 김승벽도 또한 같은 날에 관직에 제수되니……

_단종 즉위년(1452) 8월 7일 기사 중 발췌

김종서의 아들 김승벽은 충청도의 청주·공주·전의 등지로 가고, 첩의 자식 김석대는 충주로 가고……

_단종 1년(1453) 10월 12일 기사 중 발췌

김종서의 아들 김목대, 김승규의 아들 김조동·김수동 (중략) 등을 법에 의하여 처치하라.

_단종 2년(1454) 8월 15일 기사 중 발췌

이 기사들과 같이 『단종실록』에 기록된 김종서의 아들은 승규, 승벽, 석대, 목대 4명뿐입니다. 「공주의 남자」에 나온 김승유에 대한 기록은 전혀 나오지 않습니다. 그렇다면 김승유는 실존 인물이 아니었을까요? 김종서 가문의 족보인『순천김씨대동보』에는 김종서의 셋째 아들 김승유에 대한 기록이 남아 있습니다.『순천김씨대동보』에는 김종서의 큰아들 승규, 둘째 아들 승벽뿐만 아니라 셋째 아들 승유와 서자인 석대, 목대까지 기록되어 있습니다. 게다가『순천김씨대동보』에는 셋째 아들 김승유에 대해 이상한 내용이 나옵니다. 이에 따르면 김승유는 승정원 주서라는 벼슬을 하다가 계유정난이 일어나자 몸을 숨겨 살아남았다고 합니다. 또한 김승유에게는 아들 효달이 있었는데, 효달은 아들 석균, 석린을 낳았습니다. 그런데 이 기록은『금계필담』의 이야기와 연결되어 있는 것으로 보입니다.『금계필담』의 기록을 봅시다.

세조는 그 손을 잡고 눈물을 흘리며 말하기를, "너를 일찍이 이미 요절한 것으로 여겼구나. 어찌 지금까지 이 세상에 살아 있는 줄 알았겠느냐! 너의 남편은 어디에 있느냐?" 하였다. 공주가 대답하기를, "그는 죽은 영상 김종서의 손자입니다. 그도 역시 난을 피하여 이곳에 왔는데 우연히 길가에서 상봉하여 이어 짝을 맺게 되었습니다. 그러나 그는 아버님의 행차가 이곳을 지난다는 소식을 듣고 피해서 지금 집에 있지 아니합니다."라고 하니 세조는 탄식하며 말하기를, "김종서에게 무슨 죄가 있겠느냐? 내일은 마땅히 나오너라. 가마와 말을 보낼 것이니 나와 함께 서울 대궐로 돌아가자. 아울러 네 남편에게도 봉작을 가하리라." 하고, 세조는 드디어 수레를 돌렸다. 다음 날 세조는 승지를 파견하여 그들을 맞아 오게 하였으나, 공주는 밤을 틈타 그 남편과 함께 가족을 거느리고 몰래 어디론지 숨어버리니 그 거처를 알아낼 수가 없었다.

이것은 세조가 말년에 전국의 절을 돌아다니던 중 죽은 줄 알고 있던 공주를 만난 이야기입니다. 세조는 공주의 남편이 김종서의 손자라는 것을 알게 되었지만 용서하고 부마의 작위를 주겠다고 말하죠. 그날 밤 공주와 김종서의 손자는 거처를 알 수 없는 곳으로 숨어버립니다. 그러나 이 이야기는 신빙성이 무척 떨어지는데, 세조가 우연히 공주를 만났다는 것부터 믿기 어렵죠. 세조가 공주가 사는 집에 왔을 때 김종서의 손자는 몸을 피한 상태였고 그날 밤 일가족은 모두 도망처버립니다. 이것은 세조가 김종서 일가를 모두 죽인 것에 대한 원한이 피해자들에게는 사라지지 않았음을 보여줍니다. 오랜 시간이 지났음에도 불구하고 김종서의 손자는 세조가 두려워 발각되자마자 다시 도망을 쳤다는 것으로 이해할 수밖에 없습니다.

김승유와 공주는 어디로 은둔하였나?

죽은 줄 알았던 공주가 살아 있고 자신에게 원한을 갖고 있는 김종서의 손자와 혼인까지 했다는 것을 알았다면 세조는 실제로 어떻게 했을까요? 이미 족보에서 파내고 공식적으로 존재 자체를 없앤 상태에서 김종서의 손자와 결혼까지 한 공주가 나타난다면 세조에게는 정치적으로 큰 타격일 수가 있습니다. 세조 말년은 자신의 둘째 아들 예종에게 정권이 이양되는 문제가 매우 중요한 시기였습니다. 즉 정권의 정통성이 흔들리는 것에 아주 민감했던 것이죠. 『금계필담』의 이야기처럼 "김종서에게 무슨 죄가 있겠느냐?"라고 한다면 계유정난의 죄인은 없어지는 것입니다. 즉 세조는 아무 죄 없는 김종서를 죽이고 왕이 되기 위해 조카를 쫓아내고 죽이기까지 한 패륜아가 되는 것이죠. 한마디로 정통성이 없는 왕이 되는 것이죠.

즉 『금계필담』의 이야기는 세조가 말년에 회개했다는 민중들의 희망사항을 말한 것일 뿐 핵심은 '김종서의 손자가 세조를 두려워하여 일가족을 이끌고 도망쳤다'는 것입니다. 여기서 다시 주목해야 하는 것이 『순천김씨대동보』에 기록된 김승유의 아들 효달이 중국 요동으로 피신했으며, 또한 효달의 큰아들 석균이 중국 요동에 은거하고, 둘째 아들 석린이 중국 산동에 은거하다가 전북 순창으로 귀국했다는 내용입니다. 이와 관련된 것으로 추정되는 이야기가 『영조실록』 영조 2년(1726) 8월 6일 기사에 남아 있습니다.

　　좌의정 홍치중(洪致中)이 말하기를, "김익량(金翼亮)의 일은 일찍이 선정신(先正臣) 김장생(金長生)과 송시열(宋時烈) 양가(兩家)의 말을 들어보건대, 김익량은 김종서(金宗瑞)의 자손임이 분명했습니다. 송시

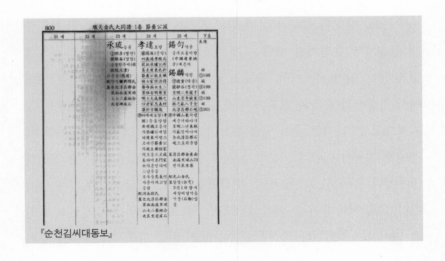

『순천김씨대동보』

열의 5대 조부가 김종서의 질녀서(姪女壻)로 그때 3세의 아이를 숨겨주어 김종서의 뒤가 보존되게 했었는데, 곧 김익량의 선조(先祖)이었습니다. 송시열의 가문에서 당초에 기휘(忌諱)하면서 감히 분명하게 말을 하지 않았기 때문에 세상에서는 드디어 김종서는 후손이 없다는 말이 있게 되어, 접때의 대관(臺官)의 상소에 곧장 '김종서는 후손이 없는데 김익량이 사칭(詐稱)한 것이라'고 하게 된 것입니다. 어찌 세속에 떠다니는 말 때문에 두 선정의 가문에 전해 오는 말을 믿지 않을 수 있겠습니까?"

이에 따르면 송시열의 5대 조부는 김종서의 조카사위였습니다. 그런데 김종서 가문 핏줄인 3세의 아이를 숨겨주어 김종서의 후손이 이어졌고, 그 후손이 바로 김익량의 선조였다는 것이죠. 『순천김씨대동보』에 기록된 김승유의 아들 효달이 중국 요동으로 피신했다는 내용과 매우 유사합니다.

김종서의 아들과 세조의 딸의 사랑은 사실일까?

김승유는 김종서의 아들이니까 효달은 김종서의 손자입니다. 즉 김종서의 손자가 일가족을 이끌고 어디론가 도망을 갔다는 『금계필담』의 이야기와 일치하는 기록이죠. 그렇다면 『금계필담』에 나오는 김종서의 손자는 김승유의 아들 효달이었을까요? 여기서 다시 『금계필담』을 살펴봅시다.

마침내 유모는 공주와 함께 몰래 도망하여 보은군에 이르렀고, 깊은 산골짜기에 다다랐을 때는 배고픔이 매우 심하여 길가에 앉아 잠시 쉴 수밖에 없었다. 이때 한 총각이 쌀을 짊어지고 이곳을 지나다 발길을 멈추고 묻기를, "두 분은 시골 사람들 같아 보이지는 않는데 어찌하여 유독 이런 데 와 있습니까?" 하였다. 유모가 총각을 보니 의복은 비록 때가 끼고 남루하나 용모는 보통사람이 아니라고 생각하고 대답하기를, "나와 이 낭자는 서울에서 난을 피해 도망하여 이곳에 이르렀으니, 어디로 가야 할지 몰라서 바야흐로 주저하고 있을 따름이요." 하니, 총각은 남 몰래 눈물을 흘리면서 말하기를, "나 역시 화를 피하여 이곳에 와서 산 지가 벌써 1년이 지났소이다." 하였다.

이것은 세조로부터 미운털이 박힌 공주가 도망을 치다 우연히 만난 총각(김종서의 손자)과 대화하는 장면입니다. '화를 피하여 도망친 지가 1년'이라는 내용으로 보아 시기는 계유정난 다음 해인 1454년입니다. 그리고 '쌀을 짊어질' 정도로 건장한 총각이니 18세 이상이라고 볼 수 있습니다. 이제 『단종실록』 단종 2년(1454) 8월 15일 두 번째 기사의 내용을 보겠습니다.

김승벽의 아들 김석동은 그 나이 16세가 차기를 기다려서 전라도 극변의 관노로 영속시키소서.

김종서의 둘째 아들 김승벽의 아들, 즉 김종서의 손자 김석동은 1454년 당시 16세가 되지 않은 어린아이였습니다. 여기서 다시 『단종실록』의 단종 2년(1454) 8월 15일 첫 번째 기사를 봅시다.

김종서의 아들 김목대, 김승규의 아들 김조동·김수동 (중략) 등을 법
에 의하여 처치하라.

이에 따르면 김종서의 큰아들 김승규의 아들인 조동, 수동은 1454
년 16세가 되어 처형당한 것으로 보입니다. 즉 김종서의 손자들은
1453년 계유정난 당시 모두 16세 이하였음을 알 수 있습니다. 그리고
셋째 아들 김승유에게 만약 아들이 있었다면 상식적으로 볼 때 16세
이하였을 것입니다. 『순천김씨대동보』에 따르면 김승유의 아들 효달은
계유정난 당시 친척의 등에 업힐 정도로 어렸습니다. 1453년 당시 김
종서는 71세였습니다. 김승규, 김승벽의 나이를 그 아들들의 나이, 그
아버지 김종서의 나이와 비교하여 추정한다면 30대 중반에서 40대 중
반 사이일 가능성이 높습니다. 또한 1453년 어린 아들 효달을 둔 김승
유는 20대 중반에서 30대 초반일 가능성이 큽니다. 당시 승정원 주서
라는 정7품의 벼슬이 그리 높은 벼슬이 아니라는 점도 이를 뒷받침합
니다.

즉 『금계필담』에 나오는 김종서의 손자는 사실 김종서의 셋째 아
들 김승유일 가능성이 높은 것입니다. 『순천김씨대동보』에는 김승유
의 부인이 여흥 민씨이며, 묘소는 전북 순창군 금과면 남계리에 있다
고 되어 있습니다. 또한 손자인 석린이 중국 산동반도에서 돌아와 정
착한 곳도 전북 순창이죠. 아마도 김승유와 공주가 자신들의 사랑을
지키기 위해 세조의 눈을 피해 숨은 곳은 전북 순창이었던 것 같습니
다. 여흥 민씨로 성을 바꾼 세조의 사라진 공주가 김승유와 은둔하여
숨어 지내다 정착한 곳이 전북 순창이었고, 그 무덤의 소재지와 손자
석린의 정착지로 『순천김씨대동보』에 기록된 것으로 보입니다. 이러한

집안의 비밀은 후손들에게만 내려오다가 하나의 전설로 남게 되었고, 의령현감을 지낸 서유영이 그 내용을 『금계필담』에 기록한 것으로 추정됩니다.

지금까지 살펴본 것처럼 『금계필담』에 실린 세조의 사라진 딸과 김종서의 손자 사이에 이루어진 사랑 이야기는 세조의 딸과 김종서의 아들 김승유의 이야기로 볼 수 있습니다. 드라마 「공주의 남자」가 사실에 가깝게 만들어진 이야기임을 알 수 있죠. 물론 명백한 증거가 없기에 역사적 사실이 될 순 없지만 드라마나 소설 등 문화 콘텐츠로는 매우 좋은 소재라고 할 수 있겠습니다.

이순신 장군 자살설의 역사적 의미

백성을 버린 임금 선조에 대한 비판

이순신 장군은 자살하였을까?

임진왜란이 끝나갈 즈음 왜군은 일본으로 달아나려 했고, 이순신은 마지막 일격으로 일본이 다시는 침략할 생각을 못하게 하려고 결전을 벌였습니다. 그러나 이순신은 노량해전을 지휘하다 총탄을 맞고 쓰러졌습니다. 이순신은 최후의 명령으로 "싸움이 지금 한창 급하니 조심하여 내가 죽었다는 말을 하지 말라."라고 유언하고 죽음을 맞았습니다. 여기서 우리는 의문을 품게 됩니다. 이순신은 최고의 해군 제독이었는데 그토록 자기 방어를 소홀히 했을지 의문입니다. 숙종 때 이민서는 이순신의 자살을 주장한 대표적 인물입니다. 먼저 이민서의 『김충장공유사』에 실린 기록을 봅시다.

김덕령 장군이 죽고부터는 여러 장수들이 저마다 스스로 의혹하고, 또 스스로 제 몸을 보전하지 못하였으니 저 곽재우는 마침내 군사를 해산하고 숨어서 화를 피했고, 이순신은 바야흐로 전쟁 중에 갑주를 벗고 스스로 탄환에 맞아 죽었으며 호남과 영동 등지에서는 부자와 형제들이

관음포(이순신 장군이 노량해전 중 순국한 바다, 경남 남해 소재)

의병은 되지 말라고 서로들 경계하였다는 것이다.

즉 의병장 김덕령이 역적으로 몰려 죽은 이후 많은 장군들이 역적으로 몰릴 것을 걱정했고, 의병장 곽재우 역시 군사를 해산하고 조용히 지내면서 화를 모면했다고 하였죠. 그리고 이민서는 이순신이 갑옷을 벗고 탄환에 맞아 죽었다는 주장을 하였죠. 그렇다면 이민서의 주장은 얼마나 신빙성이 있는 것일까요? 이민서는 숙종 때 예조, 호조, 이조의 판서를 역임했던 고위 관리였습니다. 지금으로 말하면 장관직을 역임했던 사회 지도층이었죠. 적어도 근거 없는 유언비어를 말할 사람은 아니었다고 할 수 있습니다. 그런데 이민서가 말한 '갑주를 벗고'라는 표현을 진(晉)나라 장수 선진(先軫)의 고사 구절인 '갑옷을 벗고 앞으로 나선다(免冑先登)'라는 표현으로 해석하여, '용감하게 앞선다'라는 뜻으로 보아야 한다는 주장도 있습니다. 그러나 이것은 글의 맥락상 앞뒤가 맞지 않습니다. 이민서가 말하고자 한 핵심은 김덕령이 억울하게 역적으로 몰려 죽음을 당하자, 같은 처지에 있었던 곽재우는 군사를 해산하여 스스로 무장을 해제하여 살아남았고, 이순신은 탄환을 맞으려 방탄복 역할을 했던 갑주를 벗었다는 뜻입니다. '김덕령은 역적으로 죽었는데, 이순신은 용감하게 싸우다가 죽었다'라고 해석한다면 말이 안 되는 것이죠.

이와 같이 '자살설'이란, 이순신은 노량해전 당시 우연히 전사한 것이 아니라, 전사의 형식을 빌려 자살하기 위해 갑옷마저 벗어두고 함대의 선두에 서서 지휘하다가 전사했다는 주장입니다. 실제로 임진왜란 직후 17~18세기에 걸쳐 많은 이들이 이에 대해 논한 바 있고 지금도 많은 사람들이 이렇게 믿고 있습니다. 그렇다면 기존의 역사적 사실에 대한 이견인 '자살설'은 어찌하여 등장한 것일까요? 먼저 금산군 이성윤이 경남 남해군에 있는 충렬사에 써서 붙인 시의 일부를 봅시다.

공이 커도 상 못 탈 것을 미리 알고서 제 몸 던져 충성심을 보이려 결심했던가.

충렬사(경남 남해 소재)

금산군 이성윤은 성종의 4세손이었습니다. 임진왜란 당시 세자가 된 광해군을 호종한 공으로 금산군으로 봉해진 인물입니다. 광해군 9년 대북세력의 탄핵을 받고 남해에 위리안치 되었다가 광해군 12년 병이 들어 사망했습니다. 이성윤이 남해에 유배되었던 시기에 쓴 시에는 자신의 처지가 스며 있습니다. 이순신은 왜란이 끝나면 전공이 큼에도 불구하고 상을 못 탈 것을, 즉 오히려 처벌받을 것을 알았다는 것이죠. 결국 이순신의 유일한 선택은 충성심을 보이기 위해 '제 몸을 던지는' 자살을 택하는 것뿐이었다는 뜻입니다. 이성윤의 이러한 생각은 어떠한 이유에서 나왔을까요? 이순신과 동시대를 살았던 이성윤이 이렇게 생각할 수밖에 없었던 이유는 무엇일까요?

선조는 이순신 장군을 죽이려고 하였다

근본적인 이유는 다음과 같습니다. 알다시피 이순신은 임진왜란 중 바다에서의 계속된 승리로 삼도수군통제사, 오늘날로 말하면 해군 참모총장이라는 최고의 지위에까지 올랐습니다. 그러나 임금인 선조는 휴전회담으로 한숨 돌리게 되자 자신의 정적들을 제거하기 시작했죠. 당시 전쟁을 승리로 이끌었던 이순신, 김덕령, 곽재우 등은 백성들로부터 큰 인기를 얻고 있었습니다. 이와 반대로 선조는 백성들의 눈을 피해 밤에 궁궐을 떠나 도망을 갔죠. 분노한 백성들은 텅 빈 궁궐에 쳐들어가 불을 지를 정도였습니다. 게다가 선조는 이 나라를 버리고 요동으로 들어가려고까지 했습니다. 즉 명나라로 망명하겠다는 것이었죠. 그러나 명나라에서는 이를 거부했고, 선조는 어쩔 수 없이 국경의 끄트머리인 의주에서 여차하면 압록강을 건널 준비를 했던 것입니다. 이러한 한심한 임금에게 백성들은 분노했고, 이순신 등 전쟁영웅들의 인기는 하늘을 찌를 정도였죠.

그러나 1596년 백성들의 신망이 높던 의병장 김덕령이 역적으로 몰려 처형당합니다. 이몽학의 난을 진압하려 나섰던 김덕령은 오히려 이몽학과 내통하여 반란을 일으킨 혐의로 체포되었고, 20여 일 동안 벌어진 고문 끝에 결국 숨을 거두었습니다. 그 이듬해인 1597년 이순신 역시 전투에 나가라는 명령을 어긴 대역 죄인으로 몰려 죽을 위기에 처했습니다. 다음은 『선조실록』 선조 30년(1597) 3월 13일 기사에 실린 이순신에 대한 고문을 명령하는 선조의 전교입니다.

이순신(李舜臣)이 조정을 기망(欺罔)한 것은 임금을 무시한 죄이고, 적을 놓아주어 치지 않은 것은 나라를 저버린 죄이며, 심지어 남의 공

김덕령 장군 영정
(광주광역시 북구 충장사 소재)

을 가로채 남을 무함하기까지 하며[장성한 원균(元均)의 아들을 가리켜 어린아이가 모공(冒功)하였다고 계문(啓聞)하였다] 방자하지 않음이 없는 것은 기탄함이 없는 죄이다. 이렇게 허다한 죄상이 있고서는 법에 있어서 용서할 수 없는 것이니 율(律)을 상고하여 죽여야 마땅하다. 신하로서 임금을 속인 자는 반드시 죽이고 용서하지 않는 것이므로 지금 형벌을 끝까지 시행하여 실정을 캐어내려 하는데 어떻게 처리할 것인지 대신들에게 하문하라.

선조는 이순신에게 사형을 내려야 마땅하다면서, 고문을 가하여 자백을 받아야 한다는 주장을 할 정도였습니다. 그러나 정탁 등이 상소를 올리면서 많은 신하들이 이순신을 살려야 한다는 구명 운동을 벌였고, 이순신은 간신히 목숨을 구하여 일개 서인으로 강등되어 백의종군하게 되었던 것입니다. 이와 같은 상황이 '자살설'의 출발점입니다. 역적으로 몰려 죽을 위기에 처했던 이순신이 만약 '전사'하지 않았다면 전쟁이 끝난 직후 역적으로 몰려 처형당했을 것이라는 가정에서 시작된 것이죠. 이순신이 역적으로 몰렸다면 그 가족들뿐만 아니라 그 휘하의 장수들도 역적으로 몰려 죽었을 것입니다. 이는 이미 백의종군 사건을 통해 경험한 일이기도 합니다. 여러분이라면 어떻게 했을까요? '전사'를 한다면 전쟁영웅이 되어 나의 가족과 후손들은 공신의 가족과 후손이 되어 잘 살 수 있지만, '생존'한다면 내가 역적이 될 뿐만 아니라 나의 가족과 후손들, 그리고 그 휘하의 장수들까지도 역적이 되어 죽음을 맞이할 수밖에 없다면, 결론은 당연히 의도된 '전사'일 것입니다.

이순신 장군의 사망 현장 재구성

이순신은 정말 의도된 '전사'를 했던 것일까요? 이를 추적하기 위해서는 『선조실록』 선조 31년(1598) 11월 27일에 실린 기록을 분석해보아야 합니다.

> 불의에 진격하여 한창 혈전을 하던 중 순신이 몸소 왜적에게 활을 쏘다가 왜적의 탄환에 가슴을 맞아 선상(船上)에 쓰러지니 순신의 아들이 울려고 하고 군사들은 당황하였다. 이문욱(李文彧)이 곁에 있다가 울음을 멈추게 하고 옷으로 시체를 가려놓은 다음 북을 치며 진격하니 모든 군사들이 순신은 죽지 않았다고 여겨 용기를 내어 공격하였다.

이에 따르면 이순신의 사망 현장에는 그의 아들과 이문욱(손문욱)이 있었습니다. 그리고 이문욱(손문욱)은 이순신의 시신을 옷으로 가린 후 그를 대신하여 북을 치며 전투를 지휘했다는 것입니다. 그러자 군사들은 사기가 되살아나 전투를 승리로 이끌었다는 것이죠. 그런데 당시의 상황을 다르게 묘사한 기록이 있습니다. 『이충무공전서』에 실린 「이충무공행록」입니다. 이순신의 조카 이분(李芬)이 쓴 행장이죠. 그 내용의 일부를 봅시다.

> 공이 한창 독전하다가 문득 지나가는 탄환에 맞았다. "싸움이 지금 한창 급하다. 내가 죽었단 말을 하지 말라." 공은 말을 마치고 세상을 떠나시었다. 이때 공의 맏아들 회와 조카 완이 활을 쥐고 곁에 섰다가 울음을 참고 서로 하는 말이, "이렇게 되다니! 기가 막히는구나." "그렇

노량해전 역사 기록화(해군사관학교 소장)

지만 지금 만일 곡성을 내었다가는 온 군중이 놀라고 적들이 또 기세를
얻을지도 모릅니다." "그렇다. 그리고 또 시신을 보전해 돌아갈 수 없을
지도 모른다." "그렇습니다. 전쟁이 끝나기까지 참는 수밖에 없습니다."
그러고서는 곧 시신을 안고 방 안으로 들어갔기 때문에 오직 공을 모시
고 있던 종 금이와 회와 완 등 세 사람만이 알았을 뿐 비록 친히 믿던
부하 송희립 등도 알지 못했다. 그대로 기를 휘두르며 독전하기를 여전
히 하였다.

　

　이 기록에 따르면 이순신의 사망 현장에는 맏아들 이회와 조카 이
완, 그리고 몸종 금이가 있었습니다. 그리고 이순신의 시신을 방 안으
로 옮겨서 숨기고, 이회와 이완이 군기를 휘두르며 독전하여 전투를
지휘했다는 것이죠. 『선조실록』의 내용과 가장 큰 차이점은 당시 현장
에 조카 이완과 몸종 금이가 있었다는 것입니다. 그리고 공통점은 아
들 이회가 있었다는 것이죠. 즉 당시 맏아들 이회가 아버지 이순신의
임종을 지켰음은 확실합니다. 그렇다면 「이충무공행록」을 쓴 이분은
어떠한 근거로 이러한 글을 썼을까요? 이분은 이순신의 맏형 이희신

의 셋째 아들로서 이회, 이완과 함께 종군했습니다. 특히 편수관이 되어 『선조실록』 편찬에 참여하였죠. 즉 이분의 증언은 이순신의 임종을 지켰던 이회, 이완에게 직접 들었을 가능성이 높습니다. 또한 실록 편찬에 참여한 편수관의 경력 또한 이분의 기록이 신빙성이 매우 높음을 보여줍니다. 『선조수정실록』 선조 31년(1598) 11월 1일의 내용 역시 이분의 증언과 비슷합니다.

남해(南海) 경계까지 추격해 순신이 몸소 시석(矢石)을 무릅쓰고 힘껏 싸우다 날아온 탄환에 가슴을 맞았다. 좌우(左右)가 부축하여 장막 속으로 들어가니, 순신이 말하기를 '싸움이 지금 한창 급하니 조심하여 내가 죽었다는 말을 하지 말라.' 하고, 말을 마치자 절명하였다. 순신의 형의 아들인 이완(李莞)이 그의 죽음을 숨기고 순신의 명령으로 더욱 급하게 싸움을 독려하니, 군중에서는 알지 못하였다.

즉 이순신의 아들 이회가 현장에서 없어진 것만 빼면 「이충무공행록」의 내용과 비슷합니다. 탄환을 맞은 이순신을 장막 속으로 옮겼고, 조카 이완이 이순신을 대신하여 전투를 지휘했다는 것은 「이충무공행록」과 거의 같습니다. 그런데 당시 상황을 보여주는 또 하나의 기록이 있습니다. 임진왜란 당시 의병장이었던 안방준이 쓴 『은봉야사별록』에는 다음과 같은 기록이 있습니다.

공은 이미 숨이 끊어졌고, 아들 회가 통곡하려 하므로 희립이 장좌(將佐) 몇 사람으로 하여금 붙들게 하고, 입을 막아 곡을 그치게 하였다. 공의 갑옷과 투구를 벗기고 붉은 모전으로 주검을 싸고, 또다시 초둔으로 썼다. 희립은 공의 갑옷과 투구를 입고 초둔 위에 가리고 앉아서, 대신 깃발과 북을 잡고 더욱 급히 싸움을 독전하였다.

이 역시 조카 이완이 없고, 죽은 이순신 대신에 송희립이 전투를 이끌었다는 사실만 빼면 다른 기록들과 거의 비슷한 내용입니다. 지금까지 살펴본 자료들을 분석해보면 공통적으로 나오는 사실은 두 가지입니다. 첫째, 이순신이 전투 중 탄환을 맞아 사망했다는 것입니다. 둘째, 이순신의 사망 사실을 숨기기 위해 시신을 옷으로 가리거나 방(장막) 안으로 옮긴 후 사망한 이순신을 대신하여 아들 이회 또는 조카 이완 또는 부장 이문욱(손문욱) 또는 부장 송희립이 전투를 지휘했다는 것입니다. 이러한 공통점을 통해 당시 상황을 재구성하면 다음과 같습니다.

첫째, 이순신은 전투 중 탄환을 맞아 사망했습니다. 당시 일본군이 사용하던 조총의 최대 사거리는 약 1000미터, 유효 사거리는 약 100미터 정도였습니다. 즉 이순신이 타고 있던 전함은 일본군 전함과 매우 가까운 거리에 있었다는 얘기입니다. 또한 이순신은 갑옷이나 환삼(당시 조선군이 사용하던 일종의 방탄조끼)을 입지도 않았음이 분명합니다. 만약 이순신이 갑옷을 입고, 환삼까지 입었다면 일본군의 탄환에 맞아 사망하는 일은 결코 없었을 것입니다. 유효 사거리가 100미터밖에 안 되는 조총의 탄환이 갑옷을 뚫고, 환삼마저 뚫은 상태에서 이순신을 죽음에 이르게까지 할 수는 없었을 테니까요. 그렇다면 이순신은 왜 갑옷과 환삼을 입지 않았을까요? 그렇습니다. 의도된 '전사'의 증거인 것입니다.

둘째, 이순신은 탄환을 맞은 즉시 군사들이 보이지 않는 곳으로 옮겨진 것으로 보입니다. 특히 이분이 쓴 「이충무공행록」에는 이순신의 임종 당시 아들 이회, 조카 이완, 몸종 금이 단 3명만이 있었던 것으로 나옵니다. 『선조실록』, 『은봉야사별록』에는 이문욱(손문욱), 송희립 등도 이순신의 죽음을 알았던 것으로 나오지만 『선조실록』은 이문욱(손문욱)의 전공을 중심으로, 『은봉야사별록』은 송희립의 전공을 중심으로 기록했다는 점에서 신빙성이 떨어집니다. 특히 이순신은 아들과 조카와 함께 전투에 나선 적이 없었습니다. 그런데 마지막 노량해전에는 아들, 조카에 몸종까지 같은 배에 태워 전투에 나갔습니다. 왜 그랬을까요?

이순신 장군은 전사를 위장하여 은둔하였을까?

이러한 의문점에서 출발한 가설이 '은둔설'입니다. 즉 이순신은 전

일본군이 조총을 쏘는 모습

사한 것이 아니라, 아들, 조카, 몸종 등 측근들과 모의하여 노량해전 직후 전사를 위장해 살아남아서 약 16년간 은둔하여 더 살았다는 주장이죠. 실제로 이순신은 1598년 11월 19일에 사망했는데, 12월 10일에 고향인 아산으로 시신이 운구되었고 장례는 1599년 2월 11일에 치러졌죠. 그런데 1614년에 이순신 장군의 묘지가 이장되었습니다. 사망 후 석 달이 지나서야 장례가 치러지고, 사망 후 16년 뒤에는 묘지를 이장까지 한 것은 누가 봐도 이상한 일이긴 합니다. 이러한 의문에서 나온 주장이 바로 '은둔설'입니다.

'은둔설'에 따르면 이순신은 자신도 살고 가문도 살리려고 '전사'를 위장하기로 결심합니다. 그리고 이를 아들 이회, 조카 이완, 몸종 금이에게 알리고, 노량해전에서 '전사'할 것을 모의합니다. 이를 위해서 노량해전은 야간에 벌어졌고, 전투의 승리를 확인한 이순신은 어둠을 틈타 어디론가 은둔했다는 것입니다. 은둔하여 살던 이순신은 16년 뒤 진짜로 사망했고, 이장이라는 명분을 이용하여 진짜 이순신의 무덤이 만들어졌다는 소설 같은 이야기입니다.

그러나 최근 순천향대 이순신연구소의 『이순신연구논총』에 실린 홍

충렬사 이순신 장군 가묘(경남 남해 소재), 관음포에서 사망한 이순신 장군의 시신을 이곳으로 옮겨 모셨죠. 이후 고향 아산으로 운구되었습니다.

이순신 장군 묘(충남 아산 소재)

순승 장학관의 논문 「이순신 장례과정 연구」에서는 이순신의 장례가 사망 후 3개월 후에 치러진 것을 이렇게 설명하고 있습니다. 즉 『경국대전』에 규정된 "4품 이상은 3개월 후 치르도록 한다."라는 법도대로 장례가 치러졌다는 설명이죠. 또한 16년 뒤에 이장이 이루어진 것에 대해서는 다음과 같이 설명했습니다. 1604년 이순신 장군에게 좌의정이 추서되어 선무공신 칭호를 받게 되자 후손들은 이순신 장군의 장례가 전란 직후 예우가 제대로 갖춰지지 않은 상태에서 치러졌다고 조정에 이장을 상소했다는 것입니다. 그리고 1614년에 일등공신에 걸맞은 이장 절차를 거쳐 지금의 묘역인 어라산으로 이장했다는 것이죠. 한마디로 '은둔설'은 이러한 사정을 모르고 지어낸 소설이라고 할 수 있습니다. 이순신이 죽음을 결심했다면 '자살'을 택했을 것이지 겨우 목숨을 부지하기 위해 '은둔'을 택하지는 않았을 것입니다.

이순신의 임종을 지킨 세 사람의 비밀

'은둔설'이 나오게 된 원인을 다시 분석해보겠습니다. 이분이 쓴 「이 충무공행록」에 따르면 이순신의 사망 현장에 맏아들 이회, 조카 이완, 몸종 금이가 있었습니다. 이것은 '은둔설'의 근거가 되기도 했지만 오히려 '자살설'의 근거라고 볼 수 있습니다. 평소 전투에 함께 나서지 않았던 아들과 조카를 같은 배에 태워 나간 것은 이순신의 의도를 보여줍니다. 맏아들과 조카로 하여금 자신의 임종을 지키게 하려 했음을 알 수 있죠. 또한 이순신은 탄환을 맞은 직후 보이지 않는 곳으로 옮겨졌습니다. 그 이유는 이순신의 죽음이 군사들의 사기를 떨어뜨릴 것을 염려했기 때문입니다. 그러나 이순신이 의도된 '전사'를 원했다면 승전을 확인한 후 죽기를 원했을 것으로 보입니다. 이것은 드라마 「불멸의 이순신」에서 묘사된 것처럼 총에 맞은 이순신이 생명을 유지하다가 노량해전의 승리를 확인한 후 눈을 감는 장면과 비슷합니다.

이러한 속사정이 있었기에 여러 기록 속에 이순신의 사후 지휘권이 아들, 조카에서 이문욱(손문욱), 송희립 등의 부장들에게 넘어간 것으로 다양하게 기록된 것은 아닐까요? 다시 말해 이순신은 노량해전이 끝날 때까지 사망하지 않았고, 맏아들 이회를 통해 전황을 보고받았으며, 조카 이완, 부장 이문욱(손문욱), 송희립 등은 이순신을 대신하여 전투를 이끌었던 것입니다. 당연히 이회, 이완, 이문욱(손문욱), 송희립 등은 자신의 활약을 위주로 당시 상황을 설명했고, 각자의 입장에 따른 기록들이 남은 것으로 추정할 수 있습니다. 결론적으로 이순신은 치밀한 계획에 따라 의도된 '전사'를 추구하였고, 노량해전의 승전 직후 눈을 감은 것으로 추정할 수 있습니다.

이순신은 왜 의도된 '전사'를 할 수밖에 없었을까?

『이충무공전서』에는 1711년 이여가 쓴 글이 실려 있습니다. 이순신을 구명하기 위해 정탁이 올린 상소문을 전재한 다음에 쓴 글입니다.

> 공로가 클수록 용납되기 어려움을 스스로 느끼고 마침내 싸움에 이르러 자기 몸을 버렸으니 공의 죽음은 미리부터 계획한 것이었다고들 말하는데 그때의 경우와 처지로 보면 그 말에 혹시 타당한 점도 있다 하련가. 아, 슬프도다.

이여는 숙종 때 영의정까지 역임한 인물입니다. 지금으로 말하면 국무총리까지 지낸 고위 관리죠. 이러한 인물이 이순신의 죽음이 계획된 것이었다고 기록했다면 전혀 근거 없는 말을 했다고는 볼 수 없을 것입니다. 또한 이순신의 부하였던 유형은 평소 이순신이 이렇게 말했다고 전했습니다.

> 나는 적이 물러나는 그날에 죽음으로써 유감되는 일을 없애도록 하겠다.

유형은 임진왜란 당시 이순신의 부하로서 후일 삼도수군통제사에 오른 인물입니다. 이순신과 함께 대화하며 직접 들었던 유형의 증언을 믿는다면 이순신이 적이 물러가는 그날, 즉 노량해전 당시에 죽고자 했던 마음을 알 수가 있습니다. 이것은 명나라 수군 제독이었던 진린의 「제이통제문」을 통해서도 입증됩니다.

평시에 사람을 대하면 나라를 욕되게 한 사람이라, 오직 한 번 죽는 것만 남았노라 하시더니, 이제 와선 강토를 이미 찾았고 큰 원수마저 갚았거늘 무엇 때문에 오히려 평소의 맹세를 실천해야 하시던고. 아, 통제여!

진린은 이순신과 함께 노량해전을 이끌었던 명나라의 수군 제독입니다. 진린의 증언 역시 유형의 증언과 같습니다. 이순신이 평소에 "오직 한 번 죽는 것만 남았다."라는 말을 자주 했음을 알 수 있습니다. 이순신의 속마음이야 알 수 없겠지만 이순신의 평소 발언 속에 인생의 끝을 '전사'로 마감하고자 하는 소망이 담겨 있었음은 분명합니다. 그러나 '자살설'은 당시 상황론에 따른, 즉 심증은 있지만 확증이 없는 가설일 뿐입니다.

우리는 왜 이러한 가설이 주장되고 있는지를 살펴봐야 합니다. 대부분의 사람들이 전쟁을 예상하지도 못하고 왜란 초기 어처구니없는 패배를 당했음에도 이순신은 전쟁을 예상하고, 꾸준히 군사를 조련하고 무기와 배를 준비했습니다. 탁월한 전략과 적절한 지형의 이용으로 한 번의 패배도 없이 임진왜란을 승리로 이끌었습니다. 그러나 이를 시기한 임금 선조에 의해 역적으로 몰리고 처형될 위기에서 간신히 살아나 백의종군까지 했던 것입니다. 왜군의 재침으로 다시 바다의 책임자로 돌아온 이순신은 원균이 망쳐놓은 수군을 재정비하여 다시 승리를 거둡니다. 그리고 전쟁의 마지막에 장렬히 전사했던 것입니다.

결국 우리의 영웅 이순신은 당시 최고 권력자이자 백성들에게 버림받은 임금이었던 선조에 의해 역적으로 몰려 고생했고, 전쟁이 끝난 후 상 받기를 기대한 것이 아니라 역적으로 죽을까를 걱정했다는 것입니다. 그런 상황은 우리 역사에 대한 안타까움을 불러일으켰습니다. 이순신 장군은 비록 전사했지만 많은 사람들은 '자살설'을 주장하며 비겁한 임금 선조를 비판했습니다. 왜란에 맞서서 전쟁을 승리로 이끈 것은 임금도, 고위 관리도 아닌 영웅 이순신과 목숨을 아끼지 않고 싸운 의병들이었습니다. 의병, 즉 민중들은 곧 이순신이었고, 이순신의 죽음에 민중들은 분노했습니다. 그 분노 속에서 '자살설'이 출발한 것입니다.

이순신은 손문욱에게 암살당하였나?
선조는 이순신의 죽음을 확인하고 싶어 했다

손문욱은 어떻게 조선으로 돌아왔을까?

장한식이 쓴 『이순신 수국 프로젝트』에서는 이순신의 죽음에 대해 이른바 '암살설'을 제기했습니다. 이 주장의 요지는 이순신의 대장선에 함께 탔던 손문욱이라는 의문의 인물이 선조의 사주를 받아 이순신을 암살했다는 주장입니다. 그렇다면 이것은 어느 정도 신빙성이 있는지 하나씩 살펴보겠습니다. 먼저 『선조실록』 선조 30년(1597) 4월 25일의 기록을 봅시다.

경상도 관찰사 이용순(李用淳)의 서장(書狀)에, "행장(行長)의 부장(副將) 섭호(攝號)와 우리나라에서 사로잡혀 간 사람 이문욱(李文彧)이 함께 사로잡혀 간 사람 청도(淸道)의 공생(貢生) 박계생(朴啓生)이라는 자를 시켜 비밀 편지를 보내왔기에, 그가 사로잡혀 간 경위와 적중의 형세를 물었더니, 계생이 답하기를 '소싯적에 어느 중을 따라 경산(慶山)의 마암산(馬巖山)에 있었는데 변란이 발생한 처음 적을 만나 사로잡혀서 이문욱과 부산포(釜山浦) 왜진(倭陣)에서 서로 만나 함께 일본으로 들어갔다. 문욱은 글을 잘하고 용맹이 있어서 관백(關白)이 재주를 시험해보고 매우 사랑하여 곧바로 양아들이라 일컫고 국성(國姓)을 줌과 동시에 상으로 쌀 1000석을 주었다. 그때 관두왜(館頭倭)가 마침 반역을 저질러 선봉이 되어 창을 가진 자 300명과 칼을 가진 자 200여 명이 수길(秀吉)이 거처하는 곳으로 난입하는 것을 문욱이 곧바로 몸을 날려 두 장수와 군인 100여 명을 죽이자 적왜(賊倭)가 크게 무너졌다. 수길이 매우 기뻐하며 양마(良馬) 3필, 은안(銀鞍) 5지(枝), 쌀 1000석, 금의(錦衣) 50건(件), 저단의(苧單衣) 50건, 환갑(環甲) 50병(柄), 창 15병, 장검(長劍) 3병, 조총(鳥銃) 7지(枝), 종 360명, 군관 34명을 상으로 주었다. 이로 말미암아 총애가 더욱 두터워지자 여러 신하들이 시기하여 수길의 첩을 간통하였다고 무고하였는데, 수길이 "비방을 일으킨 데에는 반드시 까닭이 있겠으나 재주가 많고 공이 있어서 내가 차마 죽이지 못하겠다." 하고 드디어 행장의 부장을 삼아 공을 세우도록 하였으므로 중국 사신이 나올 적에 함께 부산에 왔다. (중략) 회계(回啓)하기를, "문욱이 통지한 것을 다 믿을 수도 없거니와 그가 왜적을 많이 죽였다는 말도 허황되고 부실한 일입니다. 대개 우리나라 사람이 오래 적중에 있으면 반드시 저들의 사정을 자세히 알 것이니 귀순하여 도망쳐올 생각이 있다면 당연히 다반으로 유인하여 끌어내어 적정(賊情)을 정탐하여야 합니다. 따라서 박계생이 왕래한 뒤 다시 적정의 사실 여부를 살펴서 제때 나오도록 해야 합니다." (하략)

기록에 나오는 이문욱은 손문욱과 동일 인물입니다. 『선조실록』에는 이순신의 사망까지는 이문욱으로 기록하다가 그 이후에는 손문욱으로 기록하고 있습니다. 그 이유는 조선 정부에서도 손문욱이라는 인물에 대해 잘 몰랐기 때문으로 보입니다. 이것은 나중에 다시 이야기하도록 하고 먼저 손문욱이 어떤 인물인지 살펴보겠습니다.

앞의 『선조실록』에 실린 내용에 따르면 손문욱은 임진왜란이 일어난 이후 포로로 잡혀 일본에 끌려간 인물입니다. 손문욱이 함께 끌려간 박계생을 통해 다시 조선에 귀순하겠다는 뜻을 담은 비밀 편지를 보내온 것입니다. 그런데 박계생이 말한 손문욱의 일본에서의 행적은 믿기 어렵습니다. 손문욱은 일본에 포로로 끌려가 능력을 인정받아 도요토미 히데요시의 양아들이 되었고, 쌀 1000석을 받았으며, 도요토미 히데요시에 대한 암살 시도를 막은 공으로 많은 상을 받았다고 합니다. 잘나가던 손문욱을 시기한 여러 신하들이 도요토미 히데요시의 첩과 간통했다고 모함을 하여 죽을 위기에 처했지만 재주와 공을 아깝게 여긴 도요토미 히데요시의 명으로 고니시 유키나가의 부장이 되어 다시 조선으로 돌아왔다는 것이죠. 조선 정부에서도 손문욱이

도요토미 히데요시

박계생을 통해 황당한 주장을 하는 것에 대해 믿지 못하고 더 상황을 살펴본 후 귀순을 결정해야 한다고 결론을 맺고 있죠. 두 달 후인『선조실록』선조 30년(1597) 6월 2일의 기록을 다시 봅시다.

상이 이르기를, "이문욱(李文彧)은 누구의 아들인가?" 하니, 성룡이 아뢰기를, "알 수가 없습니다."

선조가 손문욱이 누구의 아들이냐고 묻자 유성룡이 알 수 없다고 답하는 내용입니다. 조선 정부에서도 손문욱에 대해 알고 있는 정보가 없던 것으로 보입니다. 실제로 손문욱이 임진왜란 전 어떻게 살았는지, 또한 인조반정 이후 어떻게 살다가 죽었는지에 대해 기록이 전혀 남아 있지 않습니다. 다음 기록을 봅시다.

윤두수는 아뢰기를, "이문욱(李文彧)이 만약 우리나라 사람이라면 반드시 조국에 돌아오려 할 것입니다. 통사(通事) 박우춘(朴遇春)이 한어(漢語)와 왜어(倭語)에 능하니, 이 사람으로 하여금 불러오게 하면 매우 좋겠습니다."

이는『선조실록』선조 30년(1597) 6월 18일의 기록으로 윤두수가 손문욱은 우리나라 사람이니까 조국으로 다시 귀순하는 것이 당연하므로 받아들여야 한다고 주장한 것입니다.

손문욱은 고니시 유키나가의 스파이였나?

다음은 조경남이 쓴 『난중잡록』 정유년(1597) 10월의 기록입니다.

문욱(文彧)은 임진년에 왜놈에게 사로잡혀 가 다년간 왜국에 있었기 때문에 왜말을 잘했다. 남해에 있을 때에는 살생과 노략질을 엄금하게 해서 침해를 받은 사람이 많이 보전하여 살게 되었다. 그 뒤에 조선으로 살아 돌아오니 포상하고 만호(萬戶)의 직을 제수했다.

이에 따르면 손문욱은 1597년 10월 조선으로 귀순하여 포상을 받고 만호 벼슬에 오릅니다. 그렇다면 손문욱의 귀순 사건에 대해 일본 측에서는 어떤 기록을 남겼을까요? 먼저 손문욱이 박계생을 통해 말한 황당한 주장들은 전혀 기록이 없습니다. 도요토미 히데요시의 양아들이었다든가 암살 시도 사건, 또는 그 첩과 간통했다는 내용들은 실제 사건이었다면 반드시 기록될 만한 큰 사건들이죠. 즉 손문욱이 주장한 것들은 손문욱이 조선 정부에 자신이 매우 중요한 인물임을 강조하기 위해 지어낸 거짓말일 가능성이 큽니다.

또한 김시덕 서울대학교 규장각한국학연구원 교수는 『조선통교대기』(대마도와 조선과 통교한 사리들을 기록한 책)의 기록을 연구하여 다음과 같이 주장했습니다. 손문욱은 고니시 유키나가를 암살하려다 발각되었고, 야나가와 시게노부의 도움으로 살아남아 조선에 귀순했다는 것입니다. 그래서 손문욱이 야나가와 시게노부와 몰래 연락하는 스파이 역할을 했다는 소문이 『조선통교대기』에 기록되어 있다는 것이죠.

그러나 손문욱이 고니시 유키나가를 암살하려다 발각되었다는 이야기도 거짓일 가능성이 큽니다. 손문욱은 귀순 직전 일본군의 남해 지역 책임자로 조선에 파견되었습니다. 만약 고니시 유키나가를 암살하려던 일을 야나가와 시게노부가 알고 있었다면 조선에 파견되도록 두지는 않았을 것입니다. 오히려 손문욱이 조선에 귀순할 때 조선이 의심하지 않도록 일본 측에서 퍼뜨린 거짓 소문일 가능성이 크죠. 즉 손문욱은 일본에서 조선 정부의 상황을 파악하기 위해 파견된 스파이였다고 볼 수 있습니다.

고니시 유키나가의 계략으로 이순신 장군이 역적으로 몰려 죽을 위기를 넘기고 백의종군하기 위해 감옥에서 풀려난 것이 1597년 4월 1일입니다. 그런데 우연히도 손문욱이 『선조실록』에 처음 등장한 것이 4월 25일입니다. 당시 경상도 관찰사 이용순이 보고한 것이 4월 25일이기 때문에 손문욱이 박계생을 통해 비밀 편지를 보내온 것은 이순

고니시 유키나가

신 장군이 풀려난 무렵일 가능성이 큽니다. 이것이 과연 우연일까요?

고니시 유키나가의 이순신을 제거하려는 계략은 반은 성공했지만 반은 실패했습니다. 이순신이 죽지 않았기 때문이죠. 또한 1597년 9월 16일 명량대첩에서 이순신이 일본 수군을 대파했습니다. 그리고 다음 달인 1597년 10월 손문욱이 귀순하여 만호가 되었죠. 이렇게 이순신이 다시 일본에 큰 위협으로 되살아나자 확실히 제거할 계략을 꾸미기 위해 스파이로 위장 귀순시킨 인물이 바로 손문욱이었을 가능성이 큽니다. 이후 다시 『선조실록』에 그의 이름이 나타난 것은 선조 31년(1598) 9월 23일입니다. 먼저 기록을 봅시다.

> 전라도 방어사 원신(元愼)이 치계하였다. "남해(南海)의 적에 빌붙은 유학(幼學) 이문욱(李文彧)이 적의 진중으로부터 나와서 말하기를 '순천(順天)의 적군은 1만 5000명이고, 적 소굴의 형세는 3면이 바다로 둘러 있어 1면만 공격이 가능한데, 땅이 질어서 실로 진격하기가 어렵다. 남해의 왜적은 그 숫자가 800, 900명으로 장수는 탐욕스럽고 사나운데 군사가 잔약(殘弱)하며, 거제(巨濟)의 적도 겨우 수백 명이니 이 두 곳의 소굴을 수병(水兵)으로 공격하면 썩은 나뭇가지를 꺾는 것처럼 쉬울 것이다.' 하였습니다."

이것은 손문욱이 순천은 일본군이 1만 5000명이나 되고 지형상으로도 공격하기 쉽지 않은데, 반면에 남해, 거제의 일본군은 그 수도 적고 일본군 장수들도 만만하므로 쉽게 공격할 수 있다고 건의한 내용입니다. 이때 순천은 고니시 유키나가가 주둔하고 있던 지역이었습니다. 그런데 또 우연히도 1598년 8월 18일 도요토미 히데요시가 죽었

고, 다음 달인 9월 23일 손문욱이 순천 대신 남해, 거제를 공격하도록
유도한 것이죠. 자신을 스파이로 보낸 고니시 유키나가의 안전한 탈출
을 위한 목적이었을 가능성이 큰 것입니다.

노량대첩의 공을 독차지한 손문욱

불의에 진격하여 한창 혈전을 하던 중 순신이 몸소 왜적에게 활을 쏘
다가 왜적의 탄환에 가슴을 맞아 선상(船上)에 쓰러지니 순신의 아들
이 울려고 하고 군사들은 당황하였다. 이문욱(李文彧)이 곁에 있다가
울음을 멈추게 하고 옷으로 시체를 가려놓은 다음 북을 치며 진격하니
모든 군사들이 순신은 죽지 않았다고 여겨 용기를 내어 공격하였다.

『선조실록』 선조 31년(1598) 11월 27일의 기록으로 노량해전에서 이

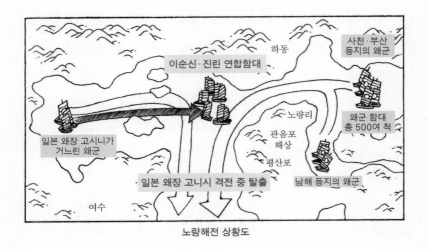

노량해전 상황도

순신이 전사하자 손문욱이 이순신의 아들과 군사들을 안정시키고, 이순신의 시신을 옷으로 가리고 자신이 북을 치며 이순신이 살아 있는 것처럼 지휘하여 전투를 승리로 이끌었다는 것입니다. 다음은 그동안 이문욱으로 불리다가 손문욱이란 이름으로 『선조실록』에 처음 기록된 내용입니다.

> 그리고 손문욱(孫文彧)이 군사를 지휘하여 싸움을 독려한 공은 당상직을 초수(超授)하더라도 아까울 것이 없고…….

선조 31년(1598) 12월 25일 조정에서 손문욱에게 노량해전을 승리로 이끈 공을 인정하여 당상직을 내려도 아까울 것이 없다고 치하하는 내용입니다. 그러나 손문욱에게 노량대첩의 공이 돌아가자 이에 대한 불만이 제기되었습니다.

> 형조 정랑 윤양(尹暘)이 아뢰기를, (중략) "노량(露梁)의 전공은 모두 이순신이 힘써 싸워 이룬 것으로서 불행히 탄환을 맞자 군관 송희립(宋希立) 등 30여 인이 상인(喪人)의 입을 막아 곡성(哭聲)을 내지 않고 재촉하여 생시나 다름없이 영각(令角)을 불어 모든 배가 주장(主將)의 죽음을 알지 못하게 함으로써 승세를 이루었다. 저 손문욱(孫文彧)은 하찮은 졸개로 우연히 한 배에 탔다가 자기의 공으로 가로챘으므로 온 군사의 마음이 모두 분격해 한다." 하였습니다.

『선조실록』 선조 32년(1599) 2월 8일의 기록으로 노량대첩 이후 3개월 뒤에 형조 정랑 윤양이 노량해전의 실상을 파악하여 조정에 보고

한 내용입니다. 즉 노량대첩의 공은 모두 이순신의 것으로 이순신이 전사하자 군관 송희립 등 30여 인이 군사들을 안정시켜 이순신이 살아 있는 것처럼 싸워 승리로 이끌었다는 주장입니다. 특히 손문욱은 '하찮은 졸개로 우연히 한 배에 탔다가' 노량해전의 공을 모두 자신의 것으로 가로챈 것에 대해 당시 노량해전에 참여한 모든 군사들이 분노하고 있다는 것입니다.

선조는 이순신에게 손문욱을 자객으로 보냈나?

그렇다면 손문욱은 어떻게 이순신의 대장선에 타게 되었을까요? 위 기록에 '하찮은 졸개로 우연히 한 배에 탔다가'라는 내용으로 볼 때 손문욱은 대장선에 항상 타던 멤버가 아니었음을 알 수 있습니다. 말 그대로 이순신의 대장선에 처음 탔었던 것이죠. 그런데 노량해전 직후 조정에서는 모든 공이 손문욱에게 있는 것처럼 알았던 것 같습니다. 이는 손문욱의 공을 높게 평가하는 인물이 조정에 있었음을 보여줍니다. 과연 누구였을까요? 다음 기록을 봅시다.

옛날 사람들은 용병(用兵)할 때에 혹 자객을 쓰기도 하였다. 지금 적이 다시 덤벼들려는 것은 오로지 청정(淸正)에게서 연유하니, 혹 항복한 왜인을 모집하거나 어떤 핑계로 사람을 파견하여 도모한다면 그 무리들은 저절로 와해될 것이다. (중략) 투항한 자를 받아들이는 일에 대하여 전부터 나는 받아들여야 한다고 말하였으나 시끄러운 말들이 매우 많아 어떤 자는 그들이 내응(內應)할 것이라고 말하고 어떤 자는 적의 모략은 헤아리기 어렵다고 말하였다. 그러나 투항한 자가 지금까지 여러 해가 되었지만 과연 내응한 일이 있었는가. 우리나라는 적을 헤아리는 것이 항상 이 모양이다. 전쟁하는 상황으로 말하자면 왜인 한 명을 제거하는 데에도 많은 힘을 소비해야 하는데, 스스로 투항해 오는 적을 받아들이지 않는다면 어찌 옹졸한 계책이 아니겠는가.

위 기록에서 말하고 있는 사람은 바로 선조입니다. 『선조실록』 선조 29년(1596) 12월 5일에 했던 발언이죠. 요지는 다음과 같습니다. 청정(淸正)은 바로 가등청정, 즉 가토 기요마사입니다. 항복한 왜인을 모집하거나 하여 가토 기요마사에게 자객을 보내 죽인다면 적의 무리들이 저절로 와해될 것이라는 주장입니다. 또한 투항한 적들을 받아들여야 한다는 것이 자신의 뜻임을 강조했습니다. 이러한 조건에 딱 맞아떨어지는 인물이 누굴까요? 맞습니다. 손문욱입니다.

선조는 이미 승리를 위해서라면 자객을 쓸 수도 있다고 생각했고, 항복한 적들을 활용할 수도 있다고 여겼던 것입니다. 그리고 6개월 뒤 1597년 6월 2일 손문욱에 대해 "이문욱(李文彧)은 누구의 아들인가?"

가토 기요마사

라고 물을 정도로 관심을 보였습니다. 만약 선조가 손문욱을 자객으로 삼아 이순신에게 보냈다면 노량해전에서 이순신이 전사한 것이 사실은 암살이었다고 볼 수 있을 것입니다.

선조는 이순신의 죽음을 확인하고 싶어 했다

이순신은 시석을 무릅쓰고 몸소 힘껏 싸웠는데, 날아온 탄환이 그의 가슴을 뚫고 등 뒤로 나갔다.

이는 유성룡이 쓴 『징비록』에서 이순신이 전사하는 상황을 묘사한 내용입니다. 즉 유성룡이 파악한 내용에 따르면 총알이 이순신의 가슴을 뚫고 등 뒤로 나갔습니다. 이는 당시 조총의 위력으로 볼 때, 매우 가까운 거리에서 발사되었을 가능성을 보여줍니다. 또한 '날아온 탄환'이라는 기록은 『선조실록』의 '왜적의 탄환'이란 표현과 다릅니다.

『징비록』

적을 모조리 꺾어 부숴놓고 공은 뜻하지 않게 탄환에 맞아 숨을 거두었다. 한편 진린이 적에게 포위되어 위태로웠는데, 공의 조카 완은 본래 담력이 있는지라 곡성을 내지 않고 공처럼 독전하여 간신히 진린을 적의 포위에서 구해냈다.

이는 송시열이 지은 『통제사증시충무이공묘비』(남해 충렬사 소재)의 기록 일부입니다. 이 글에도 역시 "뜻하지 않게 탄환에 맞아"라는 표현이 나옵니다.

남해(南海) 경계까지 추격해 순신이 몸소 시석(矢石)을 무릅쓰고 힘껏 싸우다 날아온 탄환에 가슴을 맞았다.

『선조수정실록』에서 이순신이 전사할 당시의 상황을 기록한 내용입

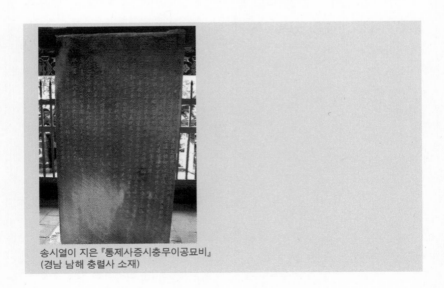

송시열이 지은 『통제사증시충무이공묘비』
(경남 남해 충렬사 소재)

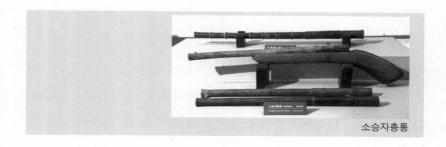

소승자총통

니다. 『선조실록』의 '왜적의 탄환'이 '날아온 탄환'으로 바뀌어 있습니다. 또한 이민서의 『김충장공유사』에서는 "스스로 탄환에 맞아 죽었으며"라고 표현했으며, 이순신의 조카 이분(李芬)이 쓴 행장 「이충무공행록」에서도 "문득 지나가는 탄환에 맞았다."라고 표현했습니다. 왜 『선조실록』에서만 일본군의 총알이라고 표현하고 있을까요?

이는 이순신의 죽음에 많은 의혹이 있었음을 나타냅니다. 먼저 『징비록』의 기록처럼 총알이 관통했다면 당시 시신에서 총알이 발견되지 않았을 가능성을 보여줍니다. 또한 조총의 유효 사거리를 볼 때 매우 가까운 거리에서 총이 발사되었을 가능성을 보여줍니다. 만약 손문욱이 이순신을 암살했다면 그 무기는 소승자총통이나 세자총통일 가능성이 높습니다. 두 무기는 먼저 화약과 총알을 넣고 점화한 후 옆구리에 끼고 발사하는 형태였는데, 살상력은 매우 높았지만 명중률이 낮아 잘 사용되지 않았다고 합니다. 특히 세자총통은 어른 손바닥 정도의 크기였다고 하니 옷 안에 숨기기는 쉬웠을 것으로 보입니다.

그러나 손문욱이 이순신을 암살했다고 보기에는 너무 장애물이 많습니다. 이순신의 사망 현장에는 이순신의 맏아들 이회, 조카 이완, 그리고 몸종 금이가 있었고, 많은 군사들이 배에 타고 있었습니다. 아무리 전투가 긴박한 상황이라고 하더라도 이들의 눈을 속이고 세자총통을 꺼내 점화하여 이순신을 암살한다는 것은 불가능한 일입니다. 발각되면 바로 죽은 목숨이 되는 것이죠.

그렇다면 손문욱은 왜 이순신의 대장선에 탔을까요? 앞에서 살펴본 것처럼 손문욱은 고니시 유키나가가 보낸 스파이였을 가능성이 큽니다. 그런데 선조도 역시 손문욱을 주목하고 있었습니다. 그리고 손문욱을 따로 불러 전쟁이 끝나기 전 이순신을 죽이라는 명령을 내렸을 가능성이 있습니다. 『선조실록』의 "하찮은 졸개로 우연히 한 배에 탔다가"가 아니라 선조의 어명을 받아 의도적으로 대장선에 탔던 것이죠. 손문욱은 암살 기회를 호시탐탐 노렸을 것입니다. 그러나 암살하려다 실패한다면 자신도 죽어야 하기에 함부로 움직일 수는 없었죠.

그런데 이순신은 스스로 갑옷과 환삼(일종의 방탄조끼)을 벗고 북을 치며 독전하면서 대장선을 적선에 가깝게 대고 전투를 벌였습니다. 너무나도 거리가 가까운 탓에 적선에서 날아온 탄환이 이순신의 가슴을 뚫고 관통했습니다. 노량해전이 끝나자 손문욱은 선조에게 자신이 이순신을 암살한 것처럼 보고했습니다. 조정에서 '하찮은 졸개'에 불과했던 손문욱을 당상직에 제수하려던 이유가 바로 여기에 있지 않았을까요?

그렇다면 왜 이순신의 전사 이전까지 '이문욱'이라고 기록되어 있을까요? 이것은 손문욱이 고니시 유키나가가 보낸 스파이였다는 결정적 증거입니다. 손문욱은 박계생을 보내 귀순 교섭을 할 때부터 이문욱이라는 가명을 사용했던 것입니다. 그래서 조선 조정에서도 계속 그렇게 알고 있었던 것이죠. 그리고 노량해전에서 이순신이 사망하자 비로소 본명을 밝히게 됩니다. 자신을 스파이로 보낸 고니시 유키나가가 노량해전으로 포위가 느슨해진 틈을 타 탈출했기 때문이죠. 더 이상 일본의 스파이로 살 필요가 없어졌으니 본명을 밝히고 선조의 비호 아래 살 수 있게 된 것이죠.

그러나 그도 양심은 있었던가 봅니다. 현재 어느 손씨 가문의 족보에도 손문욱이라는 이름이 나오지 않습니다. 자신이 고니시 유키나가의 스파이였음을 부끄러워했기 때문일까요. 물론 광해군 때 인목대비 폐위를 지지했기에 인조반정 이후 숨어 살거나 일본으로 도주했기 때문일지도 모르지요.

민중의 희망이 된 허준의 성공 스토리

현실에 저항하는 사람이 되라

현실에 저항하는 사람이 되라

나라가 위급해졌을 때 세 가지 부류의 사람이 있다고 생각합니다. 현실에 저항하는 사람, 현실과 타협하는 사람, 또는 순응하며 방관하는 사람. 첫 번째 사람은 파란만장한 삶을 살지만, 후대에게 많은 빛과 기억과 교훈을 남기고, 두 번째와 세 번째 사람은 비록 그 당시에 일신의 안위에는 편할지 모르지만 후대에게 아무런 빛도 기억도 남기지 못한 채 그저 사라집니다.

십여 년 전 어느 여학생이 몽양여운형기념사업회 게시판에 올린 글의 일부입니다. 이 글을 읽으며 저는 깊은 감동을 받았습니다. 나라가 위급해졌을 때 더욱 뚜렷하게 드러나긴 하지만 세 가지 부류의 사람들은 일상에서도 그 적용이 가능합니다. 현실에 저항하는 사람, 현실과 타협하는 사람, 또는 순응하며 방관하는 사람. 대부분의 사람들은 현실의 이익을 좇으며, 심지어 일부의 못된 인간들은 그 이익을 위하여 남을 짓밟고, 민족을 배신하고, 나라를 팔아먹기도 합니다. 그리고 많은 사람들이 그러한 현실에 체념하며 '모난 돌이 정 맞는다'고 되뇌면서 현실에 순응하고 방관하기도 합니다.

그러나 역사를 이끌어왔던 이들은 언제나 현실에 저항하는 사람들이었습니다. 전봉준이 현실에 저항하였고, 신돌석이 현실에 저항하였고, 김구와 여운형이 현실에 저항하였고, 이들이 역사를 바꾸어왔던 것입니다. 그러나 이러한 사람들이 제대로 대접을 받지 못하고 있는 것이 실상입니다. 이것은 무엇 때문일까요? 맞습니다. 부조리를 저지르며 자신의 이익을 챙기는 이기주의자들이 있기 때문입니다. 그들은 현실에 저항하는 사람들을 탄압함으로써 자신들이 군림하는 피라미드를 지키려고 하기 때문입니다. 그러나 이러한 현실에 저항하여 승리한 사람들이 있습니다. 처음으로 승리한 사람은 허준이었습니다.

스스로 기회를 개척하다

1980년대, 90년대에 드라마 「동의보감」, 「허준」 등이 큰 인기를 얻으면서 허준에 대해 모르는 사람들은 거의 없습니다. 그러나 한국사 교과서에서는 거의 언급이 없는 인물입니다. 허준은 아버지 허론과 어머니 손씨 사이에서 태어났습니다. 어머니 손씨는 허론의 첫째 부인이 아니었습니다. 즉 허준은 서자였던 것입니다. 당시 서자들의 유일한 출세 통로는 무관이나 기술관이 되는 것이었고, 허준은 의관으로서 성공하여 종1품 숭록대부까지 올랐고, 죽은 뒤에는 정1품 보국숭록대부까지 올랐습니다. 서얼 차별이 엄격했던 당시 사회의 벽을 넘어서 양반도 되기 힘든 그야말로 최고의 벼슬까지 얻었던 것입니다. 이러한

허준 벽화(허준 박물관 소재)

성공을 거둔 인물은 신분제가 없는 현대 사회에서도 별로 없습니다. 그렇다면 허준은 어떻게 사회의 벽을 넘어설 수 있었을까요?

첫 번째 이유는 스스로 기회를 개척했다는 것입니다. 사실 허준에게는 결정적인 기회가 있었습니다. 그는 광해군의 두창을 스스로 나서서 고쳤습니다. 그 사정을 자신이 쓴 『언해두창집요』에서 이렇게 말했습니다.

> 경인년(1590) 겨울 왕자가 또 이 병에 걸렸는데, 임금께서는 지난 일을 떠올리시고 신에게 특명을 내려 약을 써서 치료하라고 했습니다. (중략) 그 증상이 매우 위험하였으나 모두들 약을 써서 허물을 얻을까 봐 가만히 있었고 병세는 더욱 위험해졌습니다. (중략) 신이 성지를 받들어 영약 여러 개를 힘써 찾아 문득 세 번 약을 쓰니 세 번 효과가 있어서 금세 악증이 없어지고 정신이 되돌아와 여러 날 지나지 않아 완전히 회복되었습니다.

허준은 스스로 기회를 개척했던 것입니다. 다른 어의들은 치료 실패의 책임 때문에 수수방관했지만 허준은 최선을 다해 노력했습니다. 광해군의 증세가 매우 위험하다는 것을 알면서도 용기를 내어 최선을 다하여 성공을 거두었습니다. 이에 선조는 허준의 공을 치하하여 정3품 당상관인 통정대부의 품계를 내렸습니다. 이는 서얼 출신이었던 허준에게 허용된 당하관의 한계를 돌파한 쾌거였습니다.

어려울 때일수록 최선을 다하다

두 번째 이유는 어려울 때일수록 최선을 다했다는 것입니다. 임진왜란이 시작되자마자 계속된 패배로 선조는 서울을 버리고 도망쳤습니다. 그러나 대다수의 신하들과 심지어 어의들까지도 선조를 보필하려 하지 않았습니다. 선조를 뒤따른 호성공신은 86명이었는데, 그중 의관은 허준과 이연록 단 두 명뿐이었습니다. 나라의 위기이자 자신의 위기였던 때에 자신의 일에 최선을 다했기 때문에 허준은 더욱 성공할 수 있었던 것입니다.

양반 계층과 언관들의 근거 없는 악평에 맞서 싸우다

세 번째 이유는 양반 계층과 언론의 근거 없는 악평에 맞서 싸웠다는 것입니다. 왜란이 끝난 후 허준은 호성공신 3등에 책봉되어 종1품 숭록대부가 되었습니다. 이후 서얼 출신의 의관 허준이 종1품에 오른 사상 초유의 신분 상승에 대한 견제가 더욱 심해졌습니다. 허준에 대한 탄핵을 요구하는 내용이 『선조실록』 선조 38년(1605) 9월 17일에 보이기 시작합니다.

성상께서 바야흐로 침을 맞으면서 조섭하는 중에 계시니, 어의(御醫)는 참으로 일각이라도 멀리 떠날 수 없는 것입니다. 그런데 양평군(陽平君) 허준(許浚)은 품계가 높은 의관(醫官)으로서 군부(君父)의 병을 생각하지 않고 감히 사사로운 일로 태연히 뜻대로 행하고야 말았습니다. 이에 사람들이 모두 분개하고 있으니 먼저 파직시키고서 추고하소서.

다음은 『선조실록』 선조 38년 9월 19일의 기사입니다.

성상께서 바야흐로 섭양중(攝養中)에 계시는 때라서 약을 제조하는

허준이 환자를 치료하는 동상
(서울 구암공원 소재)

내의원 복원 모형(허준 박물관 소재)

신하는 멀리 떠날 수가 없는 것인데 허준(許浚)은 태연해 사사로운 일로 말미를 청하였으며, 정원(政院)이 이에 대해 치죄를 청하였는데도 반성하며 기탄하지 않습니다. 이처럼 군부의 병환을 생각지 않고 두려워해야 할 공론을 염두에 두지 않으니, 그의 교만 방자한 죄를 추고로만 징계할 수가 있겠습니까. 먼저 파직시키고 뒤에 추고할 것을 명하소서. (중략) [허준은 성은(聖恩)을 믿고 교만을 부리므로 그를 시기하는 사람이 많았다.]

이 기록들 중 특히 사관의 "허준은 성은을 믿고 교만을 부리므로 그를 시기하는 사람이 많았다."라는 악평이 핵심입니다. 이러한 악평은 이후에도 계속되었습니다. 선조 39년 허준에게 관직의 최고 단계인 정1품 보국숭록대부가 내려졌습니다.『선조실록』선조 39년(1606) 1월 3일의 기사는 이렇게 당시의 상황을 보여주고 있습니다.

양평군(陽平君) 허준(許浚)은[위인이 어리석고 미련하였는데 은총을 믿고 교만했다] 이미 1품에 올랐으니 이것도 벌써 분수에 넘친 것입니다. 그런데 이번에 또 보국(輔國)의 자급으로 올려 대신과 같은 반열에 서게 하였으니, 이것이 어떠한 관함(官銜)인데 그에게 제수하여 명기(名器)를 욕되게 하고 조정에 수치를 끼치십니까. 예부터 의관(醫官)이 임금의 병에 공효를 바친 일이 반드시 한두 번이 아니었지만 높은 자급 중한 관질이 이처럼 참람된 적은 없었습니다. 듣고 본 모든 사람은 놀라지 않는 이가 없습니다. 상전(賞典)이 어찌 그에 알맞게 베풀 만한 것이 없겠습니까. 허준의 가자(加資)를 속히 개정하소서.

당시 언론 역할을 했던 사간원과 사헌부에서는 허준이 이미 종1품 숭록대부에 오른 것도 분수에 넘치는 일인데 다시 정1품 보국숭록대부에 오르게 하는 것은 신분 질서를 무너뜨리는 일이라는 주장을 하며 허준을 탄핵했습니다. 또한 이 사건을 기록한 사관은 "위인이 어리석고 미련하였는데 은총을 믿고 교만했다."라는 기록을 하여 허준에 대한 악평을 계속하고 있습니다. 허준이 승진을 거듭하고, 최고의 품계를 받는 단계에까지 이르자 당시 양반 계층의 입이라고 할 수 있는 언관들과 이를 기록하던 사관들까지 허준에 대한 비판과 탄핵, 악평을 계속했던 것입니다. 허준이 부당한 비판에 무너졌다면 더 이상 성공은 없었을 것입니다. 그러나 허준은 맞서 싸우면서 반대 세력들이 보란 듯이 성공을 해나갔습니다. 오히려 주류 특권층에게 주눅 들지 않고 자신의 길을 갔습니다. '교만했다'는 기록을 통해 허준이 기죽지 않고 합리적으로 자신의 일을 처리했다는 것을 알 수 있습니다. 그러나 이러한 거짓말과 비합리적인 악평들은 오히려 주류 특권층들이 허준을 그만큼 두려워하고 있었음을 보여주는 반증이기도 합니다.

자주적인 나라 사랑, 따뜻한 서민 사랑

네 번째 이유는 허준이 자주적인 나라 사랑과 따뜻한 서민 사랑의 마음을 보여주었다는 것입니다. 허준은 "중국 사람에게는 그들의 땅에서 나는 약초들이 효험이 있듯, 우리 몸에는 우리 땅에서 자라나는 약초가 적합하다."라는 신토불이(身土不二) 이론을 펴 우리의 몸에 맞는 의학을 열었습니다.『동의보감』에서 처방하는 주요 약재의 90% 정도가 향약입니다. 우리 주변에서 쉽게 얻을 수 있는 약재들이죠. 이전까지 당약이란 이름으로 비싼 중국산 약재를 썼지만,『동의보감』이후엔 우리 약으로 대체하여, 쉽고 싸게 이용할 수 있게 한 것입니다.

또한 당시 일반 민중들은 목숨이 위태로워도 여간해선 약을 사 먹을 수 없었습니다. 이런 형편을 잘 아는 허준은『동의보감』에 단방 처방을 넣었습니다. 말 그대로 한 가지 약재를 써서 치료하는 처방이죠. 단방엔 바로 민중들을 생각하는 허준의 정신이 가장 잘 담겨 있습니다. 또 허준은 한문을 모르는 일반 민중들을 위해 많은 한글 언해본 의서들을 간행했습니다. 그래서 일반 백성들도 쉽게 의서를 접할 수

『동의보감』집필 모습 복원 모형(허준 박물관 소재)

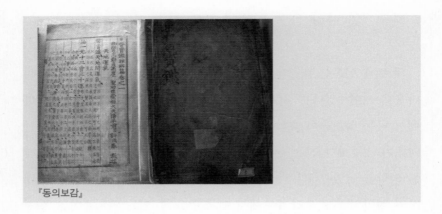
『동의보감』

있게 되었습니다.

허준이 이렇게 사회의 벽을 넘어선 사실을 우리 모두는 이미 알고 있습니다. 허준은 현실에 굴복하지 않고 저항하여 승리한 역사를 보여 주었습니다. 어떠한 길을 걸어야 승리하는 역사를 만들어갈 수 있는지를 보여주었습니다. 힘들고 어렵지만 열심히 노력한다면 정의는 반드시 승리한다는 것입니다.

광해군 때 강원도에 UFO가 나타났을까?

태종, 세종, 중종, 숙종 때의 미확인비행물체들

드라마 「별에서 온 그대」의 외계인은 실제 있었을까?

SBS에서 방영된 드라마 「별에서 온 그대」의 주인공은 '도민준'이란 외계인이었습니다. 광해군 1년, 즉 1609년 강원도 지역에 나타난 UFO 를 타고 온 외계인이 현재까지 400여 년을 살아왔다는 가상의 이야 기를 바탕으로 하고 있죠. 드라마 중간중간에 나오는 과거 회상 장면 들을 바탕으로 저는 『응답하라 한국사 1』에 다음과 같은 글을 썼습 니다.

도민준이 살아온 400년간의 기록

드라마 「별에서 온 그대」의 남자 주인공 이름이 도민준입니다. 도민준 은 광해군 1년부터 지금까지 약 400년을 살아온 외계인이죠. 드라마의 내용을 바탕으로 도민준이 살아온 400년간의 기록을 가상의 역사로 살 펴본 글입니다.

광해군 1년(1609) 지구에 도착하다

난 1609년 8월 25일 KMT184.05라고 지구인들이 부르는 행성에서
왔습니다. 우리 행성은 지구와 환경이 거의 비슷한 쌍둥이 행성이라고
할 수 있습니다. 그래서 자기장, 중력, 물 등 지구와 우리 행성은 거의 차
이가 없어서 쉽게 적응할 수 있었죠. 그러나 우리 행성은 지구보다 문명
이 더 발전되어 있습니다. 문명의 발전과 함께 의학이 발달하여 우리 행
성의 사람들은 지구인들의 시간으로 거의 수천 년을 평균수명으로 살
고 있죠. 그리고 지금으로부터 600여 년 전 우리 행성에서는 지구의 환
경이 우리 행성과 거의 같고, 또한 많은 생명체들이 살고 있다는 것을
알게 되었습니다. 우리는 지구의 생명과 문명에 대한 연구를 위해 조사
단 파견을 결정했습니다. 그리고 현재 지구인들이 UFO라고 부르는 우
리 행성의 우주선을 타고 왔죠. 지구를 400여 년 주기로 돌고 있는 딥
사우스 혜성을 테라포밍(Terraforming)하여 우리 행성 사람들이 살
수 있는 곳으로 만들어 딥사우스 혜성을 일종의 우주선으로 이용한 것
입니다. 그렇게 200여 년을 이동하여 지구 근처에 도착한 저를 포함한
조사단은 우주선을 타고 지구 곳곳을 조사하고 다녔습니다. 그러던 중
1609년 8월 25일 조선이란 나라 동쪽에 있는 강원도 지역에 도착했습
니다. 그때 우리 우주선을 본 사람들의 증언이 강원도 곳곳에서 강원
감사 이형욱에게 올라갔고, 이형욱은 이를 다시 정리하여 9월 25일 조
선 조정에 보고했습니다. 이를 기록한 것이 바로 『광해군일기』에 실렸습
니다.

이화와의 만남

제가 조선에 와서 처음 만난 사람이 이화입니다. 이화는 15살의 어

린 나이에 과부가 된 소녀였죠. 그런데 이화의 시댁에서는 자객을 고용하여 이화를 죽이려고 했지만 저의 도움으로 목숨을 구할 수 있었습니다. 시댁에서는 이화가 죽은 남편을 따라 자살한 것으로 위장하여 열녀비를 하사받으려고 한 것이죠. 시댁이 열녀비를 받기 위해 자신을 죽였다는 것을 알게 된 이화는 친정으로 돌아와 이 사실을 알립니다. 당시는 광해군 때로 이른바 조선 중기입니다. 조선 중기는 조선 후기처럼 여성의 지위가 아주 나빠지지는 않았지만 조선 초부터 여성의 이혼, 재혼이 법적으로 금지되었고, 재혼한 여성의 자손들은 과거 시험을 볼 수 없는 등 차별을 받았습니다. 나라에서는 열녀문, 열녀비 등을 내리는 경우가 점차 많아져 그 과정에서 희생된 여성들도 많았습니다. 또한 고려시대, 조선 전기는 남성들이 처가살이하는 경우가 많았지만 조선 중기 이후 점차 여성들이 시집살이하는 경우가 많아졌죠. 제게 친필이 들어간 도자기를 주신 허균 선생의 누나인 허난설헌 역시 시집살이를 했습니다.

허준과의 만남

독약을 먹고 죽을 위기에 처한 저를 치료해준 분이 바로 허준 선생입니다. 같이 온 동료들은 이미 우주선을 타고 떠났죠. 1608년 2월 선조가 죽자 당시 어의였던 허준 선생은 그 책임을 지고 유배를 갔다가 1609년 11월에 유배에서 풀려납니다. 제가 조선에 온 것이 1609년 8월이었고, 허준 선생은 석 달 동안 저를 치료해주신 이후 곧 유배에서 풀려나셨죠. 유배에서 풀려나시기 직전 허준 선생이 저에게 '통즉불통(通即不痛) 불통즉통(不通即痛)'이라는 충고를 해주셨습니다. '통하면 아프지 않고, 통하지 않으면 아프다'는 뜻입니다. 이 말은 허준 선생이 쓰신 『동의보감』에도 실려 있는 내용이죠. 『동의보감』은 중국과 일본에서도 간행될 정도로 훌륭한 의서입니다. 우리나라에서 쉽게 구할 수 있는 약재나 가난한 백성들을 위한 단방 처방(한 가지 약으로 치료할 수 있는 처방) 등 가난한 백성들을 위한 허준 선생의 따뜻한 마음이 담겨 있죠. 하긴 허준 선생은 저 같은 외계인도 치료해주신 분이었으니까요.

허균과의 만남

허균 선생이 직접 써주신 글이 담긴 도자기를 얼마 전 천송이가 청소한다고 난리치다가 깨뜨려버렸죠. 제가 400년 동안 얼마나 애지중지했던 것인데……. 허균 선생은 최초의 한글소설 『홍길동전』을 쓴 저자로 유명합니다. 『홍길동전』의 주인공 홍길동을 모르는 한국인은 아마 없을 겁니다. 그런데 홍길동의 실제 모델이 저입니다. 허균 선생이 제가 도술을 부린다는 이야기를 듣고 저를 찾아와 만난 적이 있었죠. 그래서 제가 순간 이동을 보여드리니까 굉장히 놀라시더군요. 그러니까 홍길동이 동에 번쩍 서에 번쩍 나타난 것은 저의 순간 이동을 묘사한 것이라고 할 수 있죠. 다시 말해 홍길동이 부린 도술은 사실 저의 초능력을 묘사한 것입니다. 물론 조선왕조실록 중 하나인 『연산군일기』에는 실존 인물이었던 홍길동이란 도적을 체포하였다는 기록이 있습니다. 또 『만성대동보』라는 족보에 홍길동이 '도술을 부린 자'라고 기록되어 있는데, 이 족보에 따르면 홍길동의 고향은 전남 장성이라고 합니다.

허균 선생은 저와 만나 많은 대화를 나누곤 하였는데, 지금도 『홍길동전』을 읽으면 허균 선생과 다시 대화하는 느낌이 듭니다. 우선 허균 선생은 위정자들이 '백성을 두려워해야 한다'고 생각하였습니다. 『홍길동전』에는 이를 반영하는 내용들이 많이 나옵니다. 홍길동이 이끄는 활빈당은 이름 그대로 '가난한 사람들을 살리는 조직'입니다. 당시 백성들은 모두 가난한 사람들이었는데, 탐관오리들이 백성들을 착취하였기 때문이죠. 즉 홍길동은 백성들을 대표하여 혁명을 꿈꾸는 민중 지도자를 표현한 인물입니다. 홍길동이 바다 건너 섬에 세운 율도국 역시 허균 선생이 이상으로 생각한 나라를 보여줍니다. 무엇보다도 허균 선생이 민중을 중심으로 생각하였음을 보여주는 것은 『홍길동전』을 한글로 썼다는 것입니다. 『홍길동전』에서 말하고 있는 혁명 사상이 한글을 통해 백성들 사이에 퍼져 나가면서 광해군을 비롯한 지배층은 허균을 제거하기로 결심하였습니다. 결국 광해군 10년(1618) 허균은 영창대군(광해군의 이복동생)을 왕으로 만들려고 하는 역모를 꾀했다는 혐의로 처형당하였습니다. 참으로 안타까운 일이었습니다.

숙종 때 김만중과의 만남

제가 읽은 책 중 가장 감명 깊은 책이 김만중 선생이 쓴 『구운몽』입니다. 해리 포터보다 무려 400년이나 앞선 신개념 판타지 소설이었죠. 이 책은 김만중 선생이 평안도 선천에 유배되었을 당시에 모친을 위해 쓴 소설입니다. 아들이 유배되어 걱정하고 계실 어머니께 재미있게 읽을 이야기를 지어드린 것이죠. 『구운몽』의 주인공은 '성진'이라는 천상의 인물인데, 8선녀를 희롱한 죄로 지상으로 내려와 '양소유'란 인간으로 태어납니다. 양소유는 출세하여 나라의 영웅이 되고, 8명의 아내를 두는 등 행복한 삶을 살다가 깨어나 보니 꿈이었다는 결론입니다. 그런데 『구운몽』의 주인공 '성진'의 실제 모델 역시 접니다. 김만중 선생이 유배지에서 제 이야기를 듣고 아이디어를 얻은 것이죠. 제가 하늘 위 별에서 왔고, 별로 돌아가지 못한 채 지구에서 살고 있다는 이야기를 천상의 '성진'이 인간 세상으로 쫓겨나 지상의 '양소유'로 살고 있는 것으로 각색한 것이죠. 그러니까『구운몽』은 판타지 소설이 아니라 사실을 바탕으로 한 팩션 소설이었다고 해야 할 것입니다.

영조 때 김홍도의 그림을 선물 받다

영조 때 한 기생이 저에게 사랑을 고백하며 건넨 그림이 단원 김홍도의 대표적 풍속화 '무동'입니다. 그 기생은 김홍도가 왕세손의 초상화까지 그렸다며 당시 최고의 화공이라는 말을 하였죠. 김홍도는 당시 영조의 초상화를 그렸을 뿐만 아니라 그의 손자, 즉 왕세손 이산(정조)의 초상화를 그릴 정도로 뛰어난 화공이었고, 정조 즉위 후에도 역시 정조의 초상화를 그렸으며, 각종 풍속화를 그린 대단한 화가였습니다.

홍대용으로 살며『의산문답』을 쓰다

영조 때 저는 담헌이라는 호를 쓰고, 홍대용이라는 이름으로 살았습니다. 그때 술을 처음 마시고 취하여 초능력을 쓰고, 말을 타고 날아다니는 술주정을 부리는 큰 실수를 하기도 했죠. 어쨌든 관상감에서 일하면서 동료에게 지구가 둥글고 움직인다는 이야기를 했는데도 믿지를 못하더군요. 그래서 '허자'와 '실옹'의 대화로 이루어진『의산문답』을 써서 '실옹'의 이름으로 제가 알고 있던 과학 지식을 알리기도 하였죠. '실옹(實翁)'은 '실력 있는 할아버지'라는 뜻입니다. 그때 이미 저는 150년 넘게 지구에 살고 있었기 때문에 '할아버지'라는 필명을 썼던 것이죠. 우주가 무한히 크다는 것을 설명하는 무한우주론과 지구가 자전, 공전한다는 것을 설명한 지전론 등을 매우 과학적으로 설명하였습니다. 2005년 한국 연구진들이 발견한 소행성을 제 이름 '홍대용'으로 명명하였는데, 그때는 정말 400년간 살아온 보람이 있었습니다.

병자년 방죽을 부릴 때 강화도조약이 맺어지다

고종 13년이 병자년이었는데, 그해 전국적인 가뭄이 들어 방죽이 모두 말라버렸습니다. 이를 보고 사람들이 건방죽이라고 했죠. 원래 방죽은 물을 막기 위해 쌓은 둑을 말합니다. 건방죽은 물이 말라버린 방죽이죠. 즉 원래 물을 가득 담고 있어야 할 방죽이 자기 주제도 모르고 날뛰는 건방죽이 되었다는 뜻입니다. 이 '건방죽'이란 말이 현재 '건방지다'라는 말의 기원이 된 것이죠. 이렇게 가뭄이 들어 건방죽이 되어버린해가 1876년, 고종 13년으로 일본과 강화도조약을 맺은 해입니다. 병자년에 맺은 조약이라 하여 병자수호조규라고도 하죠.

그런데 강화도조약은 최초의 근대적 조약이었지만 불평등 조약이었습니다. 일본이 우리나라의 연안 바다를 마음대로 측량하는 것을 허용하여 우리의 영토 주권을 침해했으며, 일본인들이 우리나라에서 벌인범죄를 우리 법으로 처벌하지 못하는 치외법권을 인정하는 등 우리나라에 극도로 불평등하였습니다. 그래서 저는 당시 상황을 보며 '이런 밤중에 버티고개에 가서 앉을 놈들'이라고 욕을 했죠. 버티고개는 약수동에서 한남동으로 넘어가는 고개였는데, 당시엔 매우 좁고 험해서 도적들이 밤에 숨어 있다가 버티고개를 지나다니는 사람들의 재물을 도둑질하는 경우가 많았습니다. 그래서 '밤중에 버티고개에 가서 앉을 놈들'이라는 것은 '도둑놈들'이라는 뜻이죠. 당시 일본은 도둑놈들이었던 것입니다. 지금도 다른 나라들을 침략했던 과거에 대해 반성하지 않고 전쟁을 할 수 있도록 헌법 개정을 하려는 일본 우익들에게 하고 싶은 말이 있습니다. '이런 야스쿠니에 가서 참배할 놈들'이라고요. 뜻은 '밤중에 버티고개에 가서 앉을 놈들'과 같습니다.

_『응답하라 한국사 1』(김은석 지음)에서 발췌

광해군 때 정말 UFO가 나타났을까?

그렇다면 「별에서 온 그대」의 모티브가 된 『광해군일기』의 내용을 먼저 살펴봅시다.

강원 감사 이형욱(李馨郁)이 치계하였다. "간성군(杆城郡)에서 8월 25일 사시 푸른 하늘에 쨍쨍하게 태양이 비치었고 사방에는 한 점의 구름도 없었는데, 우레 소리가 나면서 북쪽에서 남쪽으로 향해 갈 즈음에 사람들이 모두 우러러보니, 푸른 하늘에서 연기처럼 생긴 것이 두 곳에서 조금씩 나왔습니다. 형체는 햇무리와 같았고 움직이다가 한참 만에 멈추었으며, 우레 소리가 마치 북소리처럼 났습니다. 원주목(原州牧)에서는 8월 25일 사시 대낮에 붉은색으로 베처럼 생긴 것이 길게 흘러 남쪽에서 북쪽으로 갔는데, 천둥소리가 크게 나다가 잠시 뒤에 그쳤습니다. 강릉부(江陵府)에서는 8월 25일 사시에 해가 환하고 맑았는데, 갑자기 어떤 물건이 하늘에 나타나 작은 소리를 냈습니다. 형체는 큰 호리병과 같은데 위는 뾰족하고 아래는 컸으며, 하늘 한가운데서부터 북방을 향하면서 마치 땅에 추락할 듯하였습니다. 아래로 떨어질 때 그 형상이 점차 커져 3, 4장(丈) 정도였는데, 그 색은 매우 붉었고, 지나간 곳에는 연이어 흰 기운이 생겼다가 한참 만에 사라졌습니다. 이것이 사라진 뒤에는 천둥소리가 들렸는데, 그 소리가 천지(天地)를 진동했습니다. 춘천부(春川府)에서는 8월 25일 날씨가 청명하고 단지 동남쪽 하늘 사이에 조그만 구름이 잠시 나왔는데, 오시에 화광(火光)이 있었습니다. 모양은 큰 동이와 같았는데, 동남쪽에서 생겨나 북쪽을 향해 흘러갔습니다. 매우 크고 빠르기는 화살 같았는데 한참 뒤에 불처럼 생긴 것이 점차 소멸되고, 청백(靑白)의 연기가 팽창되듯 생겨나 곡선으로 나부끼며 한참 동안 흩어지지 않았습니다. 얼마 있다가 우레와 북 같은 소리가 천지를 진동시키다가 멈추었습니다. 양양부(襄陽府)에서는 8월 25일 미시(未時)에 품관(品官)인 김문위(金文緯)의 집 뜰 가운데 처마 아래의 땅 위에서 갑자기 세숫대야처럼 생긴 둥글고 빛나는 것이 나타나, 처음에는 땅에 내릴 듯하더니 곧 1장 정도 굽어 올라갔는데, 마치 어떤 기운이 공중에 뜨는 것 같았습니다. 크기는 한 아름 정도이고 길이는 베 반 필(匹) 정도였는데, 동쪽은 백색이고 중앙은 푸르게 빛났으며 서쪽은 적색이었습니다. 쳐다보니, 마치 무지개처럼 둥그렇게 도는데, 모습은 깃발을 만 것 같았습니다. 반쯤 공중에 올라가더니 온통 적색이 되었는데, 위의 머리는 뾰족하고 아래 뿌리 쪽은 자른 듯하였습니다. 곧바로 하늘 한가운데서 약간 북쪽으로 올라가더니 흰 구름으로 변하여 선명하고 보기 좋았습니다. 이어 하늘에 붙은 것처럼 날아 움직여 하늘에 부딪칠 듯 끼어들면서 마치 기운을 토해내는 듯하였는데, 갑자기 또 가운데가 끊어져 두 조각이 되더니, 한 조각은 동남쪽을 향해 1장 정도 가다가 연기처럼 사라졌고, 한 조각은 본래의 곳에 떠 있었는데 형체는 마치 베로 만든 방석과 같았습니다. 조금 뒤에 우레 소리가 몇 번 나더니, 끝내는 돌이 구르고 북을 치는 것 같은 소리가 그 속에서 나다가 한참 만에 그쳤습니다. 이때 하늘은 청명하고, 사방에는 한 점의 구름도 없었습니다."

이것은 『광해군일기』 광해 1년(1609) 9월 25일의 기록으로 당시 강원 감사 이형욱이 광해 1년 8월 25일 강원도 간성(현재 고성), 원주, 강릉, 춘천, 양양 등 강원도 전역에서 올라온 기이한 현상의 보고들을

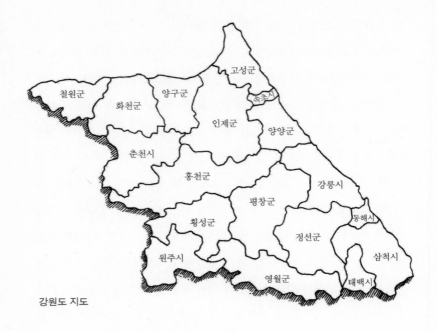

강원도 지도

정리하여 중앙 정부에 보고한 내용입니다. 고성, 원주, 강릉에서는 사
시(巳時), 즉 오전 9~11시 무렵, 춘천에서는 오시(午時), 즉 오전 11시~
오후 1시 무렵, 양양에서는 미시(未時), 즉 오후 1~3시 무렵에 일어난
사건으로 시간이 각기 다르지만 모두 8월 25일 발생했기에 같은 사건
이었다고 볼 수 있습니다. 또한 그 모양은 햇무리, 붉은 베, 호리병, 동
이, 세숫대야 등으로 다르게 표현되었지만 공통적으로 둥근 물체가 갑
자기 하늘에 나타나 빠르게 움직이면서 천둥, 우레, 북소리 같은 큰 소
리를 내었다는 것입니다. 이러한 기록들을 글자 그대로 해석할 때 가
장 그럴듯한 해석은 광해군 때 강원도에 UFO가 나타났다는 것입니다.
그러나 광해군 1년 8월 25일 한양(서울)과 평안도 선천에서는 유성이
관측되었습니다. 먼저 『광해군일기』의 기록을 봅시다.

오시(吾時)에 영두성(營頭星)이 천중(天中)에서 나와 간방(艮方)을 향하였다. 크기는 항아리만 하였고 빠르게 지나갔는데 마치 횃불과 같고, 요란한 소리가 났으며 크기는 가히 3, 4자 정도이고 황백색이었다. 밤 5경에 유성이 벽성(壁星)의 자리에서 나와 건방(乾方)의 하늘 끝으로 들어갔는데, 모양은 주발과 같았고 꼬리의 길이가 6, 7척 정도였으며 적색이었다.

선천군(宣川郡)에서 오시에 날이 맑게 개어 엷은 구름의 자취조차 없었는데, 동쪽 하늘 끝에서 갑자기 포를 쏘는 소리가 나서 깜짝 놀라 올려다보니, 하늘의 꼴단처럼 생긴 불덩어리가 하늘가로 떨어져 순식간에 사라졌다. 그 불덩어리가 지나간 곳은 하늘의 문이 활짝 열려 폭포와 같은 형상이었다.

_『광해군일기』 광해 1년(1609) 8월 25일 기사에서 발췌

광해 1년(1609) 8월 25일 두 기사에 따르면 당시 한양과 평안도 선천에서는 오시(吾時), 즉 오전 11시~오후 1시 무렵에 유성이 관측되었습니다. 영두성, 불덩어리로 표현되어 있지만 둘 다 한낮에 관측된 유성이었습니다. 그런데 같은 날 강원도에서는 유성과 비슷한 현상이 오시(吾時)를 전후한 사시, 오시, 미시에 벌어진 것이죠. 실제로 현대에도 유성이 떨어지면 이를 UFO로 오인하는 경우가 많습니다. 그래서 광해 1년(1609) 8월 25일에 강원도에서 관찰된 사건과 서울, 평안도에서 관측된 유성은 동일 천문 현상으로 이해하는 경우가 일반적이죠.

강원 감사 이형욱은 왜 괴이한 현상을 보고했을까?

그렇다면 당시 강원도에서 벌어진 사건에 대해 괴이한 현상으로 보고한 강원 감사 이형욱은 왜 그랬을까요? 먼저 이형욱이 어떤 인물이었는지 『광해군일기』의 기록들을 봅시다.

> 이형욱(李馨郁)을 도승지로, 이이첨(李爾瞻)을 응교로, 윤효선(尹孝先)을 부응교로, 정홍익(鄭弘翼)을 교리로, 홍방을 정언으로 삼았다.
>
> _『광해군일기』 광해 즉위년(1608) 5월 8일 기사에서 발췌

> 이형욱(李馨郁)을 강원 감사로, 이종일(李宗一)을 길주 목사로 삼았다.
>
> _『광해군일기』 광해 즉위년(1608) 12월 22일 기사에서 발췌

> 이형욱(李馨郁)을 승지로, 이상의(李尙毅)를 대사헌으로, 이필영(李必榮)을 대사간으로, 박정길(朴鼎吉)을 정언으로, 신식(申湜)을 강원 감사로 삼았다.
>
> _『광해군일기』 광해 2년(1610) 9월 6일 기사에서 발췌

기록에 따르면 이형욱은 광해 즉위년(1608)에 도승지, 즉 현재의 대통령 비서실장에 임명됩니다. 그리고 12월 22일 강원 감사로 임명되어 광해 1년(1609) 8월 25일 벌어진 괴이한 현상을 9월 25일 중앙 정부에 보고한 것이죠. 그리고 광해 2년(1610) 9월 6일 다시 승지로 복귀하여 광해군의 비서로 일하게 됩니다. 이와 같이 이형욱은 현대로 말하면 대통령 비서실장, 강원도 도지사 등을 역임한 중요한 고위 관리였

던 것이죠. 다시 말해 광해 1년(1609) 8월 25일 벌어진 괴이한 현상이 허위 보고일 가능성은 거의 없습니다.

그렇다면 당시 강원도에서는 무슨 일이 벌어진 것일까요? 아마 광해 1년(1609) 8월 25일 강원도 전역에서는 『광해군일기』에 적힌 것과 같은 사건들이 실제 일어났을 가능성이 있습니다. 그리고 이 사건을 경험한 사람들이 너무나 많았기에 자세한 실태 조사가 있었을 것이 분명합니다. 특히 기록에 나오는 유일한 실명 목격자가 품관 김문위입니다. 품관이란 벼슬아치를 이르는 말로 김문위는 당시 관직에 있던 사람이기에 더욱 그 증언의 신빙성이 높습니다.

기록에 따르면 당시 김문위는 집 안마당에서 갑자기 세숫대야처럼 생긴 물체를 목격합니다. 이 물체는 처음에 땅에 내릴 듯 내려오다가 다시 위로 올라갔고, 공중에서 무지개처럼 둥그렇게 도는데, 물체의 윗부분은 뾰족하고 아랫부분은 자른 듯이 평평했습니다(비행접시의 일반적 형태가 떠오르죠). 또한 이 물체는 갑자기 둘로 분리되어 한 조각은 동남쪽을 향해 가다가 연기처럼 사라졌고, 한 조각은 그대로 떠 있다가 조금 뒤에 우레 소리가 몇 번 난 후 사라졌습니다(하나의 UFO 가 여러 개로 분리되는 현상이 발견되는 경우가 있죠).

이러한 김문위의 증언은 당시 다른 지역의 증언들보다 너무나 자세하여 허위 증언이 아니라 직접 눈으로 본 생생한 체험담일 가능성이 높습니다. 강원 감사 이형욱의 보고에서도 가장 신빙성이 높다고 보기에 김문위라는 실명까지 기록한 것으로 보입니다. 중앙 정부에서도 같은 날 유성이 관측되었기에 강원도에서 일어난 현상을 유성으로 판단할 수도 있었지만 강원 감사의 보고 내용이 너무나 생생했기에 그대로 기록을 남겼다고 생각됩니다.

조선시대의 UFO로 의심되는 기록들

『조선왕조실록』에는 수백 건의 유성, 혜성 관측 기록이 남아 있습니다. 그런데 당시 사람들이 보더라도 유성, 혜성으로 볼 수 없는 이상한 별과 물체들이 기록되어 있습니다. 먼저 『태종실록』을 봅시다.

> 초저녁에 패성이 북방에 나타나서 선회하고 유전(流轉)하다가 한참만에 자취가 없어졌다. 그 크기는 주발(周鉢)만 하고 청적색(靑赤色)이었다. 임금이 친히 보고 서운관(書雲觀)에서 수경(守更)하던 조호선(趙好璇)에게 물으니 알지 못한다고 대답하므로 하옥하라고 명하였으나, 이튿날 그를 석방하였다.

이것은 태종 13년(1413) 7월 22일의 기록으로 패성은 꼬리가 없거나 불분명한 혜성을 말합니다. 그런데 꼬리가 없는 별이 하늘에서 한동안 빙글빙글 돌다가 없어졌는데, 그 모양은 주발(놋그릇)만 하고, 색깔은 청적색이었습니다. 이 현상은 매우 신기했기에 당시 임금인 태종 역시 직접 보고, 천문 관측을 담당하던 서운관 관리 조호선에게 물었으나 무슨 별인지 알지 못한다고 하여 옥에 가두었다가 그다음 날 풀어주었다는 것이죠. 또 『세종실록』의 다음 기록도 봅시다.

> 괴이한 기상이 일어났는데, 은병(銀瓶) 같은 것이 동북쪽에서 일어나 서남쪽으로 들어가면서 우레 같은 소리가 났다. 일관이 이것을 몰랐으므로, 사력(司曆, 서운관 종8품 관리)인 위사옥(魏思玉)을 옥에 가두어 그 죄를 다스렸다.

주발(周鉢)

세종 2년(1420) 1월 4일의 기록으로 은병(銀甁)처럼 생긴 물체가 우레 같은 소리를 내며 하늘을 날아갔다는 것입니다. 이 기상 현상 역시 당시 서운관 관리 위사옥이 몰랐기에 옥에 가두어 처벌했다는 내용이죠. 다음은 『중종실록』의 기록을 봅시다.

전라도 곡성현(谷城縣)에서는 밤하늘에 둥근 적기(赤氣)가 나타나 그 빛이 산야(山野)를 밝게 비추었고, 마을의 집까지 셀 수 있었는데, 한참 만에 사그라졌다.

중종 15년(1520) 2월 19일의 기사로 전라도 곡성현에서 밤하늘에 둥글고 붉은 기운이 나타났는데, 한참 동안 마을의 집까지 셀 수 있을 정도로 그 빛이 매우 밝았다는 것이죠. 또 다른 『중종실록』의 기록을 봅시다.

전라도 화순(和順)에서 해 뜰 무렵에 베 반 필 길이의 광선이 희미하게 무지갯빛과 서로 엉겨 움직이는데 백색이었다가 흑색으로, 청색이었다가 자색으로 그 빛깔을 바꾸고, 나가기도 하고 물러가기도 하며 번복

은병(銀瓶)

(飜覆)하고 회환(回還)하는 것이 마치 연자방아를 찧는 모양과 같았는
데 일식경(一食頃)쯤 있다가 그쳤다.

중종 34년(1539) 12월 26일의 기사로 전라도 화순에서 하늘에 광선
이 나타나 흰색, 검은색, 파란색, 보라색 등으로 색깔을 바꾸면서 연자
방아처럼 빙글빙글 돌면서 번복(뒤집고 엎어지는 모양)하고, 회환(갔다
가 돌아오는 모양)하는 현상이 약 30분 정도 나타났다는 것입니다. 다
음은 『숙종실록』의 기록을 봅시다.

경상도(慶尙道) 동래부(東萊府)에서 10월 18일 신시말(申時末) 건해
방(乾亥方)에 붉은 빛 한 덩어리가 있었는데, 별도 아니고 구름도 아닌
것이 바리때 같은 모양이었다. 잠깐 사이에 흰 명주 모양으로 변하여 길
이가 50~60척가량 되더니, 점차 서쪽 하늘로 가로 뻗치어 일곱 마디의
굴곡(屈曲)을 이루었다. 또 머리와 발이 있어 용(龍) 모양 같았는데, 유
시말(酉時末)에 서쪽에서 동쪽으로 향하였다가 얼마 후 사라졌다.

이것은 숙종 27년(1701) 11월 3일의 기록으로 경상도 동래(현재 부

산)에서 10월 18일 신시말(申時末), 즉 오후 4~5시 무렵에 바리때(발우, 절에서 쓰는 그릇) 모양의 붉은 빛 덩어리가 15~20미터 정도 길이의 흰 비단처럼 바뀌었는데, 물체의 머리와 발은 마치 용과 같았다고 합니다. 이 물체는 꽤 오랫동안 하늘에 머물렀던 것 같습니다. 유시말(酉時末), 즉 오후 6~7시 무렵에 사라졌으니 최소 한 시간 이상 하늘에 머물렀던 것으로 보입니다. 또 다른 『숙종실록』의 기록을 봅시다.

경상도(慶尙道) 김해(金海)·양산(梁山)·칠원(漆原) 등의 6읍이 해시(亥時)에 하늘이 이상(異常)하게 검더니 잠시 후에 화광(火光)이 낮과 같았고 하늘 위의 한 물건이 위로 뾰족하고 아래는 넓었으며 그 크기는 항아리[缸] 같았는데, 동쪽으로부터 서쪽으로 흘러갔다. 소리는 대포(大砲)와 같은 것이 세 번 났으며, 천둥소리가 계속하여 나더니 마치 별이 떨어지는 것 같은 현상이 있었는데, 화광(火光)도 또한 따라서 없어졌다.

이것은 숙종 37년(1711) 5월 20일의 기사로 경상도 김해, 양산, 칠원 등에서 해시, 즉 밤 9~11시 무렵 갑자기 불빛이 나타나 대낮처럼 밝아

연자방아

졌는데, 그 모양이 위가 뾰족하고 아래가 넓은 항아리 같았다는 것이죠. 또한 그 물체가 동쪽 하늘에서 서쪽 하늘로 지나가면서 대포소리, 천둥소리가 나기도 했습니다. 다음은 중종 때 고위 관리였던 김안로가 쓴『용천담적기(龍泉談寂記)』의 기록입니다.

채빙군(蔡聘君) 양정공(襄靖公)이 어릴 적에 아버지 임소를 따라서 경산(慶山)에 살 때, 두 아우와 관사[衙閣]에서 함께 자다가 밤중에 갑자기 소변이 마려워 옷을 입고 혼자 방 밖으로 나가보니 화원경(火圓鏡)과 같은 흰 기운이 오색(伍色)처럼 현란하게 공중에서 차바퀴처럼 돌아 먼 곳에서 차차 가까이 오는 것이 바람과 번개처럼 빠르므로 양정공이 놀라 창황히 방으로 들어왔다. 겨우 문턱을 넘어섰는데, 그것이 방 안으로 따라오는가 싶더니, 조금 있다 막내 동생이 가장 방구석에서 자다가 놀라 일어나 뛰며 아프다고 계속해서 부르짖으며 입과 코에서 피를 흘리며 죽었다. 양정공은 조금도 상한 데가 없었다.

여기 나오는 채빙군(蔡聘君) 양정공(襄靖公)은 김안로의 장인이었던 채수(蔡壽)입니다. 즉 채수가 사위 김안로에게 자신의 어렸을 때 경험

발우(왼쪽)와 항아리(오른쪽)

을 이야기해준 것을 김안로가 기록한 것이죠. 이에 따르면 채수는 어
렸을 때 경산에서 막내 동생이 급사한 이상한 사건을 경험한 것으로
보입니다.

채수는 동생 두 명과 함께 자다가 밤중에 갑자기 오줌이 마려워 혼
자 방 밖으로 나갔는데, 화원경(火圓鏡, 확대경)과 같은 물체가 공중
에서 차바퀴처럼 돌며 바람과 번개처럼 빠르게 다가오자 채수가 놀라
방으로 돌아왔습니다. 그런데 조금 있다 자고 있던 막내 동생이 갑자
기 놀라 일어나 뛰며 아프다고 부르짖으며 입과 코에서 피를 흘리며
죽었다는 것이죠. 반면에 채수는 아무 이상이 없었습니다. 이 이야기
를 기록한 김안로는 중종 때 좌의정까지 오른 인물로 현대로 치면 부
총리까지 오른 인물입니다. 기록자의 신뢰성이 매우 높죠. 또한 장인
인 채수 역시 막내 동생의 죽음과 관련된 것이기 때문에 거짓으로 지
어낸 이야기라고 볼 수는 없습니다.

지금까지 살펴본 것처럼 조선시대의 여러 기록 속에는 현대의 UFO
와 유사한 현상이 남아 있습니다. 특히 『조선왕조실록』에는 수백 건의
유성, 혜성 관측 기록이 나오기 때문에 유성, 혜성을 오인하여 기록했
다고 보기도 어렵습니다. 우리나라에서 UFO라는 미확인비행물체가

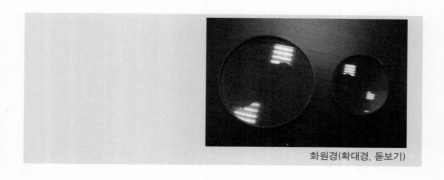

화원경(확대경, 돋보기)

발견되거나 사람들이 알게 된 것은 현대에 들어오면서부터입니다. 그런데 UFO와 비슷한 모양, 움직임을 증언하는 기록들이 조선 초기부터 후기까지 여러 차례 기록되어 있다면 이 또한 무조건 부정하기는 어려울 것입니다. 만약 그 기록들을 선조들이 어리석어 유성이나 혜성을 오인하여 기록한 것이라고 단정짓는다면 그것이 오히려 비과학적인 연구 태도일 것입니다.

『홍길동전』 율도국의 모델은 유구국이었다

홍길동의 모델은 유구국의 상파지였다

허균은 유구국 때문에 죽었다

『홍길동전』을 쓴 허균은 광해군 10년 역모를 꾸민 혐의로 처형당했습니다. 그런데 그 혐의 중 이상한 내용이 『광해군일기』에 남아 있습니다.

> 원수를 갚으려는 유구(琉球)의 군대가 와서 섬 속에 숨어 있다는 설이 나돌자 나라 사람들은 모두 '허균이 창도한 것이다.' 하였습니다.

이것은 광해군 10년(1618) 8월 22일의 기사로 허균이 '유구국의 군대가 조선을 침략하기 위해 몰래 와서 섬 속에 숨어 있다'고 소문을 냈다는 것입니다. 또한 『광해군일기』에는 이러한 내용도 있습니다.

> 더구나 허균이 결안할 즈음에 스스로 말하기를 "내가 하지도 않은 일까지도 내가 했다고 하니 극히 억울하다. 백령도(白翎島)의 유구병(琉球兵)에 대한 설을 어찌 내가 말하였겠는가." 하고 인하여 손수 이름을

허균의 무덤(경기도 용인 양천 허씨 가족 묘역 소재),
시신이 능지처참되어 가묘로 만들어졌습니다.

썼으니, 그 또한 단지 유구병에 대한 일 한 조항만을 억울하다고 말하였
은즉 그 나머지 죄목은 그가 실로 자복한 셈입니다.

이것은 광해 10년(1618) 8월 27일의 기사로 허균이 자신에 대한 여
러 역적 혐의 중 '백령도에 유구국의 군대가 와 있다'는 소문은 자신
이 내지 않았다고 말했다는 것입니다. 그러니 다른 역적 혐의는 모두
사실이고, 이는 허균이 스스로 역적임을 인정한 것이나 다름없다는
것입니다. 어쨌든 허균이 이러한 소문을 냈다는 이야기는 당시에 널리
퍼져 있었던 것으로 보입니다. 다음은 광해군 때의 일을 기록한 작자
미상의 야사인『광해조일기』무오년(광해군 10년)의 기록입니다.

허균이 비밀리에 그 도당을 시켜 밤마다 남산에 올라가 외치기를, "서
적(西賊)이 이미 압록강을 건넜고, 유구(琉球)가 또 바다 섬에 와 있는
데, 성안 사람들은 어찌 피하지 않느냐." 하고…….

허균이 자신의 무리를 시켜 '후금의 군대가 압록강을 건너 침략을 시작했고, 유구의 군대가 섬에 와서 곧 침략이 일어날 것'이라고 소문을 퍼뜨렸다는 것입니다. 실록과 야사에까지 이러한 소문이 기록될 정도였다면 당시 이러한 소문이 퍼졌던 것은 사실이라고 보입니다.

1611년에 벌어진 유구 왕자 살해 사건

그렇다면 왜 이러한 소문이 퍼졌던 것일까요? 먼저 『인조실록』의 기록을 봅시다.

> 하루는 유구국(琉球國)의 왕자(王子)가 보물을 가득 싣고 제주 경내에 정박했는데, 이는 대개 바람 때문에 표류하여 오게 된 것이었다. 그런데 이기빈이 판관 문희현(文希賢)과 포위하고 모조리 죽인 뒤 그 재화(財貨)를 몰수해 들였는데……

이는 인조 3년(1625) 1월 8일의 기사로 전 제주 목사였던 이기빈이 사망하자 이기빈이 유구국의 왕자를 살해하고 보물을 훔쳤던 사건을 다시 거론한 것입니다. 이 사건에 대해 알아보기 위해 다시 『광해군일기』의 기록을 봅시다.

> 전 제주 목사 이기빈(李箕賓)과 전 판관 문희현(文希賢)이 작년에 왜적을 잡은 일로 공을 논한 장계에 따라 이미 상전(賞典)을 시행했습니다. 그런데 그 뒤에 사람들의 말이 자자하며, 모두들 남경(南京) 사람들

과 안남(安南)의 장사치들이 물화를 싣고 표류해 온 것으로 그 배의 제
도가 매우 높고 커서 배 하나에 으레 10여 개의 돛대를 세운 것이 왜구
의 배가 아님이 분명하다고 합니다. 그런데 이기빈과 문희현 등은 처음
에는 예우하면서 여러 날 접대하다가 배에 가득 실은 보화를 보고는 도
리어 재물에 욕심이 생겨 꾀어다가 모조리 죽이고는 그 물화를 몰수하
였는데, 무고한 수백 명의 인명을 함께 죽이고서 자취를 없애려고 그 배
까지 불태우고서는 끝내는 왜구를 잡았다고 말을 꾸며서 군공을 나열
하여 거짓으로 조정에 보고했습니다.

이것은 광해군 4년(1612) 2월 10일의 기록으로 이기빈과 문희현이
1611년 남경, 안남의 상인들이 제주에 표류해 오자 배에 가득한 보물
에 눈이 멀어 수백 명의 사람들을 모두 죽이고 왜구를 잡아 죽였다고
거짓 보고했다는 것입니다. 그리고 남경, 안남의 상인들이라고 기록된
수백 명의 사람들 중에는 유구국의 왕자가 있었다는 것이 훗날『인조
실록』에 의해 밝혀졌죠. 또한 광해군 당시에도 이 사건으로 유구가 원
수를 갚으려고 한다는 소문이 났었다는 것을 보여주는 기록이 있습
니다.

유구(琉球)가 제주(濟州)를 침범하여 원수를 갚고 싶어 한다는 말은
매우 흉악한데, 어떻게 잘 답변을 해야 할지 모르겠다. 서쪽 변방의 일
이 비록 급하기는 하지만 남쪽에 대한 걱정도 어찌 잠시라도 잊을 수가
있겠는가. 수군(水軍)이 방비하는 등의 일을 속히 조치하도록 하라.

광해군 14년(1622) 5월 10일의 기사로 당시에도 유구가 제주도를 침

략하여 원수를 갚고자 한다는 소문이 있었다는 것을 보여줍니다. 특히 광해군은 수군이 방어 준비를 서둘러 하도록 지시까지 하였죠. 이와 같이 1611년에 벌어진 유구 왕자 살해 사건에 대한 복수를 위해 유구가 조선을 침략할 것이라는 소문은 허균이 역모 혐의로 처형당한 1618년에도 퍼져 있었던 것으로 보입니다. 그렇다면 왜 허균이 이러한 소문을 퍼뜨렸다는 혐의를 받았을까요? 맞습니다. 허균이 쓴 『홍길동전』 때문입니다. 허균은 『홍길동전』의 엔딩을 홍길동이 율도국으로 건너가 율도국의 왕이 되는 해피엔딩으로 끝을 냈습니다. 그리고 율도국의 모델은 유구국이었죠. 왜 허균은 유구를 율도국이라고 생각했을까요?

『홍길동전』의 배경 시대가 세종 때인 이유

오랫동안 부족국가 단계에 머무르던 유구는 12세기 무렵 산남(山南), 중산(中山), 산북(山北)의 세 왕조가 나타나면서 국가의 형태가 발전하기 시작했습니다. 이 중 가장 세력이 강했던 중산 왕조에서 1406년 쿠데타가 발생했습니다. 재상이었던 파지(巴志)가 당시 중산왕이었던 찰도의 아들 무녕을 몰아내고 새로운 왕이 되었던 것이죠. 1429년까지 산북, 산남을 모두 멸망시키고 통일을 이룩한 파지는 1430년 명나라의 책봉을 받아 중산국왕이 되었으며, '상(尙)'이라는 성씨를 하사받았습니다. 상씨 왕조가 시작된 것이죠.

그런데 이때가 바로 조선에서는 세종이 나라를 다스리던 시기였죠. 아마도 허균은 홍길동이 조선을 떠나 새로운 나라를 세웠던 실제 모

산북

중산

산남

유구국의 삼산분립시대 지도

델을 유구국의 상파지라고 생각했던 것 같습니다. 『홍길동전』에서 율
도국은 홍길동이 건너오기 전에도 왕이 있었습니다. 그러나 홍길동이
도착하여 진정한 왕이 되었죠. 상파지 역시 왕이 아니었지만 기존의
왕을 몰아내고 다른 왕조들까지 모두 통일하여 진정한 왕이 되었죠.
즉 홍길동의 모델은 상파지였던 것입니다. 게다가 이러한 허균의 생각
을 뒷받침해주는 증거가 또 하나 있습니다. 바로 신숙주가 쓴 『해동제
국기』입니다. 먼저 다음 기록을 봅시다.

『해동제국기』

你是那裏的人 → 우라ᄌ마피츄: 너는 어디 사람인가?

我是日本國的人 → 마온야마도피츄: 나는 일본국 사람이다.

你的姓甚麽 → 우라나와이갸이우가: 너의 성은 무엇인가?

你的父親有麽 → 우라야샤아리: 너는 부친이 있는가?

你哥哥有麽 → 우라신자아리: 너는 형님이 있는가?

你姐姐有麽 → 우라아리리: 너는 누이가 있는가?

妹子有麽 → 오라리아리: 여동생이 있는가?

你予幾時離了本國 → 우라인ᄌ시마타셰기: 너는 언제 본국을 떠났는가?

我舊年正月起身 → 마온구조쇼옹과ᄌ탈졔: 나는 거년 정월에 떠났다.

你幾時到這裏 → 우라인ᄌ고마징가: 너는 언제 이곳에 도착하였는가?

我們今年正月初三日纔到這裏 → 마온구두ㅅ샤옹과ᄌ춰라지긴졔: 우리들은 금년 정월 초 3일에 겨우 이곳에 도착하였다.

你初到江口是好麽 → 우라민라모도징가: 너는 처음에 항구에 도착하매 좋던가?

一路上喫食如何 → 우라민지민지아긔모로란도: 오는 길에 밥 먹기가 어떻던가?

多酒 → 오부시: 술이 많았다.

好下飯 → 오샤가라나: 반찬이 좋던가?

無甚麼好下飯 → 사가나무야랴비란루모: 반찬이 별것이 없었다.

請一鍾酒 → ᄼ긔부테ᄌ이긔라: 술 한 잔 들어라.

湯酒 → ᄼ고와가시: 술을 데우랴.

灑酒來 → 사긔와가지구: 술을 걸러서 오너라.

撒酒風 → ᄼ가구뤼: 주기(酒氣)가 있으니.

不要饋他喫 → 아리로마ᄉ라: 저 사람에게 먹이지 말고.

小饋他喫 → 예계나구로마셰: 저 사람에게 조금만 먹여라.

酒盡了 → ᄼ긔미나랃디: 술이 다 없어졌다.

請裏頭要子 → 우지바라왜처아솜비: 안방에 와서 놀자.

平坐 → 마ᄉ고유왜리: 편히 앉아라.

面紅 → ᄌ라루아개ᄉ: 얼굴이 붉다.

面白 → ᄌ라루시루ᄉ: 얼굴이 희다.

這箇叫甚麼子 → 구리야루욱갸: 이것은 무엇이라 하는가?

這箇人心腸好 → 고노피죠기모로요다ᄉ: 이 사람은 마음이 좋다.

這箇人心腸惡 → 고노피죠기모로요왈사: 이 사람은 마음이 나쁘다.

天 → 텬: 하늘

天陰了 → 텬구모데: 날씨가 흐렸다.

天晴了 → 텬과리데: 날씨가 개었다.

下雨 → 아믜믈데: 비가 내린다.

雨晴了 → 아믜과릴데: 비가 개었다.

下雪 → 유기푸리: 눈이 내린다.

雪住了 → 유기피굄니: 눈이 그쳤다.

日頭 → 텬다: 태양.

日頭上了 → 텬다앙간데: 해가 떠오르다.

日頭落了 → 텬다야ᄉ머잇데: 해가 지다.

風 → 칸피: 바람.

天亮了 → 이우가미: 날이 새었다.

淸早 → 쏘믜지: 이른 아침.

晌午 → 필마: 오정 때.

晩夕 → 요감븨: 저녁 때.

黑夜 → 이우루: 밤.

白日 → 피루: 낮.

暖和 → 록시: 날씨가 따스하다.

天熱 → 악사: 날씨가 덥다.

凉快 → 슌다ᄉ: 날씨가 서늘하다.

向火 → 피루구미: 불을 쬐다.

春 → 파루: 봄.

夏 → 낟ᄌ: 여름.

秋 → 아기: 가을.

冬 → 퓨유: 겨울.

今日 → 쿄오: 오늘.

昨日 → 커리우: 어제.

明日 → 아자: 내일.

後日 → 아삳지: 모레.

這月 → 고로즈기: 이달.

來月 → 뎨왕과ᄌ: 내달.

開年 → 먀우년: 새해.

拜年 → 쇼용과ᄌ노패: 새해를 축하함.

地 → 지: 땅.

地平正 → 지마상고: 땅이 평평하다.

山頂 → ᄉ노촌지: 산꼭대기.

山底 → 사노시ㅈ: 산 아래.

大路 → 오부미지: 큰 길.

小路 → 구미지: 작은 길.

酒 → 사긔: 술.

白酒 → 링가나ᄉ긔: 소주 즉 배갈.

淸酒 → 요가ᄉ긔: 맑은 술.

飮酒 → 누미: 술을 마신다.

酒有 → 사긔아리: 술이 있다.

酒無了 → ᄉ긔니: 술이 없다.

酒醉了 → ᄉ긔이우디: 술에 취했다.

飯 → 음바리: 밥.

喫飯 → 앙긔리: 밥을 먹는다.

做飯 → 오바리ᄉ데: 밥을 짓는다.

大米飯 → 코메로오반리: 쌀밥.

小米飯 → 아와로오반리: 좁쌀밥.

做下飯 → 사가나라리: 반찬을 만든다.

師米 → 고믜시랑가지: 쌀을 찧는다.

肉 → 시시: 짐승의 고기.

魚 → 이우: 생선.

鹿肉 → 카우루시시: 사슴 고기.

猪肉 → 오와시시: 돼지 고기.

兎肉 → 우상가시시: 토끼 고기.

油 → ᄋ부라: 기름.

鹽 → 마시오: 소금.

醬 → 미쇼: 간장.

醋 → ᄉ우: 식초.

芥末 → 난다리카다시: 개자가루.

胡椒 → 코슈: 후추.

川椒 → 산시오: 조피나무.

生薑 → ᄉ옴가: 생강.

葱 → 깅비나: 파.

蒜 → 픠루: 마늘.

菜蔬 → 쇼리: 소채.

燒茶 → 차와가시: 차를 끓이다.

甜 → 아미ᄉ: 맛이 달다.

苦 → 리가ᄉ: 맛이 쓰다.

酸 → 쉬사: 맛이 시다.

淡 → 아바사: 맛이 싱겁다.

醎 → 시바가나ᄉ: 맛이 짜다.

辣 → 카니ᄉ: 맛이 맵다.

硯 → ᄉ즈리: 벼루.

墨 → ᄉ미: 먹.

筆 → 푼디: 붓.

弓 → 이우미: 활.

箭 → 이야: 화살.

弓袋 → 이우미누ᄉ: 활집.

箭袋 → 이야누ᄉ: 화살집.

弓弦 → 이우미누됴누: 활 줄.

窓 → 로오리: 창문.

門 → 요: 문.

掛帳 → 바ᄉ: 천막.

帳 → 미구: 장막.

席子 → 모시루: 돗자리.

靴 → 픽상가: 장화.

紙 → 카미: 종이.

匙 → 캐: 숟가락.

筯 → 파시: 젓가락.

篩 → 푸뤼: 체.

梡子 → 마가리: 주발.

砂貼匙 → 싀뢰: 사기 접시.

木貼匙 → 파지: 나무 접시.

櫃子 → 카이: 궤, 즉 나무로 짠 네모진 그릇.

刀子 → 카라나: 작은 칼.

鍋兒 → 나븨: 쇠 가마.

箒 → 과오기: 먼지 쓸어내는 비.

火盆 → 피팔지: 화로.

衣服 → 기루: 옷.

袴兒 → 파가마: 바지.

裙兒 → 카마모: 치마.

瓦 → 카라: 기와.

車子 → 구루마: 수레.

卓子 → 타가듸: 탁자, 물건을 올려놓는 세간.

炭 → 스미: 숯.

柱 → 파냐: 기둥.

身子 → 도우: 신체.

面 → 츠라: 얼굴.

眼 → 무: 눈.

鼻 → 파나: 코.

口 → 크지: 입.

耳 → 미: 귀.

頭 → 가난우: 머리.

手 → 데: 손.

足 → 피샨: 발.

舌頭 → 시쟈: 혀.

手指頭 → 외븨: 손가락.

頭髮 → 카시리: 머리털.

牙齒 → 파: 이.

花 → 파라: 꽃.

綠 → ㅇ오ㅅ: 녹색.

黑 → 구루ㅅ: 검은색.

靑 → 탄청: 푸른색.

牛 → 우시: 소.

馬 → 우마: 말.

猪 → 우와: 돼지.

鷄 → 투리: 닭.

狗 → 이노: 개.

羊 → 비즈쟈: 염소, 소.

老鼠 → 오야비쥬: 쥐.

蛇 → 파무: 뱀.

龍 → 타즈: 용.

象 → 자: 코끼리.

獅 → 시시: 사자.

虎 → 도라: 호랑이.

이것은 『해동제국기』에 실렸는데, 유구국의 말을 한글로 번역한 내용이죠. 『해동제국기』는 1443년 신숙주가 일본에 통신사 서장관으로 다녀온 경험을 바탕으로 쓴 책입니다. 1443년은 세종 25년으로 『해동제국기』의 마지막을 위의 기록으로 마무리하고 있습니다. 그렇다면 왜 신숙주는 일본을 다녀오면서 일본과는 다른 나라인 유구국의 말을 한글로 기록하여 돌아왔을까요? 유구국과 조선의 관계가 다른 나라들과는 달리 뭔가 특별하지 않았다면 이해가 되지 않는 일입니다.

유구국의 상파지는 삼별초의 후예?

유구국과 우리나라의 관계는 고려 말 1389년 유구국의 중산왕 찰도가 사신을 보내면서 시작되었습니다. 조선이 건국되자마자 찰도는 다시 사신을 보내기 시작했는데, 『태조실록』 태조 3년(1394) 9월 9일에는 다음과 같은 기록이 나옵니다.

> 유구국(琉球國)의 중산왕(中山王) 찰도(察度)가 사신을 보내서 전문(箋文)과 예물을 바치고, 피로되었던 남녀 12명을 돌려보내고서, 망명한 산남왕(山南王)의 아들 승찰도(承察度)를 돌려보내달라고 청하였다. 그 나라 세자 무녕(武寧)도 왕세자에게 글월을 올리고 예물을 바치었다.

중산왕 찰도가 조선에 망명한 산남왕의 아들 승찰도를 송환해달라는 요구를 했던 것으로 보입니다. 또한 『태조실록』 태조 7년(1398) 2월 16일에는 다음과 같은 기록도 보입니다.

유구국(琉球國)의 산남왕(山南王) 온사도(溫沙道)가 그 소속 15인을 거느리고 왔다. 사도(沙道)가 그 나라의 중산왕(中山王)에게 축출당하여 우리나라의 진양(晉陽)에 와서 우거(寓居)하고 있으므로, 국가에서 해마다 의식(衣食)을 주었었는데, 이때에 이르러 임금이 나라를 잃고 유리(流離)하는 것을 불쌍히 여기어 의복과 쌀·콩을 주어 존휼(存恤)하였다.

여기에는 산남왕 온사도가 15명의 수하들을 이끌고 조선에 망명한 것으로 나오는데, 이 기록 이후 6개월 뒤 사망한 것으로 되어 있습니다. 이로 보아 1394년 조선에 망명한 승찰도와 온사도는 동일 인물로 보입니다. 즉 산남왕 온사도는 중산왕 찰도에게 쫓겨나 조선으로 망명했고, 1398년 사망한 것입니다. 그렇다면 산남왕 온사도는 왜 조선으로 망명했고, 조선에서는 당시 유구국의 집권자였던 중산왕 찰도와의 외교 마찰을 감수하면서도 온사도를 보호했던 것일까요?

여기서 가설을 세워보겠습니다. '1273년 제주도를 떠난 삼별초는 유구국에 도착하였다. 에이소 왕조를 세운 영조왕은 삼별초의 후예였다. 시간이 흘러 중산왕 찰도가 에이소 왕조를 무너뜨리고 왕이 되었다. 삼별초의 후예들은 산남왕 온사도를 내세워 유구국의 패권을 두고 중산왕 찰도와 다투었다. 싸움에 패한 산남왕 온사도는 쫓겨나 조선으로 망명했다. 산남왕 온사도는 자신이 삼별초의 후예라고 조선에 알렸다. 이에 중산왕 찰도가 온사도의 송환을 요구했지만 조선은 거부했다. 그러나 외교 마찰에 부담을 느낀 조선은 1398년 온사도를 사망한 것으로 처리했다. 1406년 또 다른 삼별초의 후예인 상파지가 중산왕 찰도의 아들 무녕을 쫓아내고 중산왕이 되었다. 1429년 유구국의 통일을 이룩한 상파지는 1430년 명과 조선에 사신을 파견하여 유구국의 새로운 왕이 되었음을 알린다.

이 가설이 맞다면 세종 때 신숙주가 『해동제국기』에 한글로 남긴 유구국 말의 비밀이 풀릴 수 있습니다. 특히 1430년 유구국의 진정한 왕이 된 상파지가 삼별초의 후예라면 세종은 유구국의 말이 조선의 말과 비슷하지 않을까 궁금해했을 것입니다. 그래서 신숙주에게 특별한 임무를 맡겼고, 그 결과가 바로 『해동제국기』의 유구국 언어였던 것이죠.

홍길동은 상파지, 홍일동, 홍길동이 복합된 인물

지금까지 살펴본 바와 같이 허균은 1611년 유구 왕자 살해 사건으로 유구가 군대를 보내 조선에 복수하려고 한다는 소문이 퍼지자 율도국과 홍길동의 실제 모델을 유구국과 상파지로 하여 『홍길동전』을 쓰기 시작합니다. 또한 허균이 세종 때 유구국의 왕이었던 상파지와 결합시킨 인물이 바로 세종 24년(1442) 문과에 급제한 홍일동입니다. 홍상직의 둘째 아들로 태어난 홍일동은 어떤 인물이었을까요?

홍일동은 성질이 방광(放曠)하여 사소한 예절에 구애하지 않고, 평생에 더러운 물건을 싫어하지 아니하였고 나쁜 옷을 부끄러워하지 아니하였으며, 술을 잘 마시어 두어 말까지 마시었다. 또 시(詩) 짓기를 좋아하여 여러 번 과제(科第)에 합격하였다.

이것은 『세조실록』 세조 10년(1464) 3월 13일의 홍일동에 대한 기록으로 호탕한 성격에 술과 시를 좋아하는 인물이었음을 보여줍니다. 다음 기록을 봅시다.

일찍이 임금 앞에서 불사(佛事)를 논난하였더니 세조가 거짓으로 성내어 이르기를, "당장에 이놈을 죽여 부처에게 사죄하리라." 하며, 좌우에게 명하여 칼을 가져오라 하였으나, 홍일동은 태연자약하게 논변을 계속하였으며, 좌우에서 칼을 그 목에다 두 번이나 대었지만 또한 돌아보지도 않고 두려워하는 빛도 없었다.

이는 권별이 현종 때 쓴 『해동잡록』에 실린 홍일동에 대한 기록입니다. 세조가 거짓으로 홍일동을 죽이겠다며 칼로 위협하여도 두려워하지 않았다는 일화죠. 즉 홍일동은 임금 앞에서도 할 말은 하며 죽음도 두려워하지 않는 인물이었습니다. 허균은 이러한 세종 때 홍일동이란 실존 인물에 연산군 때 또 다른 실존 인물인 홍길동을 결합하여

『홍길동전』

홍길동 생가(전남 장성에 복원된 홍길동 생가)

『홍길동전』의 홍길동을 만들어낸 것으로 보입니다. 『연산군일기』의 기록을 봅시다.

> 영의정 한치형(韓致亨)·좌의정 성준(成俊)·우의정 이극균(李克均)이 아뢰기를, "듣건대, 강도 홍길동(洪吉同)을 잡았다 하니 기쁨을 견딜 수 없습니다. 백성을 위하여 해독을 제거하는 일이 이보다 큰 것이 없으니, 청컨대 이 시기에 그 무리들을 다 잡도록 하소서."

연산군 6년(1500) 10월 22일의 기록으로 도적이었던 홍길동을 잡았으니 그 무리들까지 모두 소탕해야 한다는 내용입니다. 그런데 이상한 점이 잡았다는 기록만 있을 뿐이지 처벌한 기록이 없습니다. 이에 국문학자인 설성경은 1500년 조선에서 잡힌 도적 홍길동이 유구국으로 탈출했다고 주장했습니다. 즉 1500년 유구국의 한 섬인 이시가키지마의 오하마무라 등에서 반란을 일으킨 민중 지도자 오야케 아카하치가 홍가와라, 즉 홍가왕(洪家王, 홍씨 왕)으로 불린다고 하여 홍길동이 바로 오야케 아카하치라고 주장한 것이죠.

그러나 이 주장의 가장 큰 문제점은 1500년이란 연도만 같을 뿐이라는 것입니다. 실제로『연산군일기』에는 1500년 10월에 잡힌 홍길동과 관련된 무리들을 처벌하는 내용이 12월까지 나오고 있습니다. 만약 홍길동과 오야케 아카하치가 동일 인물이라면 유구국에서 반란을 일으킨 홍길동(오야케 아카하치)이 조선으로 건너와 붙잡혀 의금부에 갇혀 있었다는 이야기가 됩니다. 즉 홍길동과 오야케 아카하치는 서로 다른 인물입니다.

　　결국『홍길동전』의 홍길동은 허균이 여러 인물을 복합적으로 만들어낸 허구 속 인물입니다. 1611년 벌어진 유구 왕자 살해 사건에서 아이디어를 얻어 세종 때 유구국의 통일왕이 된 상파지, 세종 때 실존 인물 홍일동, 연산군 때 실존 도적이었던 홍길동을 결합하여 만든 소설 속 인물이 바로 홍길동이었던 것이죠. 그리고 1611년 유구 왕자 살해 사건 이후 유구국의 복수를 두려워하는 사회 분위기 속에서 유구국을 모델로 한 율도국의 왕으로 묘사한『홍길동전』이 민중들 사이에 퍼져 나갔고, 이와 함께 유구국의 군대가 조선을 침략할 것이라는 소

오야케 아카하치(홍가와라) 생가 터
(오키나와 현 야에야마 군 소재)

문도 퍼져 나간 것으로 보입니다. 그리고 허균의 역적죄 혐의 속에 이 소문의 진원지가 허균이라는 이야기가 추가되었던 것이죠. 즉 『홍길동전』 속 율도국 이야기가 허균의 목숨을 앗아간 것입니다.

『심청전』 심청이의 모델은 기황후였을까?

심청이의 모델은 효종의 수양딸 의순공주였다

심청이의 모델은 기황후?

인터넷에 떠도는 이야기 중에 『심청전』의 모델이 기황후라는 주장이 있습니다. 그 근거는 다음과 같습니다. 먼저 『심청전』의 배경 시대 중에는 중국 '송나라 말년'이 있습니다. 그런데 남송 멸망 직후 중국은 원나라가 되어 몽골족의 지배를 받게 되죠. 다시 말해 중국 송나라, 원나라 때 우리나라는 고려시대인 것입니다. 즉 심청이가 살았던 나라는 고려였다는 말입니다. 또한 심청이를 수양딸로 삼으려 했던 장승상댁의 벼슬인 승상은 고려 원 간섭기에 정동행성(원나라가 일본 원정을 추진하기 위해 만든 기관으로 원정 실패 후에는 고려에 대한 내정간섭을 일삼던 기관이죠)의 책임자였는데, 대개 고려의 왕이 겸임하였죠. 즉 고려 후기 원나라에 내정간섭을 당하던 시기가 『심청전』의 배경 시대였던 것입니다.

이와 같이 심청이가 살던 시대가 고려시대 원 간섭기였다면 『심청전』의 이야기는 자연스럽게 설명됩니다. 용왕에게 바쳐질 제물이 되기 위해 공양미 삼백 석에 팔려간 심청이는 원나라에 공녀로 바쳐진 공녀였던 것입니다. 또한 인당수에 빠져 죽은 줄 알았던 심청이는 기적적으로 살아남아 중국 황제의 부인이 되어 황후가 되었습니다. 심청이의 실제 모델이 기황후란 얘기죠. 원나라에 공녀로 바쳐져 황궁에 들어가 궁녀가 되었고, 원나라 황제의 후궁이 되어 황후의 자리까지 오른 기황후가 바로 심청이라는 주장입니다.

저는 이 이야기를 접하고 『심청전』을 다시 읽으면서 그 배경 시대가 원 간섭기임을 보여주는 또 하나의 증거를 찾았습니다. 바로 장승상 부인입니다. 다음은 『심청전』의 내용 중 일부입니다.

> 심학규를 부원군으로 봉하시고 안씨는 정렬부인을 봉하시고, 또 장승상 부인을 특별히 금은을 많이 상사하시고…….

송나라 황제가 심청의 아버지 심학규와 새어머니 안씨(뺑덕 어미가 도망간 이후 새로 얻은 부인)를 부원군과 정렬부인으로 봉하고, 장승상 부인에게 금과 은을 하사했다는 내용입니다. 즉 장승상 부인은 심청의 부모와 비슷한 위치였음을 알 수 있습니다. 또한 심청전의 이야기 전개 과정에서 장승상 부인은 심청을 도와주고 걱정하는 등 중요한 조력자 역할을 하죠. 만약 장승상이 고려의 왕을 상징한다면 장승상 부인은 고려 왕의 부인, 즉 원나라 공주 출신의 고려 왕비를 상징한다고 할 수 있습니다.

이와 같이 심청의 실제 모델이 기황후였다면 심청전은 어떤 의미를 담고 있을까요? 저는 기황후와 그 가족에 대한 비판 의식을 보여준다고 생각합니다. 심청의 아버지 심학규는 맹인입니다. 게다가 눈을 뜰 욕심에 공양미 삼백 석이라는 거액을 절에 시주하겠다고 약

효녀 심청상(인천 옹진군 백령도 소재)

속하여 하나밖에 없는 딸이 스스로 희생하게 만들었죠. 즉 심학규
는 딸을 거액의 재산을 받고 팔아버릴 만큼 돈에 '눈이 먼 사람'이
라는 비판입니다. 바꿔 말해, 기황후의 가족, 즉 오빠 기철로 대표되
는 가족들은 막강한 권력과 재력을 갖기 위해 기황후를 공녀로 팔
아버린 '권력과 돈에 눈이 먼 사람'이라는 비판 의식을 보여주는 것
입니다.

또한 공민왕에 의해 기철이 처형당하자 기황후는 원나라 군대를 시
켜 고려를 침략하도록 했습니다. 자신의 가족이 소중한 것만 알고, 가
족의 복수를 위해 조국을 침략하는 매국노가 된 것이죠. 심청은 정말
효녀였을까요? 만약 용왕의 도움으로 다시 살아나지 못했다면 황후
가 되는 해피엔딩은 없었을 것입니다. 사실은 효녀가 아니라 부모님보
다 먼저 세상을 뜬 불효녀가 되었을 것입니다. 기황후는 고려 출신으
로 원나라 황후가 되어 선망의 대상이었을지는 모르지만 사실은 조국
을 배신한 매국노(불효녀)였던 것이죠.

심청은 효종의 양녀 의순공주였나?

그런데 『심청전』은 조선 후기에 완성된 소설입니다. 그리고 이야기의 근원이 되는 설화는 전남 곡성에 있는 관음사의 연기 설화(절이 세워진 유래를 담은 설화)입니다. 이 설화에 따르면 서기 300년 무렵 백제 때 원량(元良, 심학규와 동일 인물)이라는 맹인이 원홍장(元洪莊, 심청과 동일 인물)이라는 딸과 함께 살았는데, 중국 진(晉)나라 사신이 원홍장을 중국으로 데려다가 진나라 황제 혜제(惠帝)에게 바칩니다. 혜제의 황후가 된 원홍장은 배에 관음상을 실어 고국인 백제로 보냈는데, 그 배가 닿은 땅이 바로 전남 곡성 성덕산이었고, 그 절이 관음사(觀音寺)였던 것이죠. 또한 원량은 부처님의 공덕으로 눈을 뜨게 됩니다.

이와 같이 관음사 연기 설화와 『심청전』은 거의 같은 이야기입니다. 시대와 인물만 다를 뿐 이야기 구조는 거의 똑같습니다. 즉 『심청전』의 이야기는 오랫동안 내려온 설화들을 바탕으로 하고 있습니다. 그렇다면 『심청전』이 현재 우리들이 알고 있는 이야기로 완성된 것은 언제

심청 동상(전남 곡성 소재)

일까요? 저는 조선 후기 효종 때라고 생각합니다. 그 이유를 알기 위해서는 먼저 『현종실록』을 살펴보아야 합니다.

효종조(孝宗朝)에 청국(淸國)의 구왕(九王)이 우리나라와 혼인 관계를 맺고 싶어서 사신을 보내 공주를 요구하였는데, 효종이 그의 뜻을 어기기를 어려워한 나머지 종실(宗室)인 금림군 이개윤의 딸을 선택하여 의순공주(義順公主)라고 일컬은 다음 구왕에게 보냈었다. 그 뒤 구왕이 죽자 청국에서 그 딸을 구왕의 수하 장수에게 주었었는데, 개윤이 마침 사명(使命)을 받들고 연경(燕京)에 들어가서 정문(呈文)하여 귀환시켜 주기를 청하자 청나라 사람들이 내보내는 것을 허락했었다. 그러다가 이때에 이르러 병들어 죽자 상(현종)이 애달프게 여겨 관(官)으로 하여금 그 상을 돌보아주게 한 것이다.

이는 현종 3년(1662) 8월 18일에 기록된 것으로 효종 때 청나라 구왕(만주어 이름은 도르곤)에게 시집간 효종의 양녀 의순공주에 대한 기사입니다. 효종 1년(1650) 청나라에서는 청나라 구왕에게 효종의 딸을 시집보내라는 요구를 해왔습니다. 구왕은 청나라 황제 순치제의 삼촌으로 당시 순치제는 12살의 어린 황제였기 때문에 삼촌이었던 구왕이 섭정을 하며 사실상 황제와 같은 권력을 갖고 있었죠. 이렇게 막강한 청나라의 권력자가 조선의 공주를 시집보낼 것을 요구하자 효종은 깊은 고민에 빠졌습니다. 그런데 이때 효종의 고민을 해결해준 충신이 나타났습니다. 바로 왕족 금림군 이개윤이었죠. 『효종실록』의 기록을 봅시다.

금림군 이개윤의 딸을 의순공주(義順公主)로 삼았다. 개윤에게 가덕(嘉德)의 품계를 더하고, 비단과 미두(米豆)를 후하게 내렸다.

이에 따르면 효종 1년(1650) 3월 25일 금림군 이개윤의 딸을 효종의 양녀로 삼아 의순공주라 하였습니다. 이렇게 의순공주는 효종의 양녀가 되어 청나라로 떠나게 됩니다. 『효종실록』의 기록을 봅시다.

상(효종)이 서교에 행행하여 의순공주를 전송하였다. 시녀 16인과 여의(女醫), 유모 등 몇 사람이 따라갔는데, 이를 본 도성의 백성들이 모두 비참해하였다.

효종 1년(1650) 4월 22일 의순공주가 떠날 때의 모습을 "백성들이 비참해하였다."라고 묘사하고 있습니다. 청나라의 강요에 의해 어쩔 수 없이 머나먼 타국으로 시집을 가게 된 의순공주를 보며 불쌍해하던

구왕(도르곤)

족두리 묘(의순공주 묘, 경기도 의정부 소재)

우리나라 사람들의 심정을 기록한 것입니다. 이러한 민심을 추정할 수 있는 또 하나의 사례가 바로 '족두리 묘'입니다. 의순공주 일행이 청나라로 가던 길에 평안도 정주에서 의순공주가 갑자기 강물에 몸을 던져 자결했다는 것입니다. 그래서 시신도 없이 족두리(시집가는 처녀가 머리에 쓰던 장식물)만을 건져 고향인 의정부로 가져와 시신 없는 무덤을 만들어 장사 지냈다는 전설이 남아 있죠.

의순공주의 비참한 일생

이때 큰 화란이 터지려 하여 나라 안이 흉흉하자, 이에 개윤의 딸을 의순공주(義順公主)로 봉하여 보냈는바, 구왕(九王)이[즉 섭정왕(攝政王)이다] 6만의 무리를 데리고 요동 접계(接界)에 나와 아내를 삼았다.

이는 『현종개수실록』 현종 13년(1672) 12월 25일에 실린 기사로 의순공주가 청나라에 도착했을 때의 상황을 묘사한 것입니다. 청나라 구왕이 자신의 신부가 될 의순공주를 맞이하기 위해 요동 근처까지 6만의 무리를 이끌고 왔다는 내용이죠. 실제로 의순공주는 매우 아름다워서 청나라 사신들이 이를 미리 구왕에게 알렸고, 예쁜 신부를 빨리 보기 위해 구왕이 서둘러 맞이하러 나왔다는 것입니다. 이를 뒷받침하는 기록이 『연려실기술』에도 실려 있습니다.

> 얼마 후 조정에서 종실 금림군(錦林君) 개윤(愷胤)의 딸을 뽑아 의순공주(義順公主)라고 일컫고, 시녀 12명을 딸려서 구왕(九王)에게 보내면서, 원두표·신익전(申翊全)을 호행사(護行使)로 삼아 화를 완화할 계책을 하게 하였는데, 일행이 도착하니 구왕이 매우 기쁜 빛이 있었다.
>
> _『연려실기술』 제30권 효종조 고사본말에서 발췌

의순공주 일행이 도착하니 '구왕이 매우 기쁜 빛이 있었다'는 내용입니다. 즉 의순공주가 아름다워 구왕이 매우 기뻐했다는 것입니다. 그러나 구왕과 의순공주의 결혼은 오래가지 못했습니다. 결혼한 지 7개월 만에 구왕이 갑자기 사망했기 때문입니다. 이후 의순공주는 다른 청나라 황족이었던 보로(博洛)의 첩종이 되었는데, 보로 역시 1년 뒤에 사망합니다. 이와 같은 소식을 알게 된 의순공주의 아버지 이개윤은 청나라에 직접 사신으로 건너가 황제 순치제에게 의순공주가 귀국할 수 있도록 허락해달라고 청합니다. 이와 관련된 내용이 실린 『효종실록』의 내용을 봅시다.

그 칙서는 다음과 같다. "내가 만방(萬方)을 어루만져 기르느라 널리 사랑하는 데 마음을 두고 있으니 원래 내외(內外)를 구분함이 없고, 그대 나라는 대대로 번국(藩國)이라 칭하여 순종한 지 여러 해가 되었으니 지극한 정이 서로 연관되었으므로 또한 마땅히 살펴 돌볼 것이다. 배신(陪臣) 금림군(錦林君) 이개윤(李愷胤)의 딸이 과부로 집에 살고 있으면서 부모 형제를 멀리 이별하였으니, 내가 측은하게 여긴 지 오래되었다. 또한 이 여인은 왕에게 이미 종친(宗親)이 되고 또 어루만져 길렀으니, 왕이 늘 마음에 둠이 실로 깊을 것이다. 지금 개윤이 공물을 바치느라 조정에 와서 그 딸을 보고자 주청하니, 전부터 가엾이 여긴 나의 뜻이 더욱 절실해졌다. 이에 특별히 태자 태보(太子太保) 의정대신(議政大臣) 합집둔칙(哈什屯則)을 보내 귀국하게 하고 친척에 의지하여 자수(自守)토록 하니, 왕은 그리 알라."

효종 7년(1656) 4월 26일의 기사로 청나라 순치제가 칙서를 내려 의순공주가 귀국하도록 조치한 것을 기록한 것입니다. 순치제는 의순공주가 과부가 되어 불쌍히 여겼는데, 그 아버지 이개윤이 딸을 데리고 귀국할 것을 청하니 허락했다는 것이죠. 그러나 6년 만에 돌아온 의순공주에 대한 시선은 곱지 않았던 것 같습니다. 다음 기록을 봅시다.

경인년에 청나라 사람이 급히 와서 혼인을 요구하니, 조정에서 두려워서 민가의 딸을 택하여 보내고자 하였으나, 저들이 듣고 알까 두려워하였는데, 금림군 개윤이 자청하여 그 딸을 보냈으니, 이는 그 뜻이 오로지 나라를 위하는 데 있는 것이 아니라 청국에서 보내는 채폐(采幣)가 많음을 탐낸 것이다. 개윤의 집이 지극히 가난했었는데 이 때문에 부자가 되었다. 딸은 의순공주(義順公主)라 이름하였는데, 구왕이 받아들였다가 뒤에 소박하여 버리고 그의 하졸에게 시집보냈다. 이행진(李行進)이 개윤과 함께 사신으로 북경에 가서 글로 아뢰어 그 딸을 데리고 돌아오니, 당시의 사람들이 침을 뱉고 욕하였다.

_『연려실기술』 제30권 효종조 고사본말 중에서 발췌

이에 따르면 당시 이개윤을 비난하는 소문이 무성했던 것으로 보입니다. 즉 이개윤의 집안은 가난했기 때문에 자신의 딸을 청나라 구왕에게 시집보내 그 대가로 많은 재산을 받아 부자가 되었다는 것이죠. 또한 의순공주는 과부가 된 것이 아니라 구왕에게 소박당하여 쫓겨난 것으로 뒤바뀌었고, 이개윤이 사신으로 가 그 딸을 데리고 오자 당시 사람들이 '침을 뱉고 욕하였다'는 것입니다. 이러한 비난은 실제로도 있었던 것으로 보입니다. 다시 『효종실록』 효종 7년(1656) 윤5월 10일의 기록을 봅시다.

의순공주(義順公主)가 청나라로 간 것은 조정의 명령 때문이었으니 의순공주가 돌아오는 것도 또한 반드시 조정의 명령을 기다려야 하는 것이었습니다. 그런데 전 금림군(錦林君) 이개윤(李愷胤)은 일의 체제를 생각하지 않고 조정을 업신여기며 사사로운 뜻에 끌려 멋대로 돌려달라고 청하였으니, 국법에 있어 결코 용서할 수 없습니다. 전 호군 이행진(李行進)과 전 정(正) 이지무(李枝茂) 등은 못하게 할 것을 생각하지 않고 도리어 찬성하였으며 말할 때에도 또 망발이 많아 사신의 임무를 형편없이 수행하였으니 그들의 죄도 똑같습니다. 어찌 파직만 시키고 말 수 있겠습니까. 아울러 삭탈관직하여 성문 밖으로 쫓아내소서.

이와 같이 효종 7년(1656) 의순공주를 데려온 이개윤과 사신 일행은 조정의 명령 없이 사사롭게 일을 처리했다는 이유로 삭탈관직이 되었습니다. 그리고 이러한 비난 속에 마음고생을 했는지 의순공주는 28세의 젊은 나이에 병에 걸려 짧은 인생을 마감합니다.

'심청(沈淸)'이란 이름의 비밀

이렇게 불쌍한 의순공주 이야기는 오랫동안 전해 내려오던 관음사 연기 설화 등과 융합되어 『심청전』으로 재탄생된 것으로 보입니다. 『심청전』의 주인공 '심청'의 이름은 말 그대로 '청(淸)'입니다. 그리고 의순공주가 시집간 나라 이름 역시 '청(淸)'입니다. 심청의 아버지 심학규는 눈이 먼 맹인입니다. 의순공주의 아버지 이개윤은 돈에 눈이 멀어 딸을 청나라에 시집보냈다는 비난을 들었습니다. 앞에서 살펴본 것처럼 심청이를 수양딸로 삼으려던 장승상댁의 장승상은 사실 고려의 왕을 상징하는 것으로 보입니다. 마찬가지로 의순공주를 수양딸로 삼은 효종 역시 조선의 왕입니다.

게다가 의순공주가 청나라로 시집가다가 강물에 빠져 자결했다는 '족두리 묘'의 전설은 심청이가 인당수에 빠져 용왕을 만나는 이야기와 이어집니다. 자결한 것으로 소문났던 의순공주는 청나라에 건너가 아름다운 미모로 청나라 황제보다 더 강한 권력자였던 구왕의 부인이 되었습니다. 인당수에 빠져 죽은 것으로 알려진 심청이는 용왕의 도움으로 되살아나 아름다운 미모로 중국 송나라 황제의 부인, 즉 황후가 됩니다.

황후가 된 심청이는 중국에 건너온 아버지 심학규와 재회하고 심학규는 비로소 눈을 뜨게 됩니다. 청나라 구왕이 죽은 이후 과부가 된 의순공주는 중국에 사신으로 온 아버지 이개윤과 재회하고 드디어 딸의 불행에 눈을 뜨게 됩니다. 『심청전』은 우리 모두 알다시피 해피엔딩입니다. 그러나 의순공주의 이야기는 새드엔딩입니다. 만약 의순공주가 『심청전』의 실제 모델이라면 심청의 해피엔딩은 의순공주의 불행한 넋을 위로하려는 목적일 것입니다. 아버지와 조국을 위해 희생한 효녀이자 시대의 희생자인 의순공주가 비참하고도 짧은 생을 마친 아쉬움을 『심청전』의 작자는 아버지를 위해 희생하려 한 효녀 심청이 황후가 되어 복을 받은 것처럼 이야기를 끝냄으로써 의순 공주의 눈물을 닦아주려 했던 것이라고 할 수 있습니다.

조선시대에도 인터넷이 있었다
조선시대의 장시는 민중들의 네트워크였다

조선시대의 장시는 민중들의 네트워크였다

경인년(1470)에 흉년이 들었을 때에 전라도의 백성이 스스로 서로 모여서 시포를 열고 장문(場門)이라 불렀는데, 사람들이 이것에 힘입어 보전하였습니다.

『성종실록』성종 4년(1473) 2월 11일 기사에 나오는 장시의 기원에 대한 내용입니다. 1470년에 장시가 처음 열렸다는 기록이죠. 그곳은 바로 전라도였는데 흉년을 극복하기 위해 전라도의 백성들이 서로 모여 장시를 열었고 이에 힘입어 흉년의 어려움을 견뎌낼 수 있었습니다. 이렇게 장시는 농민, 수공업자 등 생산자들 서로 간의 직접 교역에 바탕을 둔 교환시장이었습니다. 16세기 중엽에는 전국 각지로 확산되어 5일장으로 자리 잡아갔으며 전국적인 유통망이 형성되었습니다.

그러나 장시는 단순히 물건을 팔고 사고만 하는 곳이 아니었습니다. 서로의 의견도 교환하고, 남의 얘기도 늘어놓고, 기분풀이도 하고, 술마시고 싸우기도 하는 그런 곳이었습니다. 한마디로 즐거운 곳이었고

19세기 문인화가 권용정의 '보부상'

바깥세상으로 통하는 네트워크였습니다. 사람들은 장에서 보고들은 것들을 통해 새로운 문명을 깨우치고 다시 장을 통해 자신들의 생각을 주장했습니다. 이제까지 문화의 주류를 이루었던 양반문화로부터 벗어나 새로운 민중문화를 형성했던 것입니다.

장시는 농민의 왕래가 잦고 비슷한 처지의 농민들이 모여 사회적 불만이 여론화되기 쉬운 곳이었기 때문에 폭압적인 조세 수탈, 지방 관리의 부정과 비리 등을 폭로한 벽서, 괘서 등이 흔히 나타나 민심을 선동하기도 했습니다. 이는 민중 지도자들이 민심을 선동하고 불만을 고양시켜 집권층에 타격을 가하는 일종의 저항 수단이었습니다. 19세기 이래 빈번히 일어난 수많은 민란에서 장날은 집회가 열리는 날이었고, 장터는 집회가 열리는 장소가 되었습니다. 『고종실록』 고종 40년 (1903) 8월 3일의 기록에는 이를 보여주는 내용이 실려 있습니다.

오인두(鳴仁斗)는 촌구석의 백성들과 지각없는 젊은이들이 장날에

벽서를 보는 사람들

마침 성(城) 부근에 이르자 사람들을 선동하여 부(府)의 뜰에 섞여 들
어와서는 어지러이 떨어지는 돌이 누구의 손에서 날아오는지 모르는 틈
을 이용하여 감쪽같이 증인의 눈을 맞췄습니다.

즉 오인두는 장날에 많은 민중들이 모이자 이를 선동했고, 혼란스
러운 틈을 이용하여 돌을 던지는 등의 일을 벌였다는 것이죠. 또한
1862년 임술 농민봉기의 출발점이었던 진주 농민봉기가 장시를 매개
로 일어났다는 것은 유명한 사실입니다. 봉기를 준비하는 단계에 뜻을
같이한 사람들이 장날에 장터에 모여 회의를 열었습니다. 그리고 봉기
의 날짜를 장날로 잡았습니다. 많은 사람들의 참여가 필요했던 봉기
주도 세력에게 장날보다 더 안성맞춤인 날은 없었기 때문입니다.

박천

함흥

봉기 지역

황주

○개성

개령 농민봉기

○한성
광주

동해

정안

황해

공주   상주 안동
은진   개령
         거창   밀양
진주   전주   울산
          단성
함평 순천   진주 창원
장흥   남해

진주 농민봉기

제주 농민봉기

제주

임술 농민봉기

　　또한 장터의 중요한 점은 여러 정보가 돌아다닌다는 데 있었습니다. 장터는 민중들이 다양한 정보를 교환하고 획득하는 기능을 했기에 민중들을 우물 안 개구리에서 벗어나게 하여 여론을 형성했고, 정치적인 집단 의사 표출과 행동이 나타나는 장소였습니다. 장터는 장사뿐만 아니라 민중들의 유흥과 오락 장소로도 기능했습니다. 장시에서 판이 벌어지는 투전 등의 잡기가 그것이었습니다. 지배층의 입장에서는 폐단으로 보여 단속도 하였지만 일반 민중들의 입장에서는 즐거운 놀이였죠. 또 사당패 등으로 불리는 민중놀이 집단들은 전국 각지

가면놀이

를 돌며 지주나 상인들에게 연희를 하고, 그에 따른 돈이나 물품을 받기도 했는데 이러한 광대판놀음은 주로 사람이 많이 모이는 장터에서 벌어졌습니다. 장터는 곧 민중들에게는 놀이마당이자, 새로운 민중문화 형성의 공간이었던 것입니다.

이와 같이 장시는 조선시대의 인터넷이었습니다. 지금 우리들이 인터넷에서 전자상거래를 하고, 게시판을 통해 의견도 교환하고, 남의 얘기도 늘어놓고, 싸우기도 하며, 정치와 사회에 대한 불평불만을 표현하거나 개인적인 억울함을 호소하며, 다양한 정보를 교환하고 획득하며, 여론을 형성하고, 정치적인 집단 의사 표출과 행동을 하기도 하며, 각종 게임, 만화, 애니메이션, 동영상, 음악 등을 즐기는 것처럼 장시 또한 그러한 역할을 했었던 것입니다.

결국 조선 후기에 민중들이 역사의 주인공으로 나서기 시작한 중요한 이유 중 하나는 장시였습니다. 장터에서는 물건을 사고파는 것뿐만 아니라 서로가 알고 있는 정보를 공유하고 전달하고 서로의 사소한 이야기를 두런두런 나누면서 유대를 강화하고 서로가 느끼는 불만을 토로하며 사회를 개혁하려는 민중들의 의지를 집약시키는 네트

김홍도의 '부부행상'

워크 역할을 했던 것입니다. 그리고 이 시대에도 또 미래에도 우리를 연결시켜주는 네트워크는 장터의 역할을 그대로 할 것입니다.

인터넷은 지금 사회의 급속한 변화를 이끌고 있습니다. 인터넷은 개인 하나하나의 힘을 강하게 합니다. 그것은 말 그대로 네트워크의 힘입니다. 그물에 걸린 힘센 물고기들이 그물에서 벗어나려고 발버둥치지만 결국 벗어나지 못하고 잡히는 모습은 그물의 힘이 얼마나 강력한가를 보여줍니다. 개개인을 하나의 그물로 엮어 강력한 힘을 발휘하는 것이 바로 네트워크인 것입니다.

지배층이 장시를 억제하려던 이유

장시가 처음 열릴 때부터 지배층은 이를 탐탁하지 않게 생각했습니다. 다음은 이를 보여주는 『성종실록』의 기록들입니다.

　김지경이 보고하여 이르기를, "도내 여러 고을의 인민이 그 고을 길 거리에서 장문(場門)이라 일컫고 매월 두 차례씩 여러 사람이 모이는데, 비록 있는 물건을 가지고 없는 것과 바꾼다고 하나, 근본을 버리고 끝을 따르는 것이며, 물가(物價)가 올라 이익은 적고 해가 많으므로, 이미 모든 고을로 하여금 금지시켰다." 하였습니다. 청컨대 다시 관찰사로 하여금 엄중히 금단하게 하소서.

_『성종실록』 성종 3년(1472) 7월 27일 기사 중 발췌

　호조(戶曹)에서 수령(守令)들에게 물으니 수령들이 이해(利害)를 살피지 않고서 전에 없던 일이라 하여 다들 금지하기를 바랐으니, 이는 상습만을 좇는 소견이었습니다. 다만 나주 목사(羅州牧使) 이영견(李永肩)은 금지하지 말기를 청하였으나, 호조에서는 굳이 금지하여 천년에나 한 번 있을 기회를 잃었으니 아까운 일이었습니다.

_『성종실록』 성종 4년(1473) 2월 11일 기사 중 발췌

이 기록들에서처럼 장시가 시작될 때부터 당시의 지배층이었던 양반들과 관료, 지식인들은 장시에 대해서 한심하게 생각하고, 전에 없었던 것이라는 말도 안 되는 이유 등을 들며 금지시키고자 했습니다. 당시 지배 체제의 근본은 토지와 농업에 있었고, 농민들을 지배하며 경제력을 차지하는 지배 체제를 당연시했습니다. 그래서 농민들이 장터에 모여 상업으로 이익을 얻게 되면 농업에 종사하는 백성들이 줄게 되고, 자신들의 지배 체제가 흔들리는 상황이었기에 장시를 나쁘게 생각했던 것입니다. 그래서 지배층은 장시의 확산을 억누르려고 하였지만 뜻대로 되지는 않았습니다. 『선조실록』 선조 40년(1607) 6월 24일의 기사를 보면 이를 잘 알 수가 있습니다.

헌부가 아뢰기를, "난리 이후에 백성들이 정처가 없어 장사로 생업을 삼는 것이 마침내 풍속을 이루어 농사에 힘쓰는 사람은 적고 장사에 종사하는 사람이 많으니 식자들이 한심하게 여긴 지 오래입니다. 흉년에는 으레 도적이 많으니 이 폐단 또한 미리 염려하지 않아서는 안 됩니다. 열읍(列邑)에 장시(場市)가 서는 것이 적어도 3~4곳 이상이어서 오늘은 이곳에 서고 내일은 이웃 고을에 서며, 또 그다음 날에는 다른 고을에 서서 한 달 30일 동안 장이 서지 않는 날이 없으므로 간사함이 성행하고 모리(牟利)가 날로 심해지니 매우 염려됩니다. 해조로 하여금 사목(事目)을 마련해 계하하여 행이(行移)해서 큰 고을은 두 곳, 작은 고을은 한 곳에 한 달에 세 번 모두 같은 날 개시(開市)하는 외에 일체 금단(禁斷)하여 민심을 진정시키소서."

한마디로 '장이 서지 않는 날이 없다'는 말입니다. 지배층이 보기에는 한심한 짓이었지만 장시의 확산을 금지할 수는 없으니 조금이라도 장시가 열리는 횟수를 줄여보려는 방안을 생각했던 것이죠. 이처럼 장시에 부정적이었던 양반들은 장터에 가는 일이 거의 없었는데, 물론 상업을 천시하는 것이 그 기본적인 이유였지만 더 중요한 이유는 다른 데 있었습니다.

조선시대에도 인터넷이 있었다

장터는 많은 사람들이 모이는 곳이었기에 익명성이 있었습니다. 즉 장터에서는 아는 사람들보다 모르는 사람들이 더 많았다는 것입니다. 이러한 익명성은 양반들의 신분적 특권을 보장받기 어렵게 만들었습니다. 양반들의 생명은 특권인데 이 특권을 보장받지 못하니 당연히 장터에 가게 되면 봉변을 당할 수도 있기에 양반들은 장시에 가기를 꺼려 했던 것입니다.

지금의 시장도 그렇지만 장터는 일정 시간에만 사람들이 모이고 시간이 끝나면 일시에 흩어지는 공간이었습니다. 이러한 일시성을 갖고 있는 장시에서는 신분은 일시적으로 의미가 없어졌습니다. '중놈 장에 가서 성낸다', '읍내에서 뺨 맞고 장에 가서 눈 흘긴다'는 속담들은 이와 같은 현상을 보여주는 좋은 예입니다. 조선시대 천시받던 스님들도, 관료들이 많은 읍내에서 기죽어 있던 힘없는 서민들도 장터에서만큼은 신분에서 일시적이나마 해방될 수 있었음을 말해주는 것입니다.

이러한 익명성과 일시성은 장시를 떠들썩하고 즐거움이 넘치는 장소로 만들었습니다. 사람들은 자신이 농사지은 곡식이나 손수 만든 물건들을 갖고 나와 장사를 하기도 했지만 장시에 오는 더 큰 목적은 서로 모르는 사람들을 만나서 먼 곳의 나라 안팎의 소식을 접할 수 있고, 서로 알고 있는 정보를 공유하고, 양반들을 욕하기도 하고, 서로 싸우기도 하며, 왁자지껄하게 떠들기도 하는 즐거운 공간이었기 때문입니다.

구한말 우리나라에서 장로교 선교사로 활동했던 캠벨은 장시의 모습을 이렇게 묘사했습니다. "시장으로 가는 길은 장을 보러 가는 사람들의 즐거운 목소리로 활기를 띠었다. 부녀자들은 머리 위에 참외, 배 등의 과일을 담은 도기나 바구니를 이고 가고 있었다." 당시 사람들에게 장터가 얼마나 즐거운 곳이었고, 세상의 공기를 숨 쉴 수 있는 자유의 공간이었는지를 알 수 있습니다. 장시는 수많은 강물이 모여 이루어진 아름다운 바다였던 것입니다.

인터넷이 점점 생활화되어가고 있는 지금 일부 지식인들은 인터넷과 스마트폰에 대해서 한심하게 생각하고, 타락한 광장이라는 말도 안 되는 이유 등을 들며 인터넷, 스마트폰 문화를 매도하곤 합니다. 인터넷이 지연, 혈연, 학연 등의 연고주의와 학력의 서열을 중심으로 한 학벌주의의 체제에 위협을 주고 있기 때문이죠. 그래서 서민들이 인터넷에 모여 네트워크를 형성하고, 더 나아가 정치, 사회의 다양한 문제점들을 비판하는 엄청난 힘을 본능적으로 느끼고 있는 것입니다. 즉 자신들의 기반이 흔들리는 상황이기에 인터넷과 스마트폰 문화를 좋지 않게 생각하는 것이죠.

이렇게 시대의 변화를 거부하는 사람들은 인터넷 문화를 부정적으로만 생각합니다. 물론 인터넷을 천시하는 것이 그 기본적인 이유이지만 더 중요한 이유는 다른 데 있습니다. 인터넷은 많은 사람들이 모이

는 곳이기에 익명성을 갖고 있습니다. 즉 인터넷에서는 아는 사람들보다 모르는 사람들이 더 많다는 것입니다. 이러한 익명성은 사회에서 힘 있는 사람들의 특권을 보장받기 어렵게 만들었습니다. 특권을 보장받지 못하니 당연히 인터넷에서는 일개 보통 서민들에게 봉변을 당할 수도 있기에 이들은 인터넷에 접속하기를 꺼려 하는 것입니다.

또한 평등성이 있는 인터넷에서는 현실의 계층은 일시적으로 의미가 없습니다. 현실에서 기죽어 있던 힘없는 서민들도 인터넷에서만큼은 일시적이나마 해방될 수 있습니다. 이러한 익명성과 일시성은 인터넷을 축제의 장으로 만들었습니다. 사람들이 인터넷에 접속하는 중요한 목적은 서로 모르는 사람들을 만나서 먼 곳의 나라 안팎의 소식을 접할 수 있고, 서로 알고 있는 정보를 공유하고, 비리 정치인이나 악질 범죄자들을 욕하기도 하고, 서로 싸우기도 하며, 왁자지껄하게 떠들기도 하는 즐거운 공간이기 때문입니다.

지금 이러한 인터넷과 스마트폰에 두려움을 느끼는 사람들이 인터

1920년대 평양 장터 사진

넷의 부정적인 면을 과장하고, 인터넷을 통제하고자 하는 경우도 있습니다. 그러나 그렇게 되지는 않을 것입니다. 인터넷은 자연으로 치면 바다입니다. 강물을 막을 수는 있지만 바다를 막을 수는 없습니다. 지금 인터넷을 통제하려고 하는 모습은 거대한 역사의 수레바퀴에 맞서서 싸우겠다는 사마귀의 권법처럼 웃음만 나오게 만드는 모습일 뿐입니다.

영조는 왜 사도세자를 죽여야 했을까?

정조는 왜 『승정원일기』의 열람을 제한했을까?

「사도」가 옳을까? 「비밀의 문」이 옳을까?

2015년 개봉된 영화 「사도」와 2014년 SBS에서 방영된 드라마 「비밀의 문」은 사도세자에 대한 두 가지 시각을 대표하고 있습니다. 먼저 「사도」는 사도세자가 살인을 일삼았으며, 심지어 부왕인 영조를 해하려는 반역 행위 등으로 뒤주에 갇혀 사실상 처형되었다는 시각을 대표합니다. 반면에 「비밀의 문」은 사도세자가 개혁을 꿈꾸는 이상주의자였으며, 이를 위험하게 바라본 노론 세력과 영조에 의해 정신병 환자, 살인자 등의 누명을 쓰고 정치적인 살인을 당했다고 봅니다. 과연 어떤 시각이 옳은지 먼저 『영조실록』의 기록을 살펴봅시다.

대리(代理)한 후부터 질병이 생겨 천성을 잃었다. 처음에는 대단치 않았기 때문에 신민(臣民)들이 낫기를 바랐었다. 정축년·무인년 이후부터 병의 증세가 더욱 심해져서 병이 발작할 때에는 궁비(宮婢)와 환시(宦侍)를 죽이고, 죽인 후에는 문득 후회하곤 하였다.

융릉(사도세자와 혜경궁 홍씨의 합장릉. 경기 화성 소재)

이것은 영조 38년 윤5월 13일의 기사로 사도세자가 뒤주에 갇히게 된 날의 기록입니다. 즉 사도세자는 대리청정을 시작하면서 질병, 즉 정신병 증상이 나타나기 시작했다는 것입니다. 특히 증세가 점점 심해지면서 궁녀, 내시 등을 죽이는 살인까지 했음을 알 수 있습니다. 이러한 살인을 노론 등의 첩자 역할을 하던 궁녀, 내시들을 색출하여 처형한 것이라고 보는 시각도 있습니다. 그러나 이는 오히려 말이 안 됩니다. 만약 피살된 사람들이 첩자였다면 그 뒤를 캐기 위해서라도 공식적으로 국문을 열어 처리할 일을 다른 사람도 아닌 사도세자 본인이 살인했다는 것은 달리 설명이 되지 않습니다. 특히 『영조실록』의 다음 기록은 더더욱 이해하기 어렵습니다.

네가 왕손(王孫)의 어미를 때려죽이고, 여승(女僧)을 궁으로 들였으며, 서로(西路)에 행역(行役)하고, 북성(北城)으로 나가 유람했는데, 이것이 어찌 세자로서 행할 일이냐? 사모를 쓴 자들은 모두 나를 속였으니 나경언이 없었더라면 내가 어찌 알았겠는가? 왕손의 어미를 네가 처음에 매우 사랑하여 우물에 빠진 듯한 지경에 이르렀는데, 어찌하여 마침내는 죽였느냐? 그 사람이 아주 강직하였으니, 반드시 네 행실과 일을 간(諫)하다가 이로 말미암아서 죽임을 당했을 것이다.

이는 영조 38년(1762) 5월 22일의 기사로 나경언의 고변이 있은 후 영조가 사도세자를 질책하면서 한 말입니다. 그런데 이에 따르면 사도 세자는 이미 왕손의 어미, 즉 은전군을 낳은 궁녀 빙애(경빈 박씨)를 구타하여 죽였다는 것입니다. 이는 영조의 증언이므로 분명한 사실이 었습니다.

사도세자는 살인자였다

의대병환의 말씀이야 더욱 형용 없고 이상한 괴질이시니, 대저 옷을

영조

한 가지 입으려 하시면 열 벌이나 이삼십 벌이나 하여 놓으면 귀신인지 무엇인지 위하여 놓고, 혹 불사르기도 하고 한 벌을 순하게 갈아입으시면 천만다행이요, 시중드는 이가 조금 잘못하면 옷을 입지 못하여 당신이 애쓰시고 사람이 다 상하니 이 아니 망극한 병환이런고.

이 기록은 사도세자의 부인 혜경궁 홍씨가 쓴 『한중록』의 일부입니다. 의대병은 일종의 정신질환으로 현대 정신의학에서도 발견되고 있는 강박증으로 보입니다. 사도세자가 옷을 한번 갈아입으려면 한바탕 난리를 치고, 수발드는 사람들도 다칠 정도로 고생했다는 것이죠. 이러한 정신병은 더욱 심해져서 살인을 하고 그 시신으로 사람들을 놀라게 만드는 지경에 이르렀습니다. 다시 『한중록』의 내용을 봅시다.

그 유월부터 화병이 더하셔서 사람 죽이기를 시작하시니, 그때 당번 내관 김한채라는 것을 먼저 죽여서 그 머리를 들고 들어오셔서 나인들에게 보이시니 내가 그때 사람의 머리 벤 것을 처음 보았는데, 그 흉하

『한중록』

고 놀랍기 이를 것이 어찌 있으리요.

이에 따르면 사도세자는 김한채라는 내시를 죽여 그 머리를 들고 다니며 나인들을 놀라게 했던 것으로 보입니다. 게다가 혜경궁 홍씨 역시 이를 보고 매우 놀랐습니다. 이어서 『한중록』의 기록을 봅시다.

점치는 맹인들도 점을 치다가 말을 잘못하면 죽이니, 의관이며 호위 무관이며 그 밖에 아랫것들 죽은 것도 있고 병신된 것도 있느니라. 대궐 에서 하루에도 죽은 사람 여럿을 져 낼 때가 있으니, 안팎으로 두려워 심히 말들이 많더라.

이러한 사도세자의 살인은 맹인, 의관, 호위무관 등 다양했고, 하 루에도 여러 명을 살인하는 경우까지 있었기 때문에 궁궐 안 모든 사람들이 두려움에 떨었던 것으로 보입니다. 물론 이러한 혜경궁 홍 씨의 증언에 대해 신빙성이 떨어진다고 보는 입장도 있습니다. 즉 혜 경궁 홍씨는 사도세자의 죽음에 자신의 친정이 죄가 없음을 변명하 기 위해 『한중록』을 썼기 때문에 사도세자의 정신병이나 살인을 과 장했다는 것입니다. 그러나 이를 사실이라고 인정하더라도 아예 없었 던 일을 소설처럼 만들어 썼다는 것은 더욱 말이 되지 않습니다. 현 대 정신의학에서도 사실성이 입증되는 정신병 증세를 혜경궁 홍씨가 상상력으로 썼을 수는 없습니다. 또한 과장을 했을지언정 사도세자의 살인 행위가 있었다는 것만은 분명한 사실이었다고 인정해야 할 것입 니다.

사도세자를 죽이라고 한 것은 생모 영빈 이씨였다

임금의 전교는 더욱 엄해지고 영빈(映嬪)이 고한 바를 대략 진술하였는데, 영빈은 바로 세자의 탄생모(誕生母) 이씨(李氏)로서 임금에게 밀고(密告)한 자였다.

이는 『영조실록』 영조 38년(1762) 윤5월 13일의 기사로 사도세자의 잘못을 영조에게 발고하여 대처분, 즉 죽일 것을 청한 사람은 바로 사도세자를 낳은 친어머니 영빈 이씨였습니다. 영빈 이씨의 발고 내용은 사도세자를 폐한다는 교지를 반포하면서 영조가 내린 글이었던 「폐세자반교」에 남아 있습니다. 그 내용을 보시죠.

세자가 내관, 내인, 하인을 죽인 것이 거의 백여 명이오며, 그들에게 불로 지지는 형벌을 가하는 등 차마 볼 수 없는 일은 이루 말로 다할 수 없습니다. 그 형구(形具)는 모두 내수사 등에 있는 것인데 한도 없이 갖다 썼습니다. 또 장번내관은 내쫓고 다만 어린 내관, 별감들과 밤낮으로 함께 있으면서, 가져온 재화를 그놈들에게 나누어주고, 또 기생, 비구니와 주야로 음란한 일을 벌였습니다. 그리고 제 하인을 불러 가두기까지 하였습니다. 근일은 잘못이 더욱 심하여 한번 아뢰고자 하나 모자의 은정 때문에 차마 아뢰지 못했습니다. 근일 궁궐 후원에다가 무덤을 만들어 감히 말할 수 없는 곳을 묻고자 했으며, 하인에게 머리를 풀게 하고 날카로운 칼을 곁에 두고 불측한 일을 하고자 했습니다. 지난번 제가 창덕궁에 갔을 때 몇 번이나 저를 죽이려고 했는데 겨우 제 몸의 화는 면했습니다만, 지금 비록 제 몸이야 돌아보지 않더라도 우러러 임금의 몸을 생각하면 어찌 감히 이 사실을 아뢰지 않겠습니까? 이 때문에 지난 번 어문(御門) 노처(露處)에서 기우제를 올릴 때 마음속으로 축원하기를 '임금이 무사하시다면 사흘 안에 비를 내려주시고, 패악한 아들이 뜻을 얻는다면 비를 내리지 마소서.' 했는데 과연 비가 내렸고, 이로부터 제 마음이 어느 정도 정해졌습니다. 지금 임금의 위험이 숨 쉴 사이에 있으니, 어찌 감히 제가 사사로운 모자의 정에 이끌려 사실을 아뢰지 않겠습니까?

기록에 따르면 사도세자가 죽인 사람이 거의 100여 명이었던 것으로 보입니다. 이 역시 과장되었다고 하더라도 적어도 수십여 명을 죽인 것은 사실로 보입니다. 특히 생모인 영빈 이씨조차도 사도세자의 살해 위협을 받았다는 증언은 매우 충격적입니다. 특히 '임금의 위험이 숨 쉴 사이'에 있다는 것은 사도세자의 살인 행태가 부왕인 영조에게까지 미칠 수 있다는 경고였습니다. 이러한 경고는 비단 영빈 이씨만의 생각은 아니었던 것으로 보입니다. 혜경궁 홍씨 역시 같은 증언을 하고 있습니다. 『한중록』의 내용을 다시 봅시다.

수구(水口)를 통해 윗대궐로 가신다 하다가 못 가시고 도로 오시니, 이는 처분을 받기 전전날과 전날인 윤5월 11일과 12일 사이라. (중략) 정신을 잃고 인사도 모르실 적은 홧김에 하시는 말이 "병기로 아무리나(어떻게) 하려노라." "칼을 차고 가서 아무리나(어떻게) 하고 오고 싶다." 하시니, 조금이라도 온전한 정신이면 어찌 부왕을 죽이고 싶다는 극언까지 하시리오.

이에 따르면 사도세자는 뒤주에 갇히기 전전날인 윤5월 11일과 전날인 12일 사이의 한밤중 영조가 있는 윗대궐, 즉 경희궁으로 가다가 돌아온 것으로 보입니다. 이때 사도세자는 제정신이 아니었고, 부왕인 영조를 칼로 죽이고 싶다는 극언을 하기도 했습니다. 그리고 이 상황에 놀란 혜경궁 홍씨는 영빈 이씨에게 알렸던 것으로 보입니다. 다시 『한중록』을 봅시다.

> 선희궁께서 가서 울면서 아뢰되, "큰 병이 점점 깊어서 바랄 것이 없사오니 소인이 차마 이 말씀을 자모지정에 아뢰올 말씀이 아니오나, 옥체를 보호하옵고 세손을 건져서 종사를 평안히 하옵는 일이 옳사오니 대처분을 하옵소서."

기록에 나오는 선희궁은 영빈 이씨입니다. 혜경궁 홍씨에게 들은 내용에 충격을 받은 영빈 이씨가 영조에게 사도세자가 부왕을 살해하려는 시도를 했다는 사실을 알리고 대처분할 것을 청했던 것입니다. 이에 영조는 대처분을 결심했는데, 결심의 이유를 이상하게 설명했습니다. 관련된 『영조실록』의 내용을 보시죠.

> 여러 신하들 역시 신(神)의 말을 들었는가? 정성왕후(貞聖王后)께서 정녕하게 나에게 이르기를, '변란이 호흡 사이에 달려 있다'고 하였다.

이는 영조 38년(1762) 윤5월 13일의 기사로 1757년 사망한 정성왕후(영조의 사별한 중전 서씨)가 '변란이 호흡 사이에 달려 있다'고 자신에게 계시했다는 것입니다. 정성왕후는 생전에 사도세자를 매우 아끼던 공식적인 어머니였습니다. 그런데 그 정성왕후가 죽어서도 영조의 위험을 걱정하여 사도세자가 반역 음모를 꾸미고 있다는 것을 알렸다는 것이죠. 이는 생모인 영빈 이씨뿐만 아니라 공식적인 어머니였던 죽은 정성왕후까지도 사도세자의 죽음에 동의했으므로 아버지인 영조 역시 대처분을 내릴 수밖에 없다는 일종의 합리화였던 것으로 보입니다.

사도세자는 왜 뒤주에 갇혀 죽었을까?

이에 다시 예전의 호를 회복하게 하고 시호를 특별히 하사하여 사도라 하겠노라. 오호라, 30년 가까운 아비의 의리가 예까지 이어질 뿐이니 이 어찌 너를 위함이겠는가? 오호라, 신축일의 혈통을 계승할 데 대한 교시로 지금은 세손이 있을 뿐이니 이는 진실로 나라를 위한 뜻이니라.

「어제사도세자묘지문(御製思悼世子墓誌文)」의 일부입니다. 즉 사도세자가 죽자 영조가 구술하여 쓴 사도세자에 대한 묘지문이죠. 영조는 사도세자를 뒤주에 가두기 전 세자의 자리에서 폐한다는 교지를 반포하여 서인으로 강등했습니다. 그리고 사도세자가 죽자 바로 사도(思悼)를 시호로 내리고 세자의 자리를 되살려주었던 것이죠. 또한 왕실의 혈통은 세손, 즉 훗날의 정조로 계승됨을 명백히 하였습니다. 이는 영조가 사도세자를 뒤주에 가두어 죽인 이유를 설명하고 있습니다. 만약 사도세자를 세자의 자리에서 처형한다면 그 아들인 세손 역시 죄인의 아들이 되어 왕실의 정통성을 잃게 될 상황이었죠. 그래서 영조는 사도세자를 서인으로 만들어 세손과의 정치적 관계를 끊고, 처형이 아닌 강요된 자연사를 연출했던 것이죠. 사도세자의 죽음으로 목적을 달성한 영조는 다시 사도세자의 자리를 되살려주고 세손을 죄인의 자식이 아닌 정통성을 가진 왕실 혈통으로 만들어주었던 것입니다. 그러나 사도세자는 이를 잘못 예상했던 것 같습니다. 다시 『한중록』을 보시죠.

> "내가 학질을 앓는다 하려 하니 세손의 휘항(揮項)을 가져오라." 하고 동궁이 말씀하시기에, "그 휘항은 작으니 이 휘항을 쓰소서." 하며 내가 당신 휘항을 권했더니 뜻밖에 하시는 말씀이, "자네는 참 무섭고 흉한 사람일세, 자네는 세손 데리고 오래 살려 하기에 오늘 내가 가서 죽겠기로 그것을 꺼려서 세손 휘항을 내게 안 씌우려 하니 내가 그 심술을 알겠네."

사도세자가 대처분을 받으러 가기 직전 세손의 휘항(방한모)을 가져오라고 하자 혜경궁 홍씨가 세손의 휘항은 작으니 사도세자의 휘항을

뒤주

휘항

쓰라고 했다는 내용입니다. 그러자 사도세자는 혜경궁 홍씨가 세손을 보호하기 위해 세손의 휘항을 주지 않으려 한다고 '참 무섭고 흉한 사람'이라고 말했습니다. 다시 말해 사도세자는 자신의 운명을 예감하고 세손의 휘항을 쓰고 영조 앞에 가면 할아버지 영조가 손자인 세손을 생각하여 자신을 살려줄지도 모른다는 희망을 가졌던 것이죠.

그러나 영조는 정반대로 생각했습니다. 1762년 영조는 이미 69세였습니다. 당시 69세는 엄청난 고령이었습니다. 앞으로 남은 수명이 얼마일지 알 수가 없었죠. 영조가 죽으면 왕위는 당연히 사도세자가 계승했을 것입니다. 그런데 사도세자가 새로운 왕이 되어서도 살인행위를 계속한다면 연산군보다 더한 폭군이 될 것이 분명했죠. 그리고 만약 반정이 일어난다면 세손 역시 폭군의 아들로서 함께 쫓겨날 것입니다. 이는 최악의 시나리오였죠. 그래서 영조는 최악을 버리고 차선을 선택한 것입니다. 폭군이 될 것이 분명한 사도세자를 버리고 성군의 자질이 보이는 세손을 택한 것이죠. 그리고 그 선택은 매우 성공적이었습니다. 영조의 예상대로 정조라는 위대한 성군이 즉위했으니까요.

정조도 사도세자의 살인 행위를 알았다

대행 대왕(영조)께서 인자하게 덮어주시는 덕이 그처럼 진지하고도
간절하셨기 때문에 선친(先親, 사도세자)의 지난날의 질병이 어쩌면 이
로 말미암아 정상으로 회복될 수도 있었는데, 흉계를 빚어온 지가 이미
오래이고 의구심이 쌓여온 것이 점차 고치기가 어려웠으니, 그 때에는
단지 문침만 제때에 하지 못한 것이 아니라, 시선도 제때에 하지 못하
였다.

『정조실록』 정조 즉위년(1776) 5월 13일의 기사로 정조 역시 사도세
자의 질병을 알고 있었음을 보여줍니다. 다만 질병으로 표현했을 뿐
정조 역시 사도세자가 살인을 일삼았다는 것을 알고 있었음을 보여주
는 또 하나의 증거가 바로 『영조실록』의 다음 기록입니다.

『정원일기』(政院日記, 승정원일기)로 말하면 천인(賤人)들도 다 보고
사람들의 이목(耳目)을 더럽히는 것이다. 사도(思悼)가 어두운 가운데에
서 알면 반드시 눈물을 머금을 것이니, 어찌 후세에 유족(裕足)을 끼치
는 뜻이겠는가? 비사가 이미 있으니 일기가 있고 없는 것이 무슨 관계
가 있겠는가? 오늘 시임(時任)·원임(原任)이 마침 입시(入侍)하였으므
로 이미 하교하였다. 승지(承旨) 한 사람이 실록(實錄)의 예(例)에 따라
주서(注書) 한 사람과 함께 창의문(彰義門) 밖 차일암(遮日巖)에 가서
세초(洗草)하라.

이는 영조 52년(1776) 2월 4일의 기사로 사도세자와 관련된 『승정

원일기』의 내용을 삭제하여 세초(강물에 씻어 글자를 모두 지워버리는 것)하라는 영조의 명령을 기록한 것입니다. 영조가 사망하기 직전 정조를 위해 사도세자와 관련된 기록을 없애주려는 목적이었습니다. 만약 사도세자가 정상적이었다면 『승정원일기』에는 매우 정상적인 사도세자의 모습이 기록되었을 것입니다. 그러나 『승정원일기』에는 사도세자의 정신병, 살인 행위 등이 기록되어 있었을 것이 분명합니다. 사도세자가 정말 억울한 누명을 써서 죽었다면, 이를 입증해줄 가장 중요한 증거는 『승정원일기』였을 것입니다. 그러나 오히려 영조와 정조의 선택은 증거 인멸이었습니다. 즉 사도세자의 정신병, 살인 행위를 입증하는 증거들이 실린 『승정원일기』의 관련 내용들을 삭제, 세초하여 증거 인멸을 했던 것이죠.

그렇다면 영조와 정조는 왜 이러한 선택을 했을까요? 앞에서 살펴본 바와 같이 영조는 세손의 정통성을 보호하려고 사도세자를 뒤주에 가두어 죽였습니다. 그리고 영조는 자신의 죽음 이후 즉위할 세손의 정통성을 더욱 굳건히 하기 위해 『승정원일기』의 사도세자 관련 내

『승정원일기』

용을 삭제하기로 결정했고, 정조 역시 이에 동의했던 것입니다. 당시
『승정원일기』는 양반 사대부들이 열람할 정도로 매우 쉽게 볼 수 있
었습니다. 만약 『승정원일기』에 사도세자의 정신병이나 살인 행위 등
이 기록되어 있었다면 정조의 정통성에 큰 약점이 되었겠죠. 지금도
『승정원일기』의 삭제된 부분은 오려진 채로 남아 있습니다. 증거 인멸
의 또 다른 증거인 것이죠. 정조는 이 역시 부끄러웠던 것으로 보입니
다. 『정조실록』의 기록을 봅시다.

> 『승정원일기』는 곧 송(宋)나라 때의 일력(日曆)과 같은 체모(體貌)이
> 다. 마땅히 비장(秘藏)해야 하고 누설되지 않도록 하기를 사초(史草)와
> 다름없이 엄격하게 해야 할 것인데, 근년(近年) 이래로는 한결같이 이서
> (吏胥)들의 손에 맡겨두고 전연 착실하게 전수(典守)하지 않으니, 너무
> 도 기주(記注)의 책임을 잃어버리고 있다. 지금부터 이후로는 제번하고
> 긴급하게 거행할 일이 있어 전례를 상고하는 경우 외에는 절대로 고견
> (考見)을 허락하지 말도록 하고, 비록 혹여 고견하는 경우라 하더라도
> 주서(注書)가 따로 책자(冊子) 하나를 만들어놓고, 아무 해 아무 달 아
> 무 날에 승지 아무가 아무 일로 인하여 아무 해 아무 달 아무 날의 일
> 기를 고찰해보게 된 다음에, 주서 아무가 서고(書庫)에 들어가 감독하
> 였음을 조심해서 써놓게 하여, 뒷날에 참고가 될 수 있도록 하라.

『정조실록』 정조 7년(1783) 7월 1일의 기사로 정조는 『승정원일기』
의 열람을 제한하여 될 수 있으면 볼 수 없도록 만들었으며, 열람 기
록 책자를 만들어 철저히 관리 감독하도록 명령했음을 알 수 있습니
다. 이전 왕들은 자유롭게 볼 수 있도록 허용한 『승정원일기』를 왜 정

조는 열람을 제한하고, 통제하라고 했던 것일까요? 이것이 과연 우연의 일치였을까요? 아마도 정조는 할아버지와 자신의 '증거 인멸'의 증거가 부끄러웠던 것으로 보입니다. 그리하여 『승정원일기』를 함부로 볼 수 없게 만들었다고 생각합니다. 이처럼 정조 스스로도 부끄러워했던 『승정원일기』의 오려진 부분들은 오히려 사도세자의 치부를 보여주는 생생한 증거라고 할 수 있습니다.

삶의 행복을 꿈꾸는 교육은
어디에서 오는가? 미래 100년을 향한 새로운 교육

혁신교육을 실천하는 교사들의 필독서

▶ **교육혁명을 앞당기는 배움책 이야기**
혁신교육의 철학과 잉걸진 미래를 만나다!

핀란드 교육혁명
한국교육연구네트워크 총서 01 | 320쪽 | 값 15,000원

일제고사를 넘어서
한국교육연구네트워크 총서 02 | 284쪽 | 값 13,000원

새로운 사회를 여는 교육혁명
한국교육연구네트워크 총서 03 | 380쪽 | 값 17,000원

교장제도 혁명
한국교육연구네트워크 총서 04 | 268쪽 | 값 14,000원

새로운 사회를 여는 교육자치 혁명
한국교육연구네트워크 총서 05 | 312쪽 | 값 15,000원

혁신학교에 대한 교육학적 성찰
한국교육연구네트워크 총서 06 | 308쪽 | 값 15,000원

혁신학교
성열관·이순철 지음 | 224쪽 | 값 12,000원

행복한 혁신학교 만들기
초등교육과정연구모임 지음 | 264쪽 | 값 13,000원

서울형 혁신학교 이야기
이부영 지음 | 320쪽 | 값 15,000원

혁신교육, 철학을 만나다
브렌트 데이비스·데니스 수마라 지음
현인철·서용선 옮김 | 304쪽 | 값 15,000원

혁신교육 존 듀이에게 묻다
서용선 지음 | 292쪽 | 값 14,000원

다시 읽는 조선 교육사
이만규 지음 | 750쪽 | 값 33,000원

프레이리와 교육
한국교육연구네트워크 번역 총서 01
존 엘리아스 지음 | 한국교육연구네트워크 옮김
276쪽 | 값 14,000원

교육은 사회를 바꿀 수 있을까?
한국교육연구네트워크 번역 총서 02
마이클 애플 지음 | 강희룡·김선우·박원순·이형빈 옮김
352쪽 | 값 16,000원

비판적 페다고지는
세상을 변화시킬 수 있는가?
한국교육연구네트워크 번역 총서 03
Seewha Cho 지음 | 심성보·조시화 옮김 | 280쪽 | 값 14,000원

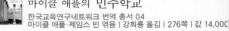
마이클 애플의 민주학교
한국교육연구네트워크 번역 총서 04
마이클 애플·제임스 빈 엮음 | 강희룡 옮김 | 276쪽 | 값 14,000

미래교육의 열쇠, 창의적 문화교육
심광현·노명우·강정석 지음 | 368쪽 | 값 16,000원

대한민국 교사, 어떻게 가르칠 것인가?
윤성관 지음 | 320쪽 | 값 15,000원

아이들을 어떻게 가르칠 것인가
사토 마나부 지음 | 박찬영 옮김 | 232쪽 | 값 13,000원

아이들의 배움은 어떻게 깊어지는가
이시이 준지 지음 | 방지현·이창희 옮김 | 200쪽 | 값 11,000원

모두를 위한 국제이해교육
한국국제이해교육학회 지음 | 364쪽 | 값 16,000원
2015 세종도서 학술부문

경쟁을 넘어 발달 교육으로
현광일 지음 | 288쪽 | 값 14,000원

독일 교육, 왜 강한가?
박성희 지음 | 324쪽 | 값 15,000원

대한민국 교육혁명
교육혁명공동행동 연구위원회 지음 | 152쪽 | 값 5,000원

▶ 비고츠키 선집 시리즈
발달과 협력의 교육학 어떻게 읽을 것인가?

생각과 말
레프 세묘노비치 비고츠키 지음
배희철·김용호·D. 켈로그 옮김 | 690쪽 | 값 33,000원

도구와 기호
비고츠키·루리야 지음 | 비고츠키 연구회 옮김
336쪽 | 값 16,000원

어린이 자기행동숙달의 역사와 발달 I
L.S. 비고츠키 지음 | 비고츠키 연구회 옮김
564쪽 | 값 28,000원

어린이 자기행동숙달의 역사와 발달 II
L.S. 비고츠키 지음 | 비고츠키 연구회 옮김
552쪽 | 값 28,000원

어린이의 상상과 창조
L.S. 비고츠키 지음 | 비고츠키 연구회 옮김
280쪽 | 값 15,000원

연령과 위기
L.S. 비고츠키 지음 | 비고츠키연구회 옮김
336쪽 | 값 17,000원

성장과 분화
L.S. 비고츠키 지음 | 비고츠키 연구회 옮김
308쪽 | 값 15,000원

관계의 교육학, 비고츠키
진보교육연구소 비고츠키교육학실천연구모임 지음
300쪽 | 값 15,000원

비고츠키 생각과 말 쉽게 읽기
진보교육연구소 비고츠키교육학실천연구모임 지음
316쪽 | 값 15,000원

비고츠키와 인지 발달의 비밀
A.R. 루리야 지음 | 배희철 옮김 | 280쪽 | 값 15,000원

수업과 수업 사이
비고츠키 연구회 지음 | 196쪽 | 값 12,000원

▶ 평화샘 프로젝트 매뉴얼 시리즈
학교 폭력에 대한 근본적인 예방과 대책을 찾는다

학교 폭력 어떻게 만들어지는가
문재현 외 지음 | 300쪽 | 값 14,000원

학교 폭력, 멈춰!
문재현 외 지음 | 348쪽 | 값 15,000원

왕따, 이렇게 해결할 수 있다
문재현 외 지음 | 236쪽 | 값 12,000원

젊은 부모를 위한 백만 년의 육아 슬기
문재현 지음 | 248쪽 | 값 13,000원

아이들을 살리는 동네
문재현·신동명·김수동 지음 | 204쪽 | 값 10,000원

평화! 행복한 학교의 시작
문재현 외 지음 | 252쪽 | 값 12,000원

마을에 배움의 길이 있다
문재현 지음 | 208쪽 | 값 10,000원

▶ 교과서 밖에서 만나는 역사 교실
상식이 통하는 살아 있는 역사를 만나다

 전봉준과 동학농민혁명
조광환 지음 | 336쪽 | 값 15,000원

 남도의 기억을 걷다
노성태 지음 | 344쪽 | 값 14,000원

 응답하라 한국사 1·2
김은석 지음 | 356쪽·368쪽 | 각권 값 15,000원

 즐거운 국사수업 32강
김남선 지음 | 280쪽 | 값 11,000원

 즐거운 세계사 수업
김은석 지음 | 328쪽 | 값 13,000원

 강화도의 기억을 걷다
최보길 지음 | 276쪽 | 값 14,000원

 광주의 기억을 걷다
노성태 지음 | 348쪽 | 값 15,000원

 **선생님도 궁금해하는
한국사의 비밀 20가지**
김은석 지음 | 312쪽 | 값 15,000원

 교과서 밖에서 배우는 역사 공부
정은교 지음 | 292쪽 | 값 14,000원

 팔만대장경도 모르면 빨래판이다
전병철 지음 | 360쪽 | 값 16,000원

 빨래판도 잘 보면 팔만대장경이다
전병철 지음 | 360쪽 | 값 16,000원

 영화는 역사다
강성률 지음 | 288쪽 | 값 13,000원

 친일 영화의 해부학
강성률 지음 | 264쪽 | 값 15,000원

 한국 고대사의 비밀
김은석 지음 | 304쪽 | 값 13,000원

 조선족 근현대 교육사
정미량 지음 | 320쪽 | 값 15,000원

▶ 창의적인 협력수업을 지향하는 삶이 있는 국어 교실
우리말 글을 배우며 세상을 배운다

 중학교 국어 수업 어떻게 할 것인가?
김미경 지음 | 332쪽 | 값 15,000원

 토론의 숲에서 나를 만나다
명혜정 엮음 | 312쪽 | 값 15,000원

 토닥토닥 토론해요
명혜정·이명선·조선미 엮음 | 288쪽 | 값 15,000원

 이야기 꽃 1
박용성 엮어 지음 | 276쪽 | 값 9,800원

 이야기 꽃 2
박용성 엮어 지음 | 294쪽 | 값 13,000원

 인문학의 숲을 거니는 토론 수업
순천국어교사모임 엮음 | 308쪽 | 값 15,000원

▶ **4·16, 질문이 있는 교실 마주이야기**
통합수업으로 혁신교육과정을 재구성하다!

 통하는 공부
김태호·김형우·이경석·심우근·허진만 지음
324쪽 | 값 15,000원

 내일 수업 어떻게 하지?
아이함께 지음 | 300쪽 | 값 15,000원

 인간 회복의 교육
성래운 지음 | 260쪽 | 값 13,000원

 교과서 너머 교육과정 마주하기
이윤미 외 지음 | 368쪽 | 값 17,000원
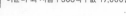

 수업 고수들 수업·교육과정·평가를 말하다
박현숙 외 지음 | 368쪽 | 값 17,000원

 도덕 수업, 책으로 묻고 윤리로 답하다
울산도덕교사모임 지음 | 320쪽 | 값 15,000원

 체육 교사, 수업을 말하다
전용진 지음 | 304쪽 | 값 15,000원

 교실을 위한 프레이리
아이러 쇼어 엮음 | 사람대사람 옮김 | 412쪽 | 값 18,000원

 걸림돌
키르스텐 세룹-빌펠트 지음 | 문봉애 옮김
248쪽 | 값 13,000원

 마음의 힘을 기르는 감성수업
조선미 외 지음 | 300쪽 | 값 15,000원

 주제통합수업, 아이들을 수업의 주인공으로!
이윤미 외 지음 | 392쪽 | 값 17,000원

 수업과 교육의 지평을 확장하는 수업 비평
윤양수 지음 | 316쪽 | 값 15,000원
2014 문화체육관광부 우수교양도서

 교사, 선생이 되다
김태은 외 지음 | 260쪽 | 값 13,000원

 교사의 전문성, 어떻게 만들어지나
국제교원노조연맹 보고서 | 김석규 옮김
392쪽 | 값 17,000원

 수업의 정치
윤양수·원종희·장군 지음 | 280쪽 | 값 14,000원

 학교협동조합,
현장체험학습과 마을교육공동체를 잇다
주수원 외 지음 | 296쪽 | 값 15,000원

 거꾸로교실,
잠자는 아이들을 깨우는 수업의 비밀
이민경 지음 | 280쪽 | 값 14,000원

 교사는 무엇으로 사는가
정은균 지음 | 292쪽 | 값 15,000원

 마을교육공동체란 무엇인가?
서용선 외 지음 | 360쪽 | 값 17,000원

 21세기 교육과 민주주의
한국교육연구네트워크 번역 총서 05
넬 나딩스 지음 | 심성보 옮김 | 392쪽 | 값 18,000원

▶ 더불어 사는 정의로운 세상을 여는 인문사회과학
사람의 존엄과 평등의 가치를 배운다

 밥상혁명
강양구·강이현 지음 | 298쪽 | 값 13,800원

 도덕 교과서 무엇이 문제인가?
김대용 지음 | 272쪽 | 값 14,000원

 자율주의와 진보교육
조엘 스프링 지음 | 심성보 옮김 | 320쪽 | 값 15,000원

 민주화 이후의 공동체 교육
심성보 지음 | 392쪽 | 값 15,000원
2009 문화체육관광부 우수학술도서

 갈등을 넘어 협력 사회로
이창언·오수길·유문종·신윤관 지음 | 280쪽 | 값 15,000원

 동양사상과 마음교육
정재걸 외 지음 | 356쪽 | 값 16,000원
2015 세종도서 학술부문

 교과서 밖에서 배우는 철학 공부
정은교 지음 | 280쪽 | 값 14,000원

 교과서 밖에서 배우는 사회 공부
정은교 지음 | 304쪽 | 값 15,000원

 좌우지간 인권이다
안경환 지음 | 288쪽 | 값 13,000원

 민주 시민교육
심성보 지음 | 544쪽 | 값 25,000원

 민주 시민을 위한 도덕교육
심성보 지음 | 500쪽 | 값 25,000원
2015 세종도서 학술부문

 교과서 밖에서 배우는 인문학 공부
정은교 지음 | 280쪽 | 값 13,000원

 오래된 미래교육
정재걸 지음 | 392쪽 | 값 18,000원

 대한민국 의료혁명
전국보건의료산업노동조합 엮음 | 548쪽 | 값 25,000원

 교과서 밖에서 배우는 고전 공부
정은교 지음 | 288쪽 | 값 14,000원

 전체 안의 전체 사고 속의 사고
김우창의 인문학을 읽다
현광일 지음 | 320쪽 | 값 15,000원

▶ 살림터 참교육 문예 시리즈
영혼이 있는 삶을 가르치는 온 선생님을 만나다!

 꽃보다 귀한 우리 아이는
조재도 지음 | 244쪽 | 값 12,000원

 성깔 있는 나무들
최은숙 지음 | 244쪽 | 값 12,000원

 아이들에게 세상을 배웠네
명혜정 지음 | 240쪽 | 값 12,000원

 밥상에서 세상으로
김흥숙 지음 | 280쪽 | 값 13,000원

 선생님이 먼저 때렸는데요
강병철 지음 | 248쪽 | 값 12,000원

 서울 여자, 시골 선생님 되다
조경선 지음 | 252쪽 | 값 12,000원

 행복한 창의 교육
최창의 지음 | 328쪽 | 값 15,000원

 북유럽 교육 기행
정애경 외 14인 지음 | 288쪽 | 값 14,000원

▶ 남북이 하나 되는 두물머리 평화교육
분단 극복을 위한 치열한 배움과 실천을 만나다

 10년 후 통일
정동영·지승호 지음 | 328쪽 | 값 15,000원

 선생님, 통일이 뭐예요?
정경호 지음 | 252쪽 | 값 13,000원

 분단시대의 통일교육
성래운 지음 | 428쪽 | 값 18,000원

 김창환 교수의 DMZ 지리 이야기
김창환 지음 | 264쪽 | 값 15,000원

▶ 출간 예정

`근간` **작은 학교 아이들**
지경준 지음

`근간` **조선근대교육의 사상과 운동**
윤건차 지음 | 이명실·심성보 옮김

`근간` **핀란드 교육의 기적은 어떻게 만들어지나**
Hannele Niemi 외 지음 | 장수명 외 옮김

`근간` **교사, 학교를 바꾸다**
정진화 지음

`근간` **미국의 진보주의 교육 운동사**
윌리엄 헤이스 지음 | 심성보 외 옮김

`근간` **민주주의와 교육**
Pilar Ocadiz, Pia Wong, Carlos Torres 지음 | 유성상 옮김

`근간` **존 듀이와 교육**
한국교육연구네트워크번역총서 06 | 짐 개리슨 외 지음

`근간` **경기의 기억을 걷다**
경기남부역사교사모임 지음

`근간` **교사를 세우는 교육과정**
박승렬 지음

`근간` **함께 만들어가는 강명초 이야기**
이부영 외 지음

`근간` **민주시민을 위한 역사교육**
황현정 지음

`근간` **역사 교사로 산다는 것은**
신용균 지음

`근간` **고쳐 쓴 갈래별 글쓰기 1**
(시·소설·수필·희곡 쓰기 문예 편)
박안수 지음(개정 증보판)

`근간` **고쳐 쓴 갈래별 글쓰기 2**
(논술·논설문·자기소개서·자서전·독서비평·
설명문·보고서 쓰기 등 실용 고교용)
박안수 지음(개정 증보판)

`근간` **어린이와 시 읽기**
오인태 지음

참된 삶과 교육에 관한
생각 줍기